房山碑刻通志

卷四·城关街道、周口店镇

社会科学文献出版社
SOCIAL SCIENCES ACADEMIC PRESS (CHINA)

杨亦武 著

总 策 划

曹　蕾

本卷策划

王　耕　方玉祥

城关街道、周口店镇碑刻资源调查项目

序

历代碑刻是研究历史文化、地方文化、民俗文化的一把钥匙。完整系统的碑刻文献是研究地方历史文化的百科全书，是地方人文历史最直接、最确凿、最可信的文献。在碑刻丰富的地区，完整系统的碑刻史料，其丰富和准确的历史信息，可以勾勒一个地区历史文化的全貌。

房山历代碑刻总数 800 余件，历史年代自北魏、北齐、隋、唐、辽、金、元、明、清，直至民国，其分布遍及域内所有乡镇街道。时代延续之久，分布之广，内容之丰富，令人叹为观止。这是祖先留给后人的一笔丰厚文化遗产，我们这一代人，应该将其完整地发掘整理，惠于今人，传之后世。

在京津冀协同发展的大背景下，首都北京正以惊人的速度迈向城市化。经过十年，二十年，或是更长一段时间，传统农村将彻底消失。植根于乡土的碑刻文献的研究发掘，有赖于这片乡土。因而抢救性的发掘整理碑刻资料，是时代赋予文化工作者急迫的责任和使命。房山是首都历史文化大区，北京文明的发祥地，全面整理历代碑刻资料，对北京历史文化研究极为重要。此前出版过房山的一些碑刻资料，收录碑刻少则几十件，多则一二百件，对地方文化裨益颇多，进而期待一部全面系统志录房山碑刻的专著，可喜《房山碑刻通志》著成付梓。

1999 年至 2001 年，我曾任房山区文化文物局长，其间把房山历史文化的发掘整理作为工作重点，普查田野石刻，对可移动的石刻集中保护，拓印整理碑刻资料。杨亦武当时在本局做文物工作，我得知他 1982 年着手房山碑刻资料的收集整理，即给予大力支持，安排其赴哈尔滨阿城考察金上京，赴上方山进行为期三年的历史文化调查，形成了《大房山金陵考》《房山历史文物研究》《云居寺》《上方山兜率寺》等阶段性成果。2001 年末，我调往房山区教委任职，杨亦武的历史文化研究仍在继续。他持之以恒，坚持不懈，集三十余年之功，终于完成了 800 余件碑刻的抄录、整理、考证、分类、编目，著成《房山碑刻通志》，并将陆续出版面世。

　　《房山碑刻通志》以乡镇（街道）列卷，全志共八卷，各乡镇（街道）篇幅依碑刻多寡而异。大石窝镇碑刻称最，独列三卷，其余五卷均为数镇（街道）合卷，如卷四，即为城关街道与周口店镇合卷。每卷镇（街道）下列村，村下录碑，从而涵括房山全域碑刻，形成完整的地方碑刻文献体系。

　　这部通志是解读房山历史文化最确切、最直观、最全面、最系统、最真实、最可靠、最实用的地方文献。此著不止收录碑刻原文，而是志、录、注、考兼备：志，概述镇村历史文化及碑刻大略，介绍碑刻存在的镇村历史文化环境；录，即录入碑刻原文；注，注明碑刻的基本情况；考，对录文进行考证诠释。在录文过程中，著者认真抄录碑拓原文，校订了旧志碑文和历代录文中的讹误，删衍补脱，确保碑文原真无失，力图使本志成为最为可靠之碑刻文献。著者在碑文考释中下足了功夫，通过碑文的解读，厘清历史的来龙去脉。因而此志不仅是一部碑刻志，更是一部以碑刻为视角的地方志。一志在手，即可全面了解房山的历史文化、宗教文化、民俗文化之方方面面。既为房山区经济社会发展提供了历史文化支撑，又为北京史研究奠定了碑刻文献基础，其重要的文化价值不言而喻。时间是检验著述价值最好的尺度，我们还是让时间说话，让历史做出评价。

　　碑刻的整理研究是一项辛劳而艰巨的工作，不仅需要必要的学术研究能力，更需要勤奋担当，吃苦耐劳。著者以一个文化人的责任和使命从事这项文化工程，故能三十年如一日，寒暑交替，为之不辍。像这样全面系统志录、整理、研究地方碑刻，并最终形成专著的，在北京十六区县实不多见。因此，也就愈加难能可贵。

　　传承文化是社会的责任，需要有人担当，谁来做不重要，重要的是有人来做。这是一种自觉的文化行动，作为一个文化人，应自任使命，勇于担当。《房山碑刻通志》的面世，让人鼓舞，使人振奋。时代呼唤更多脚踏实地的文化人，呼唤更多有利于国计民生的文化力作。

郭志族 ※

2018 年元月于京南良乡

※　郭志族，北京市房山区人大常委会副主任。1959 年出生，北京市房山区人，1981 年 7 月参加工作。历任北京市房山区教育局党委副书记、纪委书记，北京市房山区文化文物局党组副书记、局长，北京市房山区教工委书记、区教委主任、区学习办公室主任，北京市房山区三化两区建设咨询委员会副主任委员。2015 年 1 月，当选为北京市房山区人大常委会副主任。

凡 例

一、本志碑刻分类以地域划分。以乡镇（街道）为单位，乡镇（街道）下列村，村下列碑刻。同一村中、同一地点的碑刻原则上列在一起。一村多点的，依次列出各地点碑刻。每个地点则以碑刻时间的先后为序。如此，以碑刻形成完整的地方文化体系，便于对地方文化予以整体把握。

例：卷一大石窝镇，收录88件碑刻，分属石窝村、辛庄村、广润庄、北尚乐、南尚乐五村：石窝村35件、辛庄村16件、广润庄10件、北尚乐17件、南尚乐10件。其中辛庄村有福胜寺、隆阳宫、关帝庙、药王庙等，该村目下便依次录下上述地点的碑刻；每个地点以碑刻时间的先后为序，如隆阳宫碑刻，最早为元代，其次为明代、清代，碑刻顺序如下：

元至元二十八年（1291）《重修隆阳宫碑》、元至治二年（1322）《大元加赠真大道教始祖刘真君之碑》、明隆庆六年（1572）《重修隆阳宫碑记》、清乾隆三十一年（1766）《重修隆阳宫施买香火地碑记》、清乾隆三十一年（1766）《重修隆阳宫大殿建立禅堂成砌群墙置买并施舍地亩等事序》。

二、本志以乡镇（街道）分卷，全志800余件碑刻，共分八卷，每卷一册。每卷平均收录碑刻百件，由于乡镇（街道）碑刻数量不同，每卷收录碑刻数量不一，有的过百，有的不足百件。大石窝镇碑刻最多，共占三卷，其他乡镇（街道）为两个或多个乡镇（街道）合卷。

三、本志分别采取三级目录或两级目录。独立成卷的乡镇（街道）为两级目录，一级目录为村，二级目录为碑刻。合卷的乡镇（街道）为三级目录，一级为乡镇（街道），二级为村，三级为碑刻。

四、本志体例分为志、录、说明、考释、附录。

1.志：本志立足于地方文化，在乡镇（街道）、村两级标题下，均志述历史文化背景、碑刻综述。

2.录：收录碑刻原文，是本志的主体。本志收录的碑文，均为尚有碑刻或碑刻拓片存在的。对文献中有记载的碑刻文字，原则上依原拓对其脱、衍、错等问题予以校正。

3.说明：碑刻说明，本志收录的除碑刻外，还有经幢、墓志等，为表述一致，统称为"碑刻说明"。重点说明碑刻朝代、出处、尺寸、碑额文字。对于碑文撰者、书者，碑额书者、刊者，由于碑刻记载分明，不再重复。

4.考释：碑文考释，是对碑文的考证和解读。根据内容不同，考释分别为"碑文考释""幢文考释""墓志考释""题记考释"等。这部分，除对碑文考证和解读外，着重阐释碑文记载的史迹与地方文化的联系。

5.附录：附录碑文。为了保证历史文化信息的完整性，相关散见于各种文献的碑刻，因无原石和拓片存在，不能录入碑文，故注明出处，以附录的形式记入本志。如《卷三·大石窝镇》收录的唐开元十四年（726）刘济《大唐云居寺石经堂碑》，是晚唐时期云居寺刻经的重要文献，原碑虽然遗失，亦收录于志中。

五、本志村名表述。

1.以"村"冠名的村，原名照录。例：周口村。

2.不以"村"冠名的村，村名两个字的，后加"村"；村名三个字的不再加村。例：辛庄，录为辛庄村；周口店，录为周口店。

目　录

导　言　/ 1

城关街道

洪寺村

东坟村

房山老城

文庙

顾册村

饶乐府

歇息岗

羊头岗

前朱各庄

周口店镇

周口店

大韩继

车场村

黄院儿

娄子水

瓦井村

黄山店

黄元寺

木岩寺

长沟峪

新街村

山口村

西庄村

导　言

　　卷四共收录房山区城关街道碑刻 59 件，周口店镇碑刻 58 件，两镇碑刻共 117 件。

　　城关街道碑刻 59 件，其中北魏 1 件，北齐 1 件，唐 3 件，辽 1 件，元 2 件，明 19 件，清 27 件，民国 5 件。分布于洪寺村、东坟村、房山老城、文庙、顾册村、饶乐府、歇息岗、羊头岗、前朱各庄：

　　洪寺村 14 件——北魏 1 件、北齐 1 件、辽 1 件、明 3 件、清 8 件。另附碑记 2 篇备考。

　　东坟村 2 件——唐代 2 件。

　　房山老城 12 件——唐代 1 件、明代 2 件、清代 7 件、民国 2 件。另附碑记 4 篇备考。

　　文庙 9 件——元代 2 件、明代 5 件、清代 2 件。另附碑记 4 篇备考。

　　顾册村 7 件——明代 1 件、清代 3 件、民国 3 件。

　　饶乐府 4 件——明代 1 件、清代 3 件。

　　歇息岗 3 件——明代 3 件。

　　羊头岗 4 件——明代 1 件、清代 3 件。

　　前朱各庄 4 件——明代 3 件、清代 1 件。

　　周口店镇碑刻 58 件，其中辽代 4 件、金代 4 件、元代 5 件、明代 19 件、清代 20 件、民国 6 件。分布于周口店、大韩继、车场村、黄院儿、娄子水、瓦井村、瓦井村、黄山店、黄元寺、木岩寺、长沟峪、新街村、山口村、西庄村：

周口店 7 件——辽代 1 件、明代 1 件、清代 1 件、民国 4 件。

大韩继 9 件——金代 1 件、明代 6 件、清代 2 件。

车场村 6 件——辽代 1 件、金代 1 件、元代 2 件、清代 2 件。

黄院儿 2 件——金代 1 件、明代 1 件。

娄子水 5 件——辽代 1 件、明代 1 件、清代 3 件，一清碑 1 碑 2 记。另附碑记 1 篇备考。

瓦井村 7 件——辽代 1 件、元代 2 件、明代 2 件、清代 2 件。

黄山店 11 件——明代 4 件、清代 5 件，其中二清碑 1 碑 2 记。

黄元寺 1 件——明代 1 件。

木岩寺 1 件——明代 1 件。

长沟峪 6 件——金代 1 件、清代 3 件、民国 2 件，其中一清墓碑 1 碑 2 记。

新街村 3 件——元代 1 件、清代 1 件、民国 1 件，其中元碑 1 碑 4 记。

山口村 1 件——明代 1 件。

西庄村 1 件——明代 1 件。

按碑文编目，本卷收录碑文 124 篇：城关街道碑刻 59 件，1 碑 1 文，共收录碑文 59 篇。周口店镇碑刻 58 件，收录碑文 65 篇。其中 1 碑 2 文者四，分别为黄山店宝金山玉虚宫二碑、娄子水庄公院一碑、长沟峪一墓碑；1 碑 4 文者一：新街村大延洪寺碑。

玉虚宫碑碑文有二：一，碑阳《玉虚宫碑记》，碑阴《嘉庆顺天府告示》。二，碑阳《玉虚宫买卖契约》，碑阴《光绪顺天府告示》。

庄公院碑：碑阳《庄公院告示碑》，碑阴《契约碑》。

长沟峪墓碑：碑阳《清奉政大夫李君松年墓表》，碑阴《李公松年世谱》。

延洪寺碑：碑阳《大都大延洪寺栗园碑》，碑阴《宣赐栗园圣旨之碑》，阳、阴各 2 记，共 4 记。

城关街道

城关街道，是房山县老城所在，原为良乡县西境地。金大定二十九年（1189），为奉祀山陵建万宁县。明昌二年（1191）改奉先县。元至元二十七年（1290）改房山县。1958年，原河北省房山县、良乡县合并，成立周口店区。1960年周口店区改名房山县，归属北京市。1980年，城关、周口店部分地区约36平方公里划出，成立燕山区。1986年，撤销房山县、燕山区，设立房山区。1999年11月17日，国务院批准将房山区人民政府驻地迁至良乡，城关街道结束了为房山行政首府的历史。城关街道历史悠久，碑刻众多，遗存至今的有59件，分布于洪寺等7村及老城和文庙，其中：洪寺村14件，东坟村2件，房山老城12件，文庙9件，顾册村7件，饶乐府4件，歇息岗3件，羊头岗4件，前朱各庄4件。

洪寺村

在房山老城西，是房山区城关街道年代最早的村落之一，其历史可追溯到北魏孝文帝太和年间（477—499），距今有1500余年历史。北魏孝文帝太和年间，孝文帝拓跋元宏敕建光林寺，隋改弘业寺，清代改称宏业寺，后称洪业寺，习惯称洪寺儿，该村因此得名。村西南一峰凸起，名留台尖，上有庙宇，俗称山顶庙。该庙本名三官庙，创建不晚于唐，早年是否与弘业寺有关，无从考证。明嘉靖年间在留台尖建碧霞元君祠，清康熙年间在村内建关帝庙。村中遗留碑刻14件，其中13件碑刻属于洪业寺、关帝庙、三官庙、碧霞元君祠，只有《玉柱祖父达汉、父齐喜，祖母谢氏、母鲁氏诰封碑》除外。碑刻年代自北魏太和二十三年（499）至清光绪十五年（1889）。

本卷收录洪寺村碑刻14件：其中北魏1件、北齐1件、辽1件、明3件、清8件。另附碑记2篇备考。

○○一　比丘僧欣弥勒造像题记

大代太和廿三年岁次己卯十二月壬申朔九日庚辰，比丘僧欣为生缘父母并眷属师僧造弥勒石像一区。愿生西方无量寿佛国，龙华树下三会说法，下生人间侯王子孙，与大菩萨同生一处，愿一切众生，普同斯福，所愿如是。

碑刻说明

北魏刻。原在洪寺村洪业寺，现藏于美国克里弗兰美术馆。造像为石灰岩质，应为北魏光林寺遗物。拓片残高 79 厘米、宽 54 厘米。

题记考释

大代，北魏的别称。《魏书·崔浩传》："昔太祖道武皇帝，应天受命，开拓洪业，诸所制置，无不循古。以始封代土，后称为魏，故代、魏兼用，犹彼殷商。"

光林寺，为北魏孝文帝拓跋元宏敕建。唐《续高僧传》卷二十六："仁寿下敕，召送舍利于本州弘业寺，即元魏孝文之所造也，旧号光林。依峰带涧，面势高敞。"可见，隋改名弘业寺。唐、辽因之。清康熙年间称宏业寺，乾隆时改为洪业寺。寺在房山旧城西，今洪寺村便因寺得名。村西西沙河畔，背山临溪甚为清雅，此即光林寺所在。

北魏太和二十三年（499）十二月，比丘僧欣造弥勒立像。此造像高94.6 厘米，高肉髻，上有浅水波纹，面相丰颐适中，通肩式大衣，右手施无畏印，左手叉腰，持大衣一角。双腿凸显，大衣下露出内着之裙，如重叠的水波状。像胸前和上臂部之衣纹，呈弯月形分布，臂部衣纹分二叉如燕尾。衣纹为扁平状，上刻阴线一道。其双腿凸显，两腿间衣纹层层分布，如水波涟漪。膝盖亦极力刻化，凸起成圆球形。其造型有明显的犍陀罗和马土腊风格，混合有犍陀罗佛像和马土腊佛像因素。这表明，犍陀罗佛像和马土腊佛像风格由天竺传入西域，最终从西域间接影响到内地，直至幽州地区，成为当时艺匠感兴趣的样式并被极力模仿。从此像看，北魏太和年间，房山地区的佛教造像艺术兼蓄犍陀罗和马土腊风格，执一代风尚之牛耳。

造像背后，亦有佛像，为浅浮雕。佛龛正中为弥勒佛，庄严肃穆，上有幔帐，两边为束起的边幕，下为铺织毯的台座。左右还有二佛像，一执拂，一执壶，体态优美。造像题记位于佛像下方，8行，行10至12字不等。风格有异于一般北魏造像题记。常见的北魏造像题记多为以刀代笔，拙厚雄强，棱角毕现。而僧欣造像记保留了较多的书写意味，意态潇洒，笔意恣肆。书体为正书向行书过渡之态，有北凉、北魏时期写经书法之韵，疏放畅达，意趣生动，又兼带碑刻文字之凝重，在众多的造像题记中别具一格，实为不可多得的上品。

○○二　北齐光林寺尼静妃造像题记

天统四年三月一日，光林寺尼静妃为亡姊造玉像一区，皇帝陛下、一切众生，居同成佛。

碑刻说明

北齐刻。原在洪业寺，现存于国家博物馆。

题记考释

北齐光林寺尼静妃造佛像，原为房山区城关街道洪业寺遗物，现存于中国国家博物馆。静妃造像题记，在造像座背。长期以来，此造像被误认为是北京天宁寺遗物，这是一个误会。其实，天宁寺与北魏光林寺无任何渊源。天宁寺为唐玄宗时所创，原名天王寺，辽、金至元寺名未变，明初改名天宁寺。真实可靠的文献依据见于元末熊梦祥《析津志》及《永乐大典》中的《顺天府志》。

据《顺天府志》卷七《寺》："天王寺，在旧城延庆坊内，始建于唐，殿宇、碑刻皆毁于火，元朝至元七年建三门，而梵宇未能完集。"再后，明书《陂志》谓："天王寺之更名天宁也，宣德十年事也。"这是明代最准确的记载。

最早把隋弘业寺与唐、辽天王寺和明天宁寺拉扯到一起的是明万历年间的《长安客话》，其卷二《天宁塔院》："隋仁寿间幽州弘业寺建塔藏舍利即此，唐开元间改称天王寺。"其后，崇祯间《帝京景物略》沿用此说。可见，从明末开始才把北魏光林（隋弘业）与唐天王（明天宁）混为一寺，直至被乾隆皇帝所采用，镌入御制碑中，并一直沿用在今天的某些著作中。

今人率先为史实拨乱反正的，是文物古建专家王世仁先生。早在1996年，他在《北京文博》发表《北京天宁寺塔三题》一文，以翔实的文献和严谨的考据正本清源，指出，史料中弘业、天王为两寺是很清楚的。其一，《续高僧传》卷二十六《宝岩传》："仁寿下敕，召送舍利于本州弘业寺，即元魏孝文帝之所造也，旧号光林寺。依峰带涧，面势高敞。……自隋开皇将末，舍利到前，山恒倾摇，未曾休止，及安塔竟，山动自息。"这个弘业寺的地理环境依峰带涧，明明是一处山林寺院，而天王寺所在的幽州城里，则是一片平坦街市，显然弘业寺只能是在属于幽州地界内的西山一带。

后来，1987年3月7日，距房山区城关镇洪寺村东南五公里的东坟村出土了《大唐故征君史府君墓志铭》，有关弘业寺的记载恰恰印证了王世仁先生的观点。据墓志记载，弘业寺在唐元和年间香火旺盛，墓志主人之子正是该寺庙的主持。墓志所描述的弘业寺"宝刹山立，伟祠洞开"，与《续高僧传》卷二十六《宝岩传》中弘业寺"依峰带涧，面势高敞"的记载，其地形地貌不谋而合、互为印证。此前的1985年，洪寺村西发现一处遗址，现存基础高1米，周围有辽代沟纹砖。民国十七年《房山县志》载："在县西三里高阜上，按今塔已圮。土人呼其地曰塔岗，盖弘业寺塔也。"综合考证，可以确认，北魏孝文帝敕建的光林寺（隋唐弘业寺），即在今房山城关街道洪寺村西，即后来的洪寺村洪业寺。

时至今日，所有关于北齐光林寺尼静妃造像的文字，皆述其为北京天宁寺遗物。亦武著述《房山石刻通志》偶然发现这件北齐佛宝，结合诸家之论，考辨洪寺村洪业寺的来龙去脉。原来这座鲜为人知的村寺的前身竟是北魏孝文帝敕建的光林寺、隋代幽州第一大寺弘业寺，寺改今名乃是清代之事。由此，北齐光林寺尼静妃造像的归属也就清楚了：此造像原来并非天宁寺所有，而实实在在属于房山这方故土，为城关街道洪寺村洪叶寺佛教遗宝。而光林寺（弘业寺）的确证，不论对房山佛教文化史，还是对北京佛教文化史、北京历史都有重要意义。

唐释道宣撰《续高僧传》卷二十八《宝岩传》：

释宝岩，幽州人。标意《十地》，次综《毗昙》，末究《成实》，故于宗部涉猎繁焉。户牖玄文，疏条本干，时传富博，而性殊省事，不乐谈说，苦祈敷散，精理载扬。住京下仁觉寺，守道自娱，无事交厚。仁寿下敕，召送舍利于本州弘业寺，即元魏孝文之所造也。旧号光林，依峰带涧，面势高敞。多挟征异，事遵清肃，故使行僻之徒必致惊悚，由斯此众滥迹希过。自开皇将末，舍利到前，山恒倾摇，未曾休止，及安塔竟，山动自息。又仁寿初岁，天降剃刀三十三枚，用甚铦利，而形制殊别。今僧常用以剃剪也。又初造石函，明如水镜，文同码瑙，光似琉璃，内外照彻，紫焰光起。函外生文如菩萨像，及以众仙，禽兽、师子、林树，杂相非一。四月三日夜，放大光明照天地。有目皆见。岩事了还，不测其卒。

唐释道宣撰《广弘明集》卷十七所载王绍《舍利感应记》：

幽州表云。三月二十六日于弘业寺安置舍利。石函始磨。两面以水洗之，明如水镜。内外相通，紫光焰起，其石班驳。又类码瑙，润泽炫耀，光似琉璃。至四月二日起斋行道，至三日亥时，舍利前焚香供养，灯光焯庭，众星夜朗，有素光舒卷在佛舆之上。至八日舍利入函，自旦及辰，函石现文，仿像有菩萨光彩粉藻。又似众仙，其间鸟兽林木，诸状不惑者众。实难详审，其有文理照显分明，今画图奉进。

○○三 道钦塔幢

法弟讲经律论辩慧大德赐紫沙门道俱撰

□□□□相应，同道相从，苟非宿愿，焉致相得？会□□□□道钦，则源长法师同乳之弟也，曾□□□□□□□光遗法，递扇玄风，自咸雍间□□□□□□□初登法肆，缘力尤增，故□□□□□□□□□□□□□□□□□□□□席用□□。

□□□□□□法弟子诵经沙门道□，法弟子讲经论沙门道□，□□□□□□□法弟见监寺讲论沙门道和，法弟子讲论沙门道延，门人讲论沙门德潜，门人讲论沙门德严，门人德阐，门人德崇，门人德远，门人德讼，法侄讲论德诠，法侄□德昇，出家法侄德照。亡父刘极，亡母胡氏。出家弟讲论沙门道□奉报先恩特建。

维乾统二年十二月四日记　法弟子道□书　涿州吴志宣刻

《佛顶尊胜陁罗尼》曰

曩谟婆誐嚩帝怛喇路枳也钵啰底尾始瑟吒野没驮野婆誐嚩帝怛你也他唵尾戌驮野娑麽三满多嚩婆娑娑娑颇啰拏誐底誐贺曩娑嚩婆嚩秫弟阿鼻诜左輶素誐哆嚩啰嚩左曩阿蜜栗哆鼻曬罽阿贺啰阿贺啰阿欲散驮啰枳戌驮野戌驮野誐誐曩尾秫弟邬瑟抳洒尾惹野尾秫弟娑贺娑啰啰湿铭散祖你帝萨嚩怛他誐跢地瑟姹曩地瑟耻跢摩贺哩嚩啰迦野僧贺跢曩尾秫萨嚩嚩啰拏尾秫弟钵啰底顤袜跢野阿尾秫弟三麽野地瑟耻帝麽枳麽枳怛闼跢部哆句致跛哩秫弟尾娑普吒没地野秫弟惹野惹野尾惹野尾惹野娑麽啰娑麽啰萨嚩没驮地瑟耻跢秫弟嚩日嚩啰蘖栗陛嚩嚩婆嚩睹麽麽萨嚩萨怛嚩难左迦野尾秫弟萨嚩誐底跛哩秫弟萨嚩怛他誐哆三麽湿嚩

碑刻说明

辽刻。在洪业寺。幢八面刻，分拓两纸，均高 63 厘米。一纸五面，通宽110 厘米；一纸三面，通宽 64 厘米。

幢文考释

刻幢保留下辽代弘业寺重要史料。上部刻道钦实行，并留下众多僧人的法号。下部为《佛顶尊胜陀罗尼》真言。

继北魏光林寺僧欣、北齐光林寺尼静妃后，此幢留下辽代弘业寺僧人的名字，因此弥足珍贵。

1974 年在山西应县木塔中发现的辽代雕版印经有"弘业寺释迦佛舍利塔主沙门智云书"题记。

《房山石经题记汇编》录载，辽代刻经《瑜伽师地论》卷七十二第十三、十四条有"弘业寺大众施钱一百贯办碑五十条"题记。金代刻经《杂阿舍经》第七、八条，有"施主弘业寺僧暹为法界父母续造此经"题记。

以上记载说明，弘业寺名自隋代始，历唐至金，一直沿用。弘业寺在辽燕京、金中都，仍为著名寺院。弘业寺僧人智云，参与了《契丹大藏经》的编辑印造，寺僧释暹等施助了辽、金两代房山石经的刊刻。

〇〇四　重修洪业寺佛殿碑记

粤自上古，圣人以仁义治天下，故教民孝悌忠信、睦□姻恤，其有不率教者又导之以礼，而□政基以天下太平称□治焉，而佛法不与乎其闻。逮至汉明帝梦金人，遣使□佛，起白马寺于洛邑之西门外，佛教遂通于中国焉。夫佛教者，以清净为本，寂灭为根。凡一切仁义道德之□皆弃而不讲，故韩愈诗云：惠师浮屠者，乃是不羁人。然以神道设教，亦可以□愚氓而使不为恶焉。李白有诗云：金绳开觉路，宝筏渡迷津是也。然则胡为之记也？我房邑之洪业佛寺，不知创自何时，年久损坏，村人张宪等纠工庀材，劝捐修理，即成而命余为记。余曰：尔堂□□□曰□也，不过因其旧制以为春祈秋报之公社云，□□敢崇敬佛教也。余曰：□爱为之□，自重建佛堂，仍因旧制，愿留其名，乐成其事，仁其所仁，义其所义，无与□□。是为之记。

廪膳生邑人张蓉第撰文

岁进士邑人李咸一书丹

本村住民张宪、张宏、刘成福、刘成德、谢云旺、赵顺、李德祥、张云龙、谷荣、孟浩

大清道光二十九年岁次己酉仲秋穀旦立　住持僧人□山

碑刻说明

清刻。在洪业寺。拓片高 190 厘米、宽 68 厘米。碑额正书"万古流芳"。

碑文考释

此碑为洪业寺清代第二件碑刻，第一件为清康熙时罗在公《重修宏业寺碑》，见载于民国十七年（1928）《房山县志》。

此碑碑文记载了清道光二十九年（1849），村民住民张宪、张宏、刘成福、刘成德、谢云旺、赵顺、李德祥、张云龙、谷荣、孟浩等劝捐重修洪业寺事。

附录碑文

民国十七年《房山县志》卷七《艺文》载清康熙时罗在公《重修宏业寺碑》：

今天下浮图梵宇莫盛于京畿。凡郡邑村落中崇高爽皑、山环水抱之地，悉为其所有。然其兴也，大抵归之轻财居士与苦行头陀，而非庸众之所敢任也。房邑城西大宏寺村为都人贩煤地，迩来车马辐凑，户口日繁，贸迁甲于四境，有古刹宏业寺在焉。其地北拥连山，南拱留台，东据县治，西崧金陵，倘所谓山环水抱非欤？讵沧桑递变，莲座几藏茂草，钟鼓徒传旧迹，岂无土著故家？货殖丰腴者，孰肯继给孤之高风，破悭贪而喜舍，种

莲花于净土哉？爰有张进魁者，保定完县人也。经商于村，历有年所，其素履不逾本分，不计锱铢，固已迈等伦而上之。乃所蓄初裕，善念旋生，谓四大皆空，何有于财？遂罄囊营菩萨殿于后。余往观，见规模宏壮，视昔有加。第前殿倾，令人有难乎为继之感。未几而僧寂安至矣。僧扬州江都人也，秉性诚朴，淡泊自安，长于弥陀而短于世法。先是，居邑之白家庄，欲谋一刹，恳余为疏，以募期年愿谐。卜筑有日，忽梦伽蓝告曰：此地非善，可速移他处，不则不利于尔僧。不信，果病。念欲迁而病愈，即愈且止，又病，复梦如初，而其志始决。然尚无所归也，忽闻此寺乏正殿，遂欣然就建焉，不两月而告成。余又往观之，见前后鼎峙，二善并隆。喜人事之嘉会，信佛力之宏通，不禁咨嗟而赞美之。《莲华经》云：若于旷野中积土成佛庙，皆已成佛道。而况二人也者，独往独来，树巍焕之崇观若是乎？是僧俗虽殊，善念则一，异日同登灵山之岸，有必然者，独是此功成于远方之人，则应属云水高僧挂锡之所，本地强梁似不得与十方争此土明矣。工既讫，余乐其善而特为之记。

○○五　创造香殿记

房邑迤西三里许，有山曰留台尖，山之巅有庙曰天地水府三官大帝，其规模尤壮丽，密为一邑之望。坊耆李琨辈等以春祈秋报咸在于兹，青烛禅烟夜以继日，惟恐触剥圣容，心甚不忍，于是各捐己资建香亭，置于殿之前。铸炉三，安于亭之内，一以取焚修之便，一以表妥侑之诚。犹惧其久而废，又将各姓名诸石，为将者示。

大明正德丙子春三月吉旦立

碑刻说明

明刻。在留台尖三官庙。高 82 厘米、宽 43 厘米、厚 11 厘米。此碑为首次发现。

碑文考释

正德丙子，即明正德十一年（1516）。

此碑为三官庙现存最早碑刻。记载明正德十一年，本地信众李崐等在大殿前建香亭，在香亭内铸三具香炉事。碑文载："山之巅有庙曰天地水府三官大帝，其规模尤壮丽，密为一邑之望。……春祈秋报咸在于兹。"足见三官庙是房山老城内外重要道场。

〇〇六　重修三元正殿碑记

邑庠生刘兰篆额

房山县西离城三里许，有山高耸，庙立于上，神安于内。其山之始名曰留台尖，暨而更为三官顶焉。是神也，上元以司天，赐福也。中元以司地，赦罪也。下元以司水，解厄也。备三才之理，总天地之事，殆非荒唐渺茫淫祠虐厉之可比，是乃神之至正者也。列庙貌于群峰之首，其势巍峨，诸山拱翠，雄镇一方，卑视城宇，是乃山之至显者也。无古今，无远迩，凡有水旱瘟疫之灾、疾病患难之渗，祈祷无不应，致诚无不格，是乃神之至灵者也。以神之至正，居山之至显，而为神之至灵如此，是以吾人虽至愚而实至神也。视庙宇之有替而必兴，有坏而必补，因旧而必新，岂非人所同然？实乃诚之不可掩也如此。夫本县耆老杨鸾等素有此恢拓之举，累因年岁荒歉而弗获所愿。延之今岁，年谷颇登，一举而倡之。乡民任玘、孙凤等从而和之，一县之人、他县之众又从而协同之。无老无少，负石运灰者踵足不断。或贫或富，施财布米者络绎往来。于是征工傲巧，补旧益新。正殿三楹，高敞宏阔。前后墙宇，峻雄绝威。金碧辉煌，光彩炫耀。经始于二月，落成于五月。是乃神灵之默佑，所以成功得如是之速也。兰亦素感神之至灵，而朔望行香祈祷必至之处，亦责任之所不能辞者。故敢置石书文立于庙貌之左，使后之有事于兹土者，时葺而岁补之，庶斯庙可保于不朽，而神亦得以庇吾民于无穷也。是为记。

嘉靖二十二年岁次癸卯十月十五日　山西戊子举人知房山县事高兰顿道撰立

县丞施州卫刘华□会中致政路璋、陈大用

儒学教谕彭希宗、李久学、陈贤

训导田茕、荣秀、傅贤

戒坛坛主宗师兼大慈仁寺住持□全、典史芜州刘实、监生刘桥、生员赵俊书丹

碑刻说明

明刻。在留台尖三官庙。拓片高 170 厘米、宽 79 厘米。

碑文考释

此为三官庙现存的第二件碑刻，第一件为明正德碑。

碑中记载了嘉靖二十二年（1543）二月至五月间，杨鸾等重修三官庙三元正殿事。

民国十七年《房山县志》卷七《艺文》题为《重修三元正殿碑》，此处据拓本改为《重修三元正殿碑记》。县志录文无落款，只署高兰，现据拓本添补完整。

戊子，明嘉靖七年（1528）。撰文立碑者高兰，山西人，明嘉靖七年戊子科举人，后任房山知县。

○○七　房山县新建碧霞元君祠记

承仕郎□□邑人李久学撰文

生员赵俊书丹

碧霞元君祠创始于泰山，灵应□著天下，□□□走起谒者岁无虚日，近在在有之，盖其功德□□□于人心者深且久焉。房之西有山曰留台尖，□□崒嵂，岩岫崚嶒，突出于众山众峰之间。登斯令人心旷神怡，恍然身在方丈、

蓬莱之内。旁观远眺，南可以望涿鹿，北可以瞻帝京，东可以见扶桑日出处。俯而视之，环邑胜概尽入襟袖，岿然一方之雄镇也。其上旧有三官庙一所，创自大元，庙左隙地一区，新建碧霞元君祠三楹，发意于千户陈贤及乡人徐进、郑□贤，成于会首郑世儒、鲁臣辈十人。工材之需，约费白金七百余两，取诸四方之达士也。董工于嘉靖甲辰二月，讫工于丙午三月。庙貌巍峨，神仪庄静。真□以□□代人心之慕仰也。鸣呼备哉！祠成，适邑人高少川、王公范连□贾公琪谒庙至此，喟□□□□如此其高，祠如此其大，土木砖石之取□□□□仅二载而厥工告成，其事亦神矣！夫山不在高，有神则名，神不自灵，藉山则灵。山之与神诚相为用也。灵则裨于政，政通则民和，民和则物得所，物得所则今日圣天子基业之固不亦永耶？因书此以记其□□，□来者知所自云。

嘉靖丙午岁三月吉旦立

会友郑世儒，杨氏，女□□儿、□□儿

父郑章，母侯氏，兄郑世相　□　郑世官

侄郑九思、王氏，郑九昕、郑九川、郑□□

鲁臣，马氏，男□□、孙氏

碑刻说明

明刻。在留台尖三官庙。拓片高 80 厘米、宽 135 厘米。

碑文考释

嘉靖甲辰，嘉靖二十三年（1544）。丙午，即嘉靖二十五年（1546）。

此为三官庙重要碑刻之一，碑文中记载嘉靖甲辰二月，千户陈贤及乡会首郑世儒、鲁臣等在三官庙左隙地建碧霞元君祠三楹，嘉靖丙午三月竣工。

据《重修三元正殿碑记》，嘉靖二十二年（1543）二月，重修了三官庙的三元正殿，当年五月三元正殿竣工。

翌年二月碧霞元君祠开工。历时三年，嘉靖二十五年三月告竣。

"其上旧有三官庙一所，创自大元"，说明元代三官庙曾重建。三官庙唐代已经存在，民国八年（1919）唐代残碑尚在。金代，章宗皇帝曾在留台尖顶祭天。故元代非创建，而是重建。

清代三官庙有康熙元年（1662）碑，"康熙元年岁次壬寅三月穀旦立"；康熙三年（1664）碑，"康熙三年三月二十八日立石"，都察院观政莼川张瑾光撰文。这两块碑施工挖出，可惜残破不完。历代《房山县志》和其他文献均失载，属亦武首次辨认发现。

○○八 重修三元宫记

邑之西留台尖，为古名胜地。孤峰高峙，摩霄□云□□烟霞骈星□□。古刹三元宫，创始失纪，重修于□□□□至□□□□□□□□□□□□□□□□二十年，终为乡耆杨鸾等修理。□故□三世因兵困，后数为风雨剥蚀，宫殿廊庑□就倾□无□□□□□□□□□□□□□之，虽钟鼓□不断绝，恃有□□□□□□则目前了□□□□□□□□□□□□□□□人□□□□商史嘉寿、温应新、房壮观、梁时金、王用卿、华显等各□□□□□□□□□□次两□，次□□□□，祠即道舍恒砌，无不改观。起在于二月初旬，告竣于三月终旬，□□□□□□□，四方闻者咸聚，斋送络绎。是举也，于中□□中□□中□□中法，费赀二百有奇，如起一心，如□一乎，内外一切□□维金碧辉煌，丹铅陆离，即青松绿树，茎草卷石，皆□□□□□。念其因缘始定，若燕结垒，若灯□□泥撮土悉自曰血中众较□且□□之□□功□□□因□□□□。於戏！圮废重于□□□□居□辛勤善守之宰官长者悲悯拥护之，此地世世□缘不朽矣。故□□公□□□□为之记。

康熙元年岁次壬寅三月穀旦
翰林院侍读学士□□□撰文，太常寺乡卿孙光礼书丹

碑刻说明

清刻。在留台尖三官庙。首身一体，青白石质。高152厘米、宽66厘米、

厚 10 厘米。碑额篆书"重修庙记"。此碑为首次发现，为清代早期碑刻，弥足珍贵。

碑文考释

据此碑，三元官清初因兵就倾。康熙元年（1662），客商史嘉寿、温应新、梁时金、王用卿、华显等捐资重修，历时两个月，始于"二月初旬，告竣于三月终旬"。这是明清交替之际第一次重修。

○○九　施茶记

余尝阅古籍，得陆羽三篇，业为卢仝获先书，迄今□□□之旷致，尘襟可涤，俗障可除。不□□千百载后，复有李公岐山、李公友荣等约关境之善信，合众志之悃，发弘愿，捐资施茶。每于三月间，值留台尖香火盛举之时，搬柴运水，扬旌张幢，广高几座，收台顶之旗，拾林溪之芽蕊，烘铛亨茗。凡远近士女童叟，至其处者悉给杯瓢饮饫之。历多年所，初□□□违，此阎浮世界，遍地清凉，不容已之一大因缘也。勿论来世善果，于□□□，但此生此际，能分囊橐之余，不求报，不要誉，不论贵贱，□□贪廉不供端，索募不指事，施芳以游然，无欲□心，行见在法觉桥头，给灯之光草会，卖□之姻满，为人我□教化所。二公就余□□□□□□，谓勒诸珉，庶众志益坚，俾后之于今□□□□□，勿坠二公阴德，□□□□□□□□□末，则留台之片石应与西山同永已。

赐进士第都察院观政莼川张瑾光撰

康熙三年闰三月二十八日立石

碑刻说明

清刻。在留台尖三官庙。青白玉，高 107 厘米、宽 65 厘米、厚 8 厘米。此碑为首次发现，弥补了清初三元官史记之缺。

碑文考释

据此碑，每年三月，是留台尖香火最盛的时候，为满足信众饮水之需，李岐山、李友荣等约集众善信捐资施茶。

张瑾光，顺治十六年（1659）已亥科进士，湖广武昌府蒲圻县（今赤壁市）人。

○一○　留台尖重修南禅房碑记

余幼时遇一老人，自谓知因果事，道休咎无不奇中。谓余前身为僧，某山某寺历历可述，余笑其妄而不复记忆。后十余年，余登留台尖，有西僧万源一见愿称弟子，余益恶其诞而便其恭谨，故亦不之深拒，然不过一再登片刻谈而已，庸足惑也。

迄今又几二十年，俗虑交系，了无可□。前言如可信乎，则前身亦万源等耳，静言思之，窃自笑矣。癸卯夏，余作留台碑文，以余登留台而留台适将落成也，故不择而请之。今年夏乃造庐而请焉，非有取于余之文也，里之人所识者惟余而余又不容拒也。问其所修造，曰有禅房三间，问其勒石之意，曰载姓名。余诺之。盖筑室于数十仞之上，虽三间之费，自倍于平地。首事往来劳瘁可知，而施助之家，其名又不可没，故余为记之。

房邑甲辰举人邱秉哲撰文

房邑邑庠生员张元瑛书丹

立事人：谷荣、刘成德、刘成福、李云龙、赵顺、栾德祥、张宏、孟浩

大清道光贰拾九年岁次己酉七月穀旦立

石板、砖瓦、水、土、石头钱壹百零壹吊五百叁拾八文，杂向货钱七拾壹吊壹百二十四文。

木料、荻笆、煤钱壹百壹拾七吊，青白灰、丁子、麦秸、麻绳钱二拾玖吊贰百玖拾二文。

瓦木作、作画作、大小工钱叁拾四吊壹百伍拾六文，后寺修补钱拾叁吊叁百零五文。

碑刻说明

清刻。在留台尖三官庙。拓片高120厘米、宽53厘米。

碑文考释

此碑为清代三官庙的重要碑刻。碑文记述了清道光九年（1829）三官庙修建三间南禅房事，其中提到癸卯年，即道光三年（1823）重修三官庙，邱秉哲为此碑撰写碑文。

民国十七年《房山县志》卷六《人物》："邱秉哲，字月亭，邑之饶乐府村人。性宏达，攻文章，举道光甲辰乡荐，咸丰癸丑大挑一等，改就教职候选。学问渊博，教授生徒。虽晚年犹殷殷不倦，所成就者甚众。著作诗文杂集多遗失，仅存一二碑记焉。"

附录碑文

民国十七年《房山县志》卷六八《文续录》载陈智《重修大洪寺村留台尖记》：

荒崖绝险，人迹萧条，非不幽且静也，其失则僻。附郭依郊，人烟凑集，非不便且适也，其失则嚣。求其幽而不僻、适而不嚣者，其在去人若远若近之间乎。邑西山脉干起恒岭，其旁出之支降而为石岗土埠，由西北而东南逶迤相属。至城西三里许洪寺村南，孤峰突起，名曰留台尖，负群山面村郭，宅野而非僻，近市而非嚣，洵一方佳胜也。庙焉其上，始建不知何时。庙有唐时碑，已漫灭不可读，盖其迹已古矣。历辽金元明清，代有修葺，岁月渐积，栋挠宇陊，其宜修复久矣。然其役有数难焉，山巅无水土多沙砾，取诸平地自下而上，费已不赀。砖木各料运卸山根，寻丈之材百斤之重，即须众力推挽。蠢上逾一里，较行平路数十里为费尚奢，睹庙貌之倾颓，无敢轻于从事。凡以此也，村人曰：事皆畏难而止。昔我先民，斯庙何以创建？是在勇于为耳。于是阖村绅董协议重修，村二百余户或出资，或出力，不足则佐以劝募。遂于己未三月，五阅月而工竣，自神殿、禅房、门垣、墀甃皆易而新之。南禅旧稍幽暗，改为前后两廊。顿形宏敞，四时景物，递嬗递献，俱可坐而览焉。天然之境，施以人力，益使习静者不虞其僻，求适者不虑其嚣，皆今日建筑之功为之也。其捐助之款，经理之劳，用工若干，役用物若干，事将毕，揭他石，兹不赘云。

碑文考释

文曰："始建不知何时。庙有唐时碑，已漫灭不可读，盖其迹已古矣。"可见早年留台尖上有唐代碑刻，其创建年代不晚于唐。

民国十七年《房山县志》卷六《人物》：

> 陈智，字学愚，光绪乙酉举人，世居南关。幼失怙恃，依叔父居，性沉敏，受业于金雨三先生。曾出联云："葵花心向日"，公应声曰："荷叶面朝天"。雨三大奇之。弱冠入邑庠，公家食指，多议分爨，公曰："此父兄事也。"学如故，因贫就馆乡间，仍学不厌。乙酉举于乡，以士风不振筹书院基金，购书籍，修文庙，铸祭器，文风丕变焉。庚子拳乱，公与刘琴斋议曰："乱成矣，当自救！"纠士绅倡团练，七月京师陷，溃兵到房，汹汹将不测。公冒险见其首领宋公，城厢赖以获安。嗣法兵据县城，民教有雠者思报复。公竭力排解，民教得以相安。事后，公送匾额曰："儒仁侠义"。二十九年，保定高等师范延公为史地教员，三十年任县训导兼充其高小校长。后任县修县志，聘公主其事，三年稿成。蒙提学保卓异，公竟赋归来，躬亲南亩，有劝之仕者，曰："以吾迂拙枉道，求荣适以贾祸也。"遂闭门不出，时论惜之。

《重修大洪寺村留台尖记》撰者陈智为清光绪至民国初人物，光绪十一年（1885）年乙酉科举人。从光绪十一年中举看，他出生不该早于同治。《重修大洪寺村留台尖记》碑载："遂于己未三月，五阅月而工竣"。清代最后一个己未年是咸丰九年（1859），民国时期第一个己未年是民国八年（1919）。故，推断此"己未"为民国八年。

○一一　大红寺村重建白衣大士殿碑记

本县儒学廪膳生员姚廷标薰沐撰文并书丹

盖闻大士化城慧鉴，彼岸慈航。呗诵能传福，且如川之至。云栖不远，人方遵海而南。时展法轮有觉之灵，曲成下里多男之愿。九宝金缕，散缀重帏，五色玉麟，抱从间阖，喜声闻之辄应。自象教之宜处，必触境始可征。心端藉满林翠竹，非现身不能说法，尤须一座青莲。襄者殿宇阴阴，不是雨花晴亦湿。檐楹黯黯，非关迸水昼长寒。今则起颓，而为图鼎新而革旧。自是法云遍照，树彩成楼。悬知满月半开，河光似镜。阿堵原皆公物，菩提果种良音。则谈经之函丈十笏之已分，而停屣之游人，或亦观瞻而是幸。事竣功成，敬勒诸石，以告后之君子。是为记。

起意都管弟子：籍宗□、白奇棠、□□□、白继廉、李意□、白伯宏、宋国山、□□珩、□□□、孙景徽、张仲祥、樊天祥、田成

大清乾隆拾年岁次己丑六月榖旦立

碑刻说明

清刻。在洪寺村洪业寺。碑额楷书"万古流芳"。

碑文考释

碑文记载了清乾隆十年（1745）该村白奇棠、白伯宏、宋国山、孙景徽、张仲祥、樊天祥、田成重建白衣大士殿经过。既言重建，那么白衣大士殿创建时间应更早。

○一二　创建洪寺村关帝庙戏楼碑记

保定府蠡□郡蠡县邑庠生陈嵿撰文

本县儒学邑庠生谢宗尧恭校

本县儒学邑庠生宋弘沧书丹

洪寺为奉先县之镇，三面比山，一接石城，东西约三里，大小实为一村。西村之乾地有关帝庙一座，建于康熙年间，则碑文可考也。自建庙以来，凡辞桑梓而寄居、卜宅兆而通籍者，昼无凶恶之灾，夜无范盗之警。良由神灵宛在，聪足以察若辈之奸，明足以烛若辈之隐，正足以闲若辈之邪，直足以矫若辈之枉。故洪寺之人得以安居乐业于此也。叨恩被德，益念神威。忠矢前代，爵居亭侯之显。灵应天朝，敕加武圣之封。于昭陟降，存神穆清，呵禁守护，赫赫厥声，故每岁献戏，用表虔诚。但以旧台筑□砌石，不藏风日声容，感格或干怨恫，因各出资财，共襄盛事，更建戏楼以为悦神之地，复金圣像，以伸如在之诚。鸠工庀材，未及半载，藻井雕楹，聿观厥成。观乎负栋之柱，若取材于蜀山。架地之椽，可媲美乎结绮。钉头则磷磷也，瓦缝则参差也，五彩彰施则璨璘而夺目也。于以贮演徘徊，典奏霓裳，以象威震之功，用昭庇阴之德。由是炉烟飘缈之际，或冀神听之和乎欤！故勒贞珉，用告竣之余，以示斯楼之建，永矢虔诚而非徒为一时之观瞻云尔。

管账：傅国臣

经理善事弟子：白奇棠、白继廉、许世杰、冉秉礼、郝建言、常正山、何耀宗、刘福德

住持僧：际宗

大清乾隆贰拾捌年岁次癸仲秋月毂旦立

碑刻说明

清刻。在洪寺村关帝庙戏楼旧址。碑身拓片高124厘米、宽68厘米，碑额拓片高、宽均为21厘米。碑额双勾题"流芳千古"。

碑文考释

据此碑，按照习俗，洪寺村每年要在关帝庙前唱戏，以表达对关帝的虔敬。原来的戏台用石头砌成，上面没有建筑遮蔽风雨。乾隆二十八年（1763）初，村民创建戏楼，并将关帝神像鎏金，工程不到半年而竣。此戏楼是房山区为数不多的古戏楼年代可考中的一座，为研究房山古戏楼提供了珍贵史料。

○一三　大洪寺村重修关帝庙碑记

乡之有庙，岂仅以妥神明、伸神报哉？亦乡中办公之所也。夫曰公所，则虽乡人主之，商会亦得用之。然用之者无定，则不得执其权；主之者有常，乃必当董其事。此庙宇兴废，住持之去留，所以不归于商，而归于乡也。

吾乡旧有关帝庙一座，创建于前代，重修于本朝，无非乡先达独肩其任。自煤产盛，西地若冲衢，商贾集而街成列肆。彼既求利于是，即欲交接于是，时有公务亦得借是庙商之。乃始因借用其地间或共商其事，继因共商其事遂至中分其权，是以庙中应理之事，与商共主之者有年。去岁以殿宇陊剥，爰议重修，绅商共捐资若干，分募若干。凡正殿、禅房、钟楼、歌榭，靡不缺者葺之，旧者圬之。其他为庖、为福、为门、为垣，亦皆黝垩而丹墁之。乡人方谓："是役也，商之力居多，庶可常襄善举，相与有成乎？"商人忽谓乡人曰："重修之举幸观厥成，嗣后乡人可自经理之，吾商愿退听焉。"夫君子处事贵因循而重改，作业共事多年而忽生异议，吾乡弗肯也。彼既推却而仍弗任，吾乡弗为也。且吾乡户少殷富，一切公善事尤多倚赖商人，何必过为区别。第以岁有修葺，人有替代，非乡人首为倡率，则难期经久耳。故遂如商言，不复推让。并将事之本末，揭而明之，庶后之经理者，有以鉴前事之师，而知所处置也夫。

邑庠生张鉴撰文并书丹

经理人：王进财、谢鸿儒、天合厂、兴公亨、冯筠亭、刘珍、积□□、复和厂、谷恒茂、魏道周、晋兴和、裕顺泰、德顺公、□□□、永合成、□源恒

大清光绪十五年岁次己丑仲秋穀旦立

碑刻说明

清刻。在洪寺村关帝庙旧址。拓片168厘米、宽68厘米。碑额正书"永垂不朽"。

碑文考释

此碑为清代关帝庙第二件碑刻。碑文称，此庙"创建于前代，重修于本朝"。由此可知，该庙明代始建，清代重修。又《创建洪寺村关帝庙戏楼碑记》称，"西村之乾地有关帝庙一座，建于康熙年间，则碑文可考也"。那么，清康熙属于重修，而非创建。此碑则记载了清代第二次重修关帝庙之经过，时间为清光绪十五年（1889）。结合此碑与《创建洪寺村关帝庙戏楼碑记》，可考该村关帝庙的来龙去脉。

〇一四　玉柱祖父达汉、父齐喜，祖母谢氏、母鲁氏诰封碑

奉天承运皇帝制曰：习六韬而建绩誉，为望攸崇。溯三世以推恩，旧劳宜奖。特颁异渥以示崇褒。尔云骑尉达汉乃圆明园营总领加二级玉柱之祖父，尔冷日关防御齐喜乃其父，才猷夙蕴，德器深沉，美积家门，启箕裘之令绪，毂贻孙子。策阀阅之高勋，盛典欣逢，殊荣宜被，兹以覃恩。赠尔等为资政大夫，赐之封命。於戏！图功勿替，爰资裕后之模。锡命重申，用慰光前之志。钦承国爵，永播德馨。

制曰：采擢前劳，溯祥源于诒毂。甄明内德，流惠问于含饴。式奖家声，载扬国庆。尔谢氏乃营总领加二级玉柱之祖母，尔舒穆鲁氏乃其母，禀赋温恭，敦修礼则。标兹阃范，夙流珩瑀之声。诒以孙谋，大展韬钤之业。芳仪夙著，宠命宜加。兹以覃恩，赐尔等为夫人。於戏！徽音无斁，被象服以增光。闾泽长流，捧鸾疏而贲采。休光洋溢，潜德馨香。

乾隆十一年岁次丙寅三月吉旦立

碑刻说明

清刻。在房山老城西门外洪寺村界。拓片高 174 厘米、宽 68 厘米。

碑文考释

诰封，就是诰命封赏。在明清之际，对文武官员及其先代、妻室赠予爵位名号时，皇帝命令有诰命与敕命之分。五品以上授诰命，称诰封；六品以下授敕命，称敕封。

据碑文，玉柱为乾隆早期人物，官居圆明园营总领加二级。其祖父名达汉，父齐喜曾任冷日关防御。祖母谢氏，母鲁氏。乾隆十一年（1746）三月，清高宗诰赠达汉、齐喜为资政大夫，赐谢氏、鲁氏为夫人。按明清惯例，对五品以上官员的祖父母、父母及妻室之殁者，均以皇帝的诰命追赠封号。

玉柱为圆明园营总领加二级，为正二品官。故诰封其祖父、父为资政大夫，亦为二品。

一、二品官员，诰封其祖母、母为夫人。玉柱为正二品官，其祖母、母为二品夫人。

东坟村

在房山老城东南之北市村东南。据唐德宗贞元十九年（803）十月的《唐故银青光禄大夫行瀛州别驾莫州刺史上柱国申国公蔡府君墓》志，此地为"良乡邑北复业乡"，而五年后的唐宪宗元和三年（808）《大唐故征君史府君墓志铭并序》记载为"良乡县仁风乡"。足见此村历史由来之早。当年，此地具体地名为"北石"（据《大唐故征君史府君墓志铭并序》），故此判断，城关街道曾有北市村，当年应名"北石"，今东坟村属当年北石地界。

本卷收共录东坟村碑刻 2 件，为唐代墓志 2 方。

○一五　唐故银青光禄大夫行瀛州别驾莫州刺史上柱国申国公蔡府君墓

蔡公讳雄，信都人也，系绪略而不书。曾祖贞，虢州别驾。祖遥，沧州乐陵令。考济，泽州司户。咸著政能，皆谓时杰，善余庆，远闲气。是生公，器涵江湖，才备父武，童稚之岁，曾不儿戏，习经史，蕴韬略。尝曰：六国之印，可绍佩之。未弱冠，有河朔之举，属中原乱离，国为深忧，诏书辟公，招谕取定。乃私愤曰："离坚合异，智也。治乱辅霸，忠也。扬名荣亲，达也。吾以此三者必是行矣！"由是口衔天书，身入绿林，示以安危，破其巢穴。遂优授贝州清河尉，解褐也。虽色棒扬威，而壮心未骋，乃投笔攘袂来游蓟门。获前连帅朱公上宾待之，署幽州卢龙节度押牙，长剑陆离，辕门生风。未几，奏授莫州刺史、申国公。命之曰："前职，公之假道也，常以鄚亭境邻南赵，安人来远，在良二千石，公其勉乎！"下车后，一之岁，逋逃复居。二之岁，商估关通。三之岁，考绩居最。众君子曰："蔡君之政，渔阳张堪之俦。"又属丧乱未平，忧人生疾，卧治不迮，辞荣寻医。东次檀州，疾之已亟。以贞元三年二月十六日终于题与之宫，会春秋五十有三。夫人陇西李氏，则袁州使君昕之仲女也。居丧礼闻，抚孤成人。有子四。长曰昭，幽州良乡尉，有干父之誉。次曰暕、曰旰、曰昉，以学与艺，孝乎事亲，守先人之清贫，寄颜氏之陋巷。宅兆营备，悉在亲知。以十九年十月廿五日迁窆于良乡邑北复业乡之原。礼也：灵荾素棺，务从以俭。刻志玄室，拟于佳城。其词曰：

天回日薄兮年代无穷，人生此去兮今古攸同，青山暮雨兮松柏悲风。

碑刻说明

唐刻。在房山区文物管理所。成于唐德宗贞元十九年（803）十月二十五日。汉白玉墓志。盖长49厘米、宽46厘米、厚9厘米。盖为盝顶式，四刹线刻人持十二生肖像，四岔角饰牡丹纹。盖居中线刻几何框饰，内画双线十字格，篆"蔡君墓志"。志底长52厘米，厚5.5厘米，文首题"唐故银青光禄大夫行瀛州别驾莫州刺史上柱国申国公蔡府君墓"，行书体。1989年5月，房山区城关街道东坟村烧砖起土，发现唐墓一座，出土此墓志。该墓志记载蔡雄生平，志称"以十九年十月廿五日迁窆于良乡邑北复业乡之原"，可据此考证今城关街道的历史沿革。

墓志考释

据墓志，蔡雄，信都（今属河北省衡水市冀州区）人。曾祖蔡贞，虢州别驾。虢州，今属河南灵宝市。州别驾，为州刺史的佐官。唐时州分上、中、下三等，州的等级不同，别驾品级也就不同：上州从四品下，中州正五品下，下州从五品上。可见蔡贞是中下级地方官，品衔高不过从四品下，低不过从五品上。祖父蔡遥，沧州乐陵令。乐陵，古属沧州，今属山东省德州市。蔡遥官职更小，为七品县令。父亲蔡济，泽州司户。泽州，今属山西省晋城市泽州县。司户，是个从七品的县佐。

蔡雄虽然出身官宦之家，但家势并不显赫。安史之乱爆发，"中原乱离"，"诏书辟公，招谕取定"，蔡雄"口衔天书，身入绿林，示以安危，破其巢穴"，朝廷授他贝州清河县尉。贝州，治所在今河北清河县。贝州清河，即今河北清河县。县尉，从九品下。蔡雄少怀大志，显然不甘于这个九品县佐。他只身来到幽州城，投奔节度使朱希彩，受到朱的赏识。朱待之以上宾之礼，委他幽州卢龙节度押牙，这是一个管领主官仪仗侍卫的武官。蔡雄先后任瀛州别驾、莫州刺史，勋及上柱国，爵封申国公，正二品待遇。以病辞官，寻医至檀州，病情加剧，贞元三年（787）二月十六日，病死在题与官，世寿五十三。夫人陇西李氏，袁州刺史李昕之女。袁州，今属江西宜春市。蔡雄有子四：长子蔡昭，幽州良乡尉，有干父之誉。次子蔡暕、三子蔡旰、四子蔡昉。

贞元十九年十月二十五日，迁葬于良乡县北复业乡。

○一六　大唐故征君史府君墓志铭并序

朝议郎试大理司直兼殿中侍御史渤海李再字安固撰

昔春秋时，卫有史鱼尸谏，人到于今称之，此则史氏茂德，其流远矣。孙良夫与晋、鲁败齐师于鞌，铭钟策勋，垂芳千古，则孙氏盛烈，而历□生贤，此之谓不朽矣。於戏！史氏、孙氏皆生于卫，故延州莱季子称卫多君子。而二族合欢，凤皇于飞，梴生贤子也宜哉！贤子之美，此未书也。府君讳光，字重明，其先渤海郡人也。远祖因官于绛，子孙遂而家焉，今则为绛人也。曾祖澄，皇吏部常选。祖谨，高道不仕，吟啸风月，当时不得而臣之。

府君则高道之第三子也。怀肥遁之志，守父祖之风，累有辟命，而坚卧不起，可谓巢许，明时隐也。训诱子弟，雍睦九族，怡怡自得，陶陶守真，数十年间，乐天知命。呜呼！道不常泰，天不憗遗，以贞元八年九月十九日寝疾终于私第，受年七十有六。邦国殄瘁，风烟晦冥。

爱子恒微，幼归真宗，早晤玄理，受二百五十之具诫，统三千六百之威仪。且弘业，隋朝之古寺也，宝刹山立，仁祠洞开。佛事至大，待人弘阐。恒微常清净办事，曾领都纲，又居上座，今即为佛寺之奥主也。三纲备历，一德日彰，虽鸠摩、道安，今古同流也。

尊夫人乐安孙氏，断机垂教，犹绩自勤，真梁鸿之寡妻、实孟宗之慈母也。不幸元和二年十二月遘疾。终于私第，受年七十一载。恒微泣血茹痛，衔哀柴毁，感慈亲之永诀，瞻养堂以号慕，痛天地之崩陷，启泉扃而殒绝。以元和三年正月廿七日卜吉兆于良乡县仁风乡，以夫人孙氏合祔于北石之原，礼也。夫志者，纪也，惧陵谷推迁，志诸贞石，吊不朽也。其铭云：

府君存存，夫人温温。常选硕德，高道兰熏。重芳弃□，通里高门。令子淑女，同会祇园。于以卜兆，北石之原。玄堂永闷，千祀何□。

碑刻说明

唐刻。在房山区文物管理所。1987年3月7日，房山区城关镇东坟村烧砖起土时发现唐墓一座，出土此墓志。该志为青石质，高、宽均为52厘米，厚7厘米。正书，首题"大唐故征君史府君墓志铭并序"，共22行，满行29字。由李再撰文。志文的字体是楷中偶作行笔，方圆互用，而精气内敛，稳健中又见风姿。盖为盝顶，中间阴刻篆书"史公志铭"4字，2行、行2字，高、宽均为60厘米，厚3厘米。四坡阴刻有兽首人身执笏十二生肖像，四岔角饰有牡丹花纹。

墓志考释

志文中记载的隋代幽州的弘业寺，位于今房山区城关街道的洪寺村，在唐元和年间香火非常旺盛，墓志主人之子正是该寺庙的主持。该墓志的发现，改变了今天北京城内天宁寺一般人已认知的历史沿革。而墓志中记载："以元和三年正月廿七日卜吉兆于良乡县仁风乡，以夫人孙氏合袝于北石之原，礼也。"这里的乡、村之名，也为今日复原唐幽州良乡县县治区划提供了强有力的证据。

据墓志，墓主史光，字重明，先世渤海郡（治今河北景县）人，远祖在绛州（今山西运城）做官，子孙留在绛州。祖父史澄，为吏部常选。父史谨。史光为谨第三子，多次被朝廷、官府征召和任命，史光坚辞不仕。唐贞元八年（792）九月十九日，终于私第，享年76岁。夫人乐安孙氏，唐开元二十四年（736）生，唐元和二年（807）十二月卒，享年71岁。元和三年（808）正月二十七日，史光夫妇葬于良乡县仁风乡北石之原。

乐安，今山东省广饶县，为孙氏祖居地。史光夫人孙氏，称乐安孙氏，实为郡望，而非乐安人。唐代房山本地的乐安孙氏，居住在良乡县金山乡韩村（今韩村河），在涿州范阳县弘化乡白带村有庄园，地点今属房山区张坊镇南白岱村至广禄庄一带。

考唐咸通十一年（870）十月十六日《唐故幽州副将乐安君孙府君夫人太原王氏合袝墓铭并序》和光启四年（888）五月十二日《唐幽州内衙副将中散大夫试殿中监乐安郡孙府君神道碑并序》，乐安孙氏，因祖上做官来到幽州，定居韩村（今韩村河），有名可考的第一代为孙润，银青光禄大夫检校国子祭酒兼御史中丞，约生于武周长寿、延载之间（692—695），任军职当在中宗时，身居显位当在睿宗、玄宗时期。第二代为孙润之子孙进，应该出生在开元年间。第三代为孙英，幽州内衙副将，约生于大历年间。第四代孙士林，唐幽州内衙副将中散大夫试监中监，生于唐顺宗永贞元年（805）。

依此分析，史光夫人，与孙进均出生于开元年间，应是孙润之女、孙进之姊妹、孙英姑母。

史光之子史恒微，自幼在弘业出家，先为都纲，又升上座，由上座荣任弘业寺住持。

墓志云："弘业，隋朝之古寺也，宝刹山立，仁祠洞开。"和《续高僧传》中弘业寺"依峰带涧，面势高敞"的描绘相吻合。印证了弘业寺地处山水地带，实为今房山区城关街道洪寺村洪业寺。史光墓志说明，隋弦业寺，唐代因之，寺名依旧。而史光之子史恒微，则是唐代弘业寺惟一留下姓名的僧人。

房山老城

金大定二十九年（1189）建万宁县，明昌二年（1191）改为奉先县，至元二十七年（1290）改房山县。自 20 世纪 50 年代末起，房山城垣陆续拆除，老城更分为东街、西街、南街、南关、北关五村。房山老城是古房山县 800 年历史的见证，本志为保持历史文化的完整性，仍把"三街两关"的范围称房山老城。志中收录石城、县衙、先农坛、怡亲王庙等元明清碑刻，及城外的唐代墓志、民国墓碑，共 12 件：唐代 1 件、明代 2 件、清代 7 件、民国 2 件。别附《房山县志》所载碑记 4 篇备考。

○一七　唐故特进行左武卫大将军归义都督府都督上柱国归义王赠开府仪同三司李府君夫人故贝国太夫人清河张氏墓志铭并序

朝请郎行深州录事参军薛晕撰

有唐大历十年岁在单阏三月甲午朔七日庚子，贝国太夫人清河张氏薨，享年九十。夫人列受氏姓，遐哉邈乎。仲则孝友，佐周良乃筹帷，仕汉晋称博物，赵曰右侯，龟虎联华，貂禅弈叶。盐梅柱础，何代无之？曾祖主句，皇部落剌史。祖南莫干，皇部落剌史。考阿穆落盆，皇部落剌史。北方贵族，世禄承家。夫人挺淳懿之姿，体柔明之德，迹迈高行，名齐大家。孝敬以事舅姑，谦损以和娣姒。其理家也俭，其事夫也柔，其厉己也恭，其捡身也直。俭故能广，柔而正刚，恭以率下，直以全节。克勤内则，允正外姻，惟精惟微，不忌不克。

府君以开元廿四年十二月二日即世，子等幼稚在于孩提。夫人勖以义方，子亦克绍前烈。宝应二年七月一日，皇上以元子功高卫霍，德冠桓文，乃下诏曰：张氏礼备三从，行全四德，尝有宜家之道，赞成归国之谋。夫子建功，已受金章之宠。妇姑表德，俾开石窆之荣，可封贝国太夫人。恩由子贵，名以德升。无惭象服之华，岂忝鱼轩之宠。昊天降戾，曾不慭遗。良玉砰于空山，星婺沉于广汉。代丧邦媛，宗倾母仪。昔仲由恨禄不及亲霜露增感，今夫人享元子二千石之禄十有三年，可谓贵矣。未尽采兰之养，俄嗟茶蓼之哀。元子开府仪同三司行深州刺史兼御史中丞同成德军节度副使上柱国归义王献诚，季子特进右武卫大将军试鸿胪卿献直，崆峒闲气，斗极茂灵，茕茕靡依，柴毁过礼。粤以其年四月廿九日奉迁玄寝祔于府君，从周制也。

呜呼！素灵移于大陆，丹旐指于良乡。渡易水而风悲，望佳城而雾失。

往也如慕，魂也何之。爰勒丰珉，式昭嘉德。晕恭命染翰，无惭直词，铭曰：

　　高门诞庆，降生夫人。令仪不忒，渊慎惟新。蔼蔼元子，光光茛臣。惟家之宝，惟国之珍。虎符作牧，石窌荣亲。秀木必摧，芳兰易折。奄忽逝水，苍茫苦月。已焉哉，已焉哉！弃华屋而归夜台，泉肩闵而无昼，楚祝招而不来。

碑刻说明

　　唐刻。出土于房山第一医院，现存于房山区文物管理所。

　　1993 年 5 月，北京市文物研究所在房山区第一医院发掘了一座唐代砖室墓。该墓早年被盗，男主人墓志仅存志盖，上书"李府君墓志"。女主人墓志则被完整地保存了下来。该志志盖呈覆斗形，72 厘米见方，厚 14 厘米，中间阴文篆书"唐故归义王李府君夫人故贝国太夫人清河张氏墓志铭"，周回十二生肖，四角刻牡丹纹。座 72 厘米见方，厚 14 厘米，正面行楷书墓志铭并序，有线划行栏。四个侧面装饰壶门，内有双犀相向，中为山石花草，均为阴线凿刻。唐辽墓志中，志座四面装饰图案的例子极为少见。

墓志考释

　　墓主张氏，唐代宗宝应二年（763）春去世，四月祔于夫墓。当年七月一日，获唐代宗追封贝国夫人。其夫为奚王李诗，《旧唐书·奚国传》载："信安王祎奉诏讨叛奚，奚酋长李诗、琐高等以其部落五千帐来降，诏封李诗为归义王兼特进、左羽林军大将军同正，仍充归义州都督，赐物十万段，移其部落于幽州界安置。"事在开元二十年（732）。所谓幽州界安置，即安置在良乡县广阳故城，其址在今房山区长阳镇南北广阳城村一带。四年后（736），李诗去世，葬于良乡县西。李诗去世二十七年后，宝应二年夫人张氏亦寿终祔葬。

　　李诗为奚人，其葬所东北数里有村，名饶乐府，该村得名似与李诗内附有关。

　　东北地区古代生活着东胡各部落，鲜卑是其中之一。两汉时期鲜卑人曾生活在辽河上游，当时运河名为饶乐水（现在内蒙古西拉木伦河或英金河）。

鲜卑宇文部的一支为奚，北魏时称库莫奚，隋时略称为奚，所居地区在弱洛水，即是汉时的饶乐水。奚在大业年间遣使入隋朝贡。

唐太祖武德初年普改天下郡为州，增析州县颇多，数州合置一总管府以统军戎。武德七年改总管府为都督府。贞观二十二年（648），奚臣属唐朝。唐以水命名，在其地置，以奚族首领可度为右领军将军兼饶乐都督，并赐姓李。同时按唐朝制度，把奚族各部设置为州，计有鲜州、崇州、顺化州、归义州、归德州、弱水州、祁黎州、洛瑰州、太鲁州、渴野州，合为十州之数，统隶饶乐都督府管辖。饶乐都督府故址在今林西县城西南30公里的新城子乡西樱桃沟村，紧靠西拉木伦河北岸。后来，奚人被契丹胁迫叛唐降突厥。

开元二十年，唐信安王李祎奉诏讨叛奚，奚酋长李诗归顺内附。李诗当即饶乐都督，其归义州寄治广阳故城，或置饶乐都督府于良乡县西，于是才有今天的饶乐府。可见，在饶乐府西南数里发现李诗和贝国夫人张氏的葬墓并非偶然。

〇一八　陈瑶及妻徐氏诰封碑

奉天承运，皇帝制曰：郡国之相，师帅一方，子惠黎民，人称孔迩。而庆源所自，胡慈遗□□，□□孝思。尔儒士陈瑶，乃陕西延安府同知陈效忠之父。仁让提躬，朴茂表俗。鸿□远举，乐迈轴于考槃。燕翼丕昭，衍箕裘于肯构。扬休佐郡，诒穀趋庭。是用赠尔为奉政大夫、陕西延安府同知。祗服朝章，增光庙祐。

制曰：将母来谂，人情所同。顾有茹□，风本而御恤杯棬者，肆有恩命，以酬罔极。尔徐氏，乃陕西延安府同知陈效忠之母。无违协巽，不已贞恒。雝肃相将，追高风于挽鹿。爰劳迭用，绩义训于九熊。禄养莫追，徽音如在。是用赠尔为宜人。贲赐玄扃，芳流彤史。

万历四十二年正月初一日

碑刻说明

明刻。此碑在房山老城南关外。拓片高 238 厘米、宽 95 厘米。

碑文考释

同知，为知府的副职，正五品。明代，正五品授奉政大夫。

明代惯例，五品以上官员，以同品同官诰封其父，五品官母封宜人。陈效忠为陕西延安府同知，正五品，故万历帝诰封其父陈瑶为奉政大夫、陕西延安府同知，其母徐氏为宜人。

民国十七年（1928）《房山县志》卷三《古迹·陵墓》："明陈效忠父墓城东南二里有碑。"

民国十七年《房山县志》卷六《人物》："陈效忠，明人，字葵心。聪慧博洽，应万历间拔隽，任至延安二守。初授山东登州府司李，廉介明威著于边海。时栖霞令与代巡相忤，欲中伤令，令泣诉求全。公矢之曰：'宁累身失官，决不作此违天理事。'注令上上考，为代巡忌，台省持公道，会劾代巡，遂擢令侍御史。崇祯己巳，以全城事逮公，前令已为恤部尚书，多方获公得免。公家西席曹公幼子曹生耿源，甫成童，因贫不能葬兄，欲典鬻曹生，谋诸公。公正色曰：'师友之谊，何忍及此？'遂厚赠助葬，留曹生与孙辈同笔砚。婚配成名，举清朝丙戌乡荐，授福建宁阳令。曹生亦报公甚善。公自告归田里。逍遥诗酒。所著《塪龟吟》行世。"

〇一九　房山县创建石城记

乡进士邑人郑民悦撰文

太学生邑人李如梓篆额

太学生邑人胡鉴正书丹

窃惟今皇上御极九重，宣威四海，一时元老矢慎讦谟，外而封疆之臣为干城、为锁钥，跄跄跻跻，古韩、范不能相尚。畿甸之内，虽无城，已享乎辑宁之休矣。粤考房山，民醇俗朴，居天府之右臂，去居庸诸边尤为密迩，金汤之险，良不可缺。原筑土墉。迄今已久，倾颓之患无常，而救度之功不辍，民殆日扰扰焉，用滋劳费而已。我丰崖李老父母讳琼，字协中，东鲁城武之名科也，以阜平廉吏推调房山，仁厚莅民，廉明守己，力除民瘼，直犯天颜，丕绩已凝，遂擢云中牧守。斯民皆攀辕流涕，启于铨曹，达于丹陛，遂命寄爵于保定，而署政于房山。然捍卫之深思尤惓惓不怠者，盖以往日蓟镇之变可鉴也。迨闻大司马霍公具题房山为京师首善之区，宜缮城以卫之，肫肫保爱之怀，若有默契然者。乃亲与度量，约计八百丈余，深虑民力之不堪，力请当道。幸赖本道丰鹿孟公毕力图成，视由己任，且达于抚院，白川刘公而保境安民，恒早夜图维者，乃请出内帑以赒恤之。爰命经卫舒公鹄以司省试，司教高公、陆司训、黄公继元，以与出纳莲幕马公得仁以时督理。至于石采于西山，灰取于南阜，厥高三丈，厥厚三尺，而经营修理之宜、高下广狭之数，罔非公之区画矣。维时服役之氓云集于郊，诚有效子来之愿者，且惇谊之风鼓于上下，乡民如靳禄、景臣辈亦协助百七十丈有奇。盖财也，力也，民之所自爱也。兹乐事劝工，向非怙冒之恩素洽肌肤，而一时捐资奉佛之喻、贪利剥削之言，乌能使之然哉？故经理于戊辰之秋，落成于己巳春。巍峨环绕，内可以拱神京，外可以消奸宄，诵保障之功不于诸公乎谁赖？或曰：民欲逸也而劳之，欲安也而迫之。似若拂民之情者，抑不知负蕢荷锸固甚于耒耜之苦，其视托戈曳戟者孰急？辟荆斩棘固甚于耘耨之勤，其视携抱奔突者孰大？风餐雨食固甚茅索之劳，其视转沟填壑者孰众？信乎，有限之劳足以博无穷之逸也。猗欤休哉！彼徒窃厉民之言，以求自济其私者，此狃于目前安于故习之见也。庙堂之谟犹思深虑远，岂难与虑始者之所与知哉？噫嘻！由前观之，方今地利、人和两得之矣，后之司牧者将如之何？仍必培以节爱、足以储蓄、教之礼仪以为甲胄，亲睦以为干橹，则心固结，足拟介石之贞。蔀屋熙宁，可比磐石之安矣。否则恃有形之险而失无形之险，不有负黄公之美意也耶？然鸠工之日，巡检王君梦贤亦与有勤劳焉，余悾悾之学愧非优于文也，特以乡士夫王公绥、史公书及庠生郑世臣、马钦、刘一凤、齐邦治等命之再四，不得已而著之于珉，以寄奠安斯民之意，庶有俟于后云。

大明隆庆三年岁次己巳夏六月吉旦立

儒学教谕□□李守真、训导□西刘祖尧、典史阮城袁德修仝建

碑刻说明

明刻。在房山老城内。碑高222厘米、宽101厘米，碑额高50厘米、宽36厘米。碑额篆书"房山县新建石城记"。旧志题为"房山县改建石城碑"，无落款，现据拓本更补。

碑文考释

房山城，始营于金大定二十九年（1189），初设万宁县，在山前筑一座小城，位置大致在今洪寺村偏东，四面各有城门一座：东为朝曦，南为迎恩门，西为仰止门，北为拱极门。城门名为历代沿用，后世将仰止门改为揽秀门。元替金，至元二十七年（1290）改金旧县为房山县，将县城东移重建，周围一千四百五十步。明弘治年间（1488—1505），城墙又增高加厚，然仍是土城。正德二年（1507），房山知县曹俊重修。明隆庆二年（1568）秋，房山知县李琮将土城改建石城，长八百余丈，翌年（1569）春竣工。清代，房山城几经修葺。顺治十一年（1654），房山知县毋配坤，修葺城墙一百二十丈。道光二十七年（1847），县令李图复修城垣，并增筑城门瓮城。

附录碑文

民国十七年《房山县志》卷七《艺文三·碑志》载明华湘《房山县重缮城碑》：

正德丁卯岁，湘叨厕乡书之末，寻以病痼瘵不胜，家居两举矣。今年春，复与计偕，困顿疾作，不克获与天下士掉鞅文闱，以望泽宫之选。尹兹土者，曹侯讳俊，邦彦其甫也，临清右族。延湘至自京师，遇以宾席，褒诸士而以毛诗授焉。执采之后，砺簇括羽之暇，庠之弟子员李君明辈介陈生言进复于湘：敝邑有城，日以夏潦为患，倾为颓垣。邑侯视篆以来，公勤明允，一时盖覆默黜之患无不铲制，薰以惠和，理化维新，房山百里，年独稔熟，遂督民完之。增其卑薄，补其睥睨，砎石以扁期门，具甋瓦以易其刓敝，新粉垩黛以涂其漫漶。崇崇蠹蠹，不侈于前，不隳于后。讫功之日盖常环观遥瞩，而游目之下侯之捍卫吾人远矣，敢以记请湘。余惟我国家定鼎金陵，文皇御极始即北平而都焉，前面巨野，后背重关，左据碣石，右挟太行，乃天设地藏，以为强干弱枝，居重驭轻之地。房山其辅邑奥室，堵墙三峰，马鞍雄峙境内，而般洲实南北相控之咽喉，嶻屼崭岩之奸结聚盘固，不时窃发。曩者群盗未血斧锧之时，深入于此，远近充斥，而都城为之戒严，则今日修治之工可缓耶？民之趋是役也，时维元枵，风日清美而不告病利。用千有二百人，佚道使之而不告劳。蒿具一万六千束，经画有方而不告扰。传有之：贤者之兴，愚者之废。侯其贤矣。夫侯初倅湘，遐邦廉声，干局绰闻于上下，方凶竖煽逆之秋，司兵者檄侯守太兴之周家桥口，栅未及树，盗已飙风东下。时侯所领率素不摄甲之市卒，随出戣变，贼不敢近，维扬一郡得以免其鱼肉，侯功不能无赖及此。而邑人德之，犹州之民思之也，湘难以不敏辞，以付李君，勒诸贞玫用为众使民者告。

○二○　重兴县库记

盖设库藏专钱粮之司，所以植邦本、储国用也。有□时其征发，慎其出入，所以示有制节度□□□已。县之有库，繇来旧矣。甲申夏，余来令房山。初视□□□□库藏，余问库安在，吏指堂之东面厢以对。余笑曰："库藏小，何至以厢易库？人言房邑地僻民□，余入其境，视其库可知也。"有应余者曰："是不然！房县旧有库藏，废于先朝崇祯之九年，后遂因循废弛，藉以库代之耳。"余叹曰："吾辈受一命、宰一邑，凡属邑之中宜修□兴复者无不当开列，库藏□□□，不可废者乎？前后藉蒙不过以传舍视之。然而县治巍然而库藏颓如，亦何以立□□而□□违也。昔邓□公守金陵，使者过，公问天使：'治县知好官否？'使者应曰：'某于某邑未入境，但见其□□元□，以是知其有美政也。'公荐某邑与使者皆至显官。由此观之，修缮库藏亦政事之一端云。越孟冬，乘农隙暇，余扔捐俸盖造重兴县库，不逾月落成。余又叹曰：'所赀不多，而缮完易而亦□惮而不为此？'乃知天下事废于因循之念不可胜数，不止一库之废而已也。且人徒知库之不可废，以贮财用，藏赋税已耳，而不知其中有至理，而人未之思也。不矣，财犹泉乎，泉取其流通灌输，故财不在官，川在民耳，泉流不息，其源易间竭，宜有以蓄而止之。而使其□然注彼库以蓄财止之，义也。有司征发出入，其兢兢乎□之也。抚兹库者，其亦深长思乎！若云存□无关似可不立，则太公九府皆不必设矣。"又复曰："□以劳民差，夫旧贯可仍。余亦何为而□作之也。"

时清顺治贰年乙酉季春朔日勒石

知房山县事三山张应召记

碑刻说明

清刻。嵌于房山老城县衙正堂东壁。长 96 厘米、宽 67 厘米。

碑文考释

"甲申夏，余来令房山。"甲申，清顺治元年（1644）。由此知清第一任房山知县张应召于清顺治元年夏赴任，知房山县事。

碑文记载，房山县库废于明崇祯九年（1636），明末未再兴建，而以县衙大堂的东厢房权宜使用。清初顺治元年，张应召任房山知县，于当年十月兴建县库，当月即落成。

〇二一　种村记

衙署者，仁宦之旅舍也。居衙署而修葺栽培，从居旅舍而修葺栽培，其为形亦愚矣。虽然，天地亦旅舍也，人生其间如电光闪烁，瞬息陈迹，儿孙、家园与衙署、旅舍奚彼奚此，奚内奚外，奚久奚暂，而必二而视之？以为孰有益，谁无益，其为形更愚矣。此署卑隘，每溽暑毒热时无处栖身，惟西轩左槐可以假荫，日坐其下，觉清凉之气快我胸襟。因念前人不植，后人奚特有此荫矣。后之视今亦犹今之视昔，我辈既享前人之庇，使视宦所如旅舍，以为无益于己而不为后人计，可谓恕乎？今此槐已久，四时之□成功感□□□时嗣续以遗后人，固今日事也。孔子曰：逝者如斯夫，不舍昼夜。传曰：惟天之命，於穆不已。嗟乎！此世界中不赖我辈二三腐儒作几桩无益之事，此理息矣。爰买小槐七株，以一株植大槐之南，二株植二堂之后院，二植居宅之后院，二植水井之南，又于后墙沿边植榆树十七株，赖衙署之灵与后人之福，株株皆活。新枝发矣，如鸟栖矣。异日者挺杆凌云，绿荫映地，后之君子把酒临风，赋诗长夏，未必不如今之感昔人也。安在必有补于儿孙，有生裨于家园始为益欤？然此署之待理更急于树者，前堂欲壮为，后室需整齐，岂非我事？惜也，天不假我以财耳！使得如富公子亦何难。捐数万金以成之，则维以俟后之有力者。

时皇清康熙三十三年岁在甲戌七月吉旦

文林郎知房山县事候推主政加二级蜀营山罗在公题并书

碑刻说明

清刻。嵌于房山老城县衙正堂东壁。长 108 厘米、宽 66 厘米。

碑文考释

县治，在城西路北。创于金元。明洪武四年（1371），主簿胡用宾扩修。康熙年间，县衙东大门、角门、仪门、正厅及各部用房一应具备。到了清朝末年，县衙房舍已陈旧不堪。民国六年（1917），知县张象琨又主持重修。

碑文记载房山知县罗大公于康熙三十三年（1694）在县衙植树事："爰买小槐七株，以一株植大槐之南，二株植二堂之后院，二植居宅之后院，二植水井之南，又于后墙沿边植榆树十七株。"

罗在公，四州营山县人，是清代一位有作为的知县，任内重修县衙大门、仪门、抱厦、六房，重建贾公祠，续修《房山县志》一卷。民国十七年《房山县志》有《罗侯德政碑》载其事迹。

附录碑文

民国十七年《房山县志》卷七《艺文》载《设法重修大门仪门抱厦六房碑》：

今天下事无大小，凡有关于经费者，靡不曰设法为之。上以此责下，下以应上，上下相沿，视为成例。然而欲成事者，敢讳言设法乎？第设法而事犹有不举者，则当事者苟安于自私，误之也。膏脂充悭囊而秦越乎？公事此勿论，匮乏时弗克振兴，即处丰享，吾亦知其无能为也。若我罗公则不然。房山小邑也，其废而待兴者实繁。惟公堂前抱厦、仪门、大门与东西科房关系匪细，乃倾圮有年，宁无可设法之时与设法之事，而因循若是，倘所谓苟安与自私非欤？而罗侯初至，即愀然曰："是公堂者，犹人之有衣冠也，可任其不整耶？"乃诘史以所修，具皆嘿然。侯笑曰："是非设法不为功。"于是捐己资，赎有罪，措砖瓦，凑木料，日积月累，不费民财，次第告成。入其门，焕然一新。登其堂，赫然可观。是岂侯之独善于设法哉？毋亦惟是不苟安与自私而已。且亦知侯历任之苦乎？自古北有秋狝之举，而车马甚于昔年。王师有沙漠之征，而军需急于前代，固已疲于奔命矣。而侯五年之间，初至波赖村，再至达尔谔莫，三至密云、怀柔，四至宣化，五至郭家屯，此皆前人未历者。夫处前人未历之苦，而犹能修前人未立之工，不谓贤乎？嗟呼！设法者权宜之术而非经久之图，古人不道。若侯上不病帑，下不病民，而废者兴、坠者举，质之古人，可以无愧。今侯遂初念，切将以老求去，邑人恐其泯也，请余为文以记之。侯，四川营山县人。由孝廉在房五载，有惠政，奉诏以主事，侯缺去。

○二二　鼎建先农坛碑

特授顺天府涿州房山县知县加二级臣尹元贡撰

典史加纪录一次石俊书／生员臣李揆叙篆

雍正四年九月初四日奉旨：奉天、直隶各省，凡守土之官皆得举行耕耤。自五年为始，每岁仲春亥日致祭先农，行九推礼，视九卿，其坛宇、耤田、牲牲、农具以及农夫、岁须工食皆动支正项钱粮，诚巨典也。古者神农氏兴，始艺五谷，后世赖之。自三代而降，汉、唐、宋迄有明，皆祀以太牢，以昭报本之意。然未有费数十万帑金创千百年未有之典，如我皇上圣德恢涵超轶无前者也。盖帝王经世大务，其所当急者匪一端，而尤莫急于稼穑，故衣与食并尊。然孟春之月天子以元日祈谷于上帝。季春初日之朝，三宫夫人、世妇始入蚕于蚕室，奉种浴于川，衣不先于食，阴不僭夫阳也。教与养并重，然天子耕田千亩，率公卿大夫亲耕焉。所以先百姓而致孝敬。至太学之教以礼乐，教以诗书，教以羽籥干戈，皆行于三老五更祝哽祀噎之后，教不先于养，士不加于农也。惟古之圣人作其道于前，而开物成务之功以立。今之圣人广其道于后，而利用厚生之德以弘。坛建于东郊，坐北南向。地七亩四分，以四亩九分种蓻，二亩五分建坛。坛居其中，高二尺一寸，方一面二丈五尺，三如之。其后为正殿，殿三间，宽二丈六尺，深一丈一尺。其旁为楹，楹两间，宽一丈一尺，深一丈。其前为大门，翼以两角门，其四周缭以垣。经始于六年仲夏之月，取材于山，伐石于谷，捐土于野；工匠诸役各呈其技，为斧、为斤、为畚、为杵，以甓、以墄、以垩、以圬，而告成于孟秋。嗣是巨典懋昭，休嘉自应，粢盛弗匮而大有频书，其诸万世无穷之利欤？若乃承天子之命以将事，此有司者分所宜然。盖矢公矢慎，不敢陨越贻羞以干功令也。谨再拜稽首而为之记。

雍正七年闰七月穀旦　工房李淳、王志达　石匠高廷儒

碑刻说明

清刻。在房山老城东关外。拓片长166厘米、宽84厘米。民国十七年《房山县志》卷三《金石》载《鼎建先农坛记》："清刻，在城东。"此文旧志有载，文多有脱、衍、误，今据拓本校正。

碑文考释

此碑为清代各县行耕耤、建先农坛的珍贵文献。

雍正四年（1726）九月初四日，清世宗下诏：奉天、直隶各省，凡守土之官皆得举行耕耤。

自雍正五年（1727）开始，每年二月亥日致祭先农，行九推礼，视九卿，其坛宇、耤田、牺牲、农具以及农夫所需工钱、伙食等费用，动支正项钱粮。

雍正六年（1728）六月，房山县奉旨在县城东郊置耤田七亩四分，建先农坛。以四亩九分种蓻，二亩五分建坛。坛居其中，坐北南向，高二尺一寸，

二丈五尺见方。坛后为正殿，正殿三间，宽二丈六尺，深一丈一尺。正殿两旁为橝殿，橝殿两间，宽一丈一尺，深一丈。前为大门，大门两翼为两角门，其四周建围墙。前后历时3个月，当年七月告竣。

民国十七年《房山县志》卷三《坛庙寺观·农坛》："《国语》'农正陈藉礼'注云：'祭其神为农祈也，此殆后世祭先农之权舆欤？'汉唐以来皆耤田日祀之，元命有司摄事。明初复举其祭，嘉靖中罢。清雍正四年，命各地祀先农。五年，定耕耤仪制，各择东郊官地立为耤田。如无官地，买地四亩九分为耤田。即于耤后建先农坛，每逢耕耤日，祭毕行耕耤礼。"

民国十七年《房山县志》卷五《礼俗》："先农坛，每岁仲春吉亥日致祭，行三跪九叩礼，祭品帛一，色白，羊一、豕一、铏一、笾四、豆四、簠簋各二、爵三。祭毕，各官诣籍田行耕耤礼，耕具耒一，色赤，牛一，色黑，箱一，色青。正印官秉耒，佐贰执青箱播种。老农一人，率牛官右手扶犁，左手执鞭，九推毕，农夫终亩。"

○二三　和硕怡贤亲王庙碑记

雍正八年夏六月，内务府总管差督淮宿榷税臣希尧，请就所居之房山县建立怡贤亲王庙，以修岁时祠祀。奉敕曰：可！窃以诗人之美卫武公也，曰："有斐君子，终不可谖兮。"而传之推原其说，以为君子贤贤而亲亲，小人乐乐而利利。盖其所施者远，则其所慕者深，是以圣人通人情而定礼曰："有功德于民，则祀之。"诚以知天下有难已之思、无忘之谊也。

我怡贤亲王以介弟之贵，获奉元良，翊圣戴天，勤民恭己。八年之间，天子方运尧舜之治，而王即弘皋夔之业。天子方隆手足之寄，而王即效心膂之忠。天子方除莠刷瘼以播上蟠下，际南曜东渐之泽，而王即手奉风霆雨露以整齐而鼓舞之。故其德业之盛，如日月之得乎天而益明，江河之振乎地而益沛，春风之得乎时而益偃，是虽子渊之善颂，有不能形容其际会焉。而王之金玉其度，弥慎弥恭，嘉谟忠告，善必归君，是以道济天下而不知，功在社稷而弗有。至于庶绩毫纤，百度劘切，又靡不裁成中则，泛应而曲当焉。

未几，王以疾薨于位，天子震悼弗宁，凡所以致哀荣于王者无所不备。而其谠言隐怀，造膝陈请于误容、密勿之间者，又悉以敷告中外。天下臣民，奔走讴思，若将弗及。朝廷用矜其志，许祭许祠，而后天下之人得以尸而祝之。是岂王之私义感人哉？王之忠诚足以动物也。故享于大烝，禋于太室，酬庸之典亦云备矣，而非以慰四方尚德之情也。希尧从大夫之后，沐浴王之德泽，勤笃王之训诲，出于凡百，有位者奚啻万万，又何敢自遗其乡邑而徒殷邦人以衮衣绣裳之思也哉？用是庀材于林，伐石于山，既构既涂，越明年而庙成。而王之灵如水由地中宜，亦无往不在也。将使祝釐介景者恒于是，祈年溱雨者恒于是，王之荫佑则固然已，然非所以奉而祠之之微愿也。

夫希尧受生，成于王之恩斯勤斯者至矣。一念不忘，行年六十，惟有矢此心以奉君国，励此守以勤职业，勖此志以淑其昆弟子孙，歌之咏之，至于没齿。若徒云俎豆烝尝而已，是岂王之所降鉴者乎？《书》曰："黍稷非馨，明德惟歆。"呜呼！其敬之哉。

大清雍正九年春三月内务府总管差督淮安宿迁等关兼仓厂税抽事务年希尧恭建

碑刻说明

清刻。在房山老城内。拓片高 224 厘米、宽 88 厘米。

碑文考释

怡贤亲王爱新觉罗·胤祥，康熙二十五年（1686）十月初一日辰时生。清康熙帝第十三子，努尔哈赤裔孙，满洲正蓝旗人，母敬敏皇贵妃章佳氏。弟兄间惟与雍亲王胤禛关系最密。胤禛继位，即被封为和硕怡亲王，总理朝政，又出任议政大臣，处理重大政务。雍正八年（1730）五月初四日去世，时年 45 岁。诏复其名为胤祥，配享太庙。六月赐谥贤，并命将"忠敬诚直勤慎廉明"八字冠于贤字上，又命入京师贤良祠。

怡贤亲王府，位于东城区朝阳门内大街 137 号。胤祥故世，改为贤良寺。房山老城亦有胤祥居所，雍正八年夏六月，内务府总管差督淮宿榷税年希尧，请就所居之房山县建立怡贤亲王庙，以修岁时祠祀。年希尧监造，翌年春落成。年希尧树碑记其事。

年希尧，祖籍安徽省凤阳府怀远县，官至广东巡抚、工部右侍郎、内务府总管、湖广巡抚，后加太傅、一等公。年遐龄之子，雍正敦肃皇贵妃年氏之兄，为一等公、抚远大将军、川陕总督年羹尧之兄。

从碑文"内务府总管差督淮宿榷税臣希尧，请就所居之房山县建立怡贤亲王庙"可知，年希尧在房山县城有宅邸，故请求世宗雍正皇帝为怡贤亲王建庙于房山县城内，得到雍正的圣允。

怡贤亲王胤祥园寝，俗称十三王爷墓，在房山老城西南50公里的涞水县石亭镇东营房村西云溪水峪。

雍正七年（1729），怡亲王胤祥和总督高其倬奉命为雍正皇帝选陵。选中易州境内泰宁山之太平峪，即现在易县清西陵泰陵陵址。雍正赐其距泰陵东北面60华里处的一块"平善之地为墓地"，即现在的涞水县东营房村西云溪水峪。翌年，胤祥病逝即葬于此。

〇二四　新修大门照墙并栽种树株记

衙署者，仕宦之家园也，其得视为传舍，漠不相关，以至倾圮难堪，若岩墙之可畏。世人多以衙署为旅舍，遂不为修葺焉。云斯言者，其不诚心敬事可知矣。我前任诸公则大异是，重修堂，次创建客室，后来者安然享此，孰不念诸公之力也？惜工未竣，大门照墙犹未及理，而灾生焉。余摄任后即欲兴修，缘公务繁冗，不暇及焉。兹于壬辰春稍得余暇，将大门重新建造，较前高敞宏阔，悬以匾额。两面照墙高大粉饰，内外焕然一新，蔚可观焉。然官廨无树木亦不足以壮观瞻，因于大门外植槐四株，大堂前植槐二株，二堂前东植槐一株、西植柏十株，书房前东植松一株、西植柏一株。至若居室后植榆、槐、果树，约有三十余株。异日者挺杆凌云，绿荫映地。后之君子把酒临风，快畅胸襟，想如余之念诸公也。于是记年、记月、记事，勒诸石以俟后之君子睹斯记焉。残缺者即补之，修葺者即完之，则衙署当日日新又日新。若此，余勒石之本意也。

顺天府西路房山县督捕厅加二级山右高平宋聚五勒石并书

大清乾隆五十八年岁次癸巳清月朔日上浣穀旦

碑刻说明

清刻。嵌于房山老城县衙正堂西壁。长 90 厘米、宽 46 厘米。

碑文考释

碑文记载，前房山知县曾重修大堂，并创建客室。可惜天灾发生，县衙大门、照墙没来得及修缮。乾隆五十七年（1792）重建县衙大门和两面照墙，并于衙内种植树木：大门外植槐 4 株，大堂前植槐 2 株，二堂前东植槐 1 株、西植柏 10 株，书房前东植松 1 株、西植柏 1 株。居室后植榆、槐、果树，约有 30 余株。

○二五　新创立城隍庙会碑记

尝闻创非常之举，创始者固难，导已定之规守成者不易，而两义相衡，其难固自有在也。盖才不足以动众则不能创，力不足以任重则不能创，识不足见达则尤不能创。虽守难创易见于《唐书》，亦当时魏文贞戒太宗之言耳，而完其终极，讵能谓非创始者难耶？

我房敕封显佑伯城隍尊神，一邑之保障也。其尊神聪明正直，福善祸淫，凡一切灵迹之昭著久已脍炙人口，无庸赘述。惟相传五月十七日尊神圣诞之期，究不知始自何代何人，传闻异辞，实无从质证，亦惟有人云亦云已尔。每遇是日，凡邑之人士皆香花供献以申庆祝之忱，其在公者，迨供毕则众为醵饮，此事相传亦由来久矣。然远邨之人限于路途，欲祝无能，是以香火缘未见其甚盛，揆之敬神之道，殊觉歉然。故庙之住持道人刘宗真者，欲立庙会，俾众周知，遂于己亥春间约集同城绅商耆老、房班长者咸议其事，而众心无不欣然乐从，踊跃于事焉。于是约请各行商贾、各村善会，其各商各会亦无不欣然乐从，踊跃于事焉。非神灵之感动而能若是乎？可异者尤有二端，其一则各住户门首陈列货物概不取其分文，其一则缉捕众人昼夜巡察薪水亦丝毫不取。共襄善举，众志咸同，卓越寻常，洵盛事也。遂于十七日起至二十二日止，为六天庙会。是日也，商贾均集，士女偕来，□相□，肩相摩，诚有嘘气成云、挥汗如雨之势。呜呼盛哉！叹观止矣。阅岁为庚子乱，事遂中寝。方惜良法美意竟然致废弛，乃于地方敉平后仍复如前，今已六阅寒暑矣，年盛一年，自可永垂不朽云。而推原其始，经理斯事者不惮冒雨而触风，捐助银钱者不吝倾囊而倒筐，均属急公好义，允宜昭示来兹。刘道士欲勒贞珉以垂久远，而□叙其事于予，予辞不获已，因述其颠末而为之记。后之览者永守成规焉，是则创始者所厚望者耳。

六品顶戴廪膳生邑人张斗山撰文

候选县丞邑人王庆长篆额

从九品衔晋谷杨广达书丹

经理人：张□贵、张斗山、王宝起、狄永祥、陈纪荃、王海、顾春和、赵□熊、梅元奎、苏振誉、隆福当、天信瑞、李德成、杨宝达、车斌、车敏、狄瑞林、苏绍文、杨栋、邵锡龄、刘以忠、陈惠□、陈永绶、李心藻、沈永年、李少勋、王玉川、张柱山、王宇义、李□珍、严鹤龄、范得林、赵起山、张天柱、李永平、李万昌、刘永顺、王□仪、齐金□、石崑、赵□纯、张顺、王进义、白致和、李祥、马林、李茂、王和、祁永祥、任永□、张□□、李文□、张俊□、沈永□、杨德□、李道□

遇仙派第十七代道衲杨道尔　庙住道士道会

大清光绪三十年五月毂旦立

碑刻说明

清刻。在房山老城内西北角城隍庙旧址。碑身高150厘米、宽90厘米，碑额高30厘米、宽28厘米，篆书"新创立城隍庙会碑记"。

碑文考释

碑文记载：俗传五月十七日为城隍生日，住持道人刘宗真首倡开立庙会，得到乡绅、商贾和民众响应。县城城隍庙会于光绪二十五年（1899）开办，每年五月十七至五月二十二日，为期六天。翌年庚子之乱，被迫停办。局势平静，庙会又恢复起来，一年比一年热闹。到光绪三十年（1904），庙会已开办六年，道士刘宗真等立碑记事。此碑是研究房山庙会起源的重要文献。

民国十七年《房山县志》卷三《坛庙寺观·城隍庙》："城西北隅。按唐李阳冰《缙云城隍记》，惟吴越有之。然考之史，高齐慕容儁、梁武王皆祀城隍。李德裕建城隍于成都，张说有祭荆州、杜牧有祭黄州、李商隐有祭桂州各城隍庙文，不独吴越然也。而芜湖城隍庙则建于吴赤乌二年，盖其由来也远矣。明洪武二年，礼官议附祭于岳渎诸坛，加封号。三年去封号。二十一年诏建庙，高广视官署。大学士李贤曰：'社稷所以养民，城隍所以卫民，此祭之之义也。'清制，每春秋与风云雷雨同坛，清明中元十月朔望并主厉坛。"据此，房山城隍庙创建于明洪武二十一年（1388）。

民国十七年《房山县志》卷七《艺文》载《加封城隍显祐伯诏书》："奉天承运，皇帝制曰：帝王受天明命，行政教于天下，必有生圣之瑞、受命之符，此天示不言之妙而人见闻所及者也。神司淑慝，为天下降祥，亦必受天下之命。所谓明有礼乐，幽有鬼神，天理人心其致一也。朕君临四方，虽明智弗类，代天理物之道实鉴于衷，思应天命，此神所鉴而简在帝心者。君道之大，惟典神天，有其举之，承事惟谨。房山县城隍，聪明正直，圣不可知。固有超于高城深池之表者。世之崇于神者则然，神受于天者盖不可知也。兹以临御之初与天下更始，凡城隍之神，皆新其命。眷此县邑，灵祇所司，宜封曰：鉴察斯民城隍显祐伯。显则威灵丕著，祐则福泽溥施。此固神之德，而亦天之命也，司于我民，鉴于邑政，享兹典祀，悠久无疆，主者施行。洪武二年正月。"

附录碑文

民国十七年《房山县志》卷七《艺文》载郑民悦《城隍庙碑》：

房山县古奉先，地接京师，民环辇毂，实天府之右臂，而筑斯城、凿斯池为甚重焉。然有其物则必主之以神，有其神则必妥之以祠，盖为民而立之，殆非世之淫祠比。房山县旧有城隍庙，在邑之西北隅，其规模隘而未宏，其法制略而未备，且久历岁时，灌之以风雨，敝之以鸟鼠，倾圮愈甚。是岁夏四月，泌阳陈公闻轩来牧于兹，时旱魃为虐，公忧之，朝夕祷于祠而雨即霑足。爰集市民而议之曰："应祠之神莫切于城隍，凡旱干水溢、灾异螟螣、疾苦冤抑，咸祷于神而辄无不应。故禋祀山川风雨而必以之配祠之，不新可乎？"金曰："不可！昔素庵李侯尝欲新其宇，以晋秩弗果，迄今无任厥事者。"公谓之曰："是诚在我。"即捐俸金若干，诹日缮工，遹求成事。先之寝庙，继之廊庑，饰其像，绘其壁，构双楼以簨鼓钟，辟重门以严中外。茸垣以砖，树坊以石。至于行仗仪从，则又前丰崖公之先备者。乱其期，盖不五月，而丹腹争妍、金碧夺目矣。落成日，乡士夫刘公敬庵等过余而谓曰："昔若祖大尹西峰公，尝率一乡熔铜为像、架木成祠，几四十祀矣，而讵知今日鼎新之若此哉？盍记诸珉以垂光于后，悦以长者。"命弗获辞，故应之曰："城隍之祠，《礼经》之所未载，然崇墉深减，民赖之卫。今之祀，亦礼以义起者也。粤稽昔高皇帝握枢华夏，敷命神人，特于房之城隍，封以敕，爵以伯，用昭殊宠。尚非聪明正直而有潜扶帝业之勋者，胡可得哉？矧邑之去京未百里，其城池之设险于国者，较他邑为甚迩。其鬼神之受命于君者，较他邑为益灵。我公筮仕于房，兴学校，宽赋税，节里甲，均徭役，清讼诉，哀茕独，复于治人之暇而留神于祀事。《礼》之所谓'神依人而血食，有敬神而知礼'者也。公虽不冀于徼幸，而神之默相宁能靳乎？由是仰庙仪之清肃者，动天君之竦敬。作善者知其降祥，作不善者知其降殃。交相劝勉以化于善，孰谓鬼神之德而无裨于法度之施哉？虽然，四境之内，幽摄于城隍，明司于令尹。凡我邑民必修礼仪、循法度，不恃强而凌弱，不挟私而害公，则官必爱之，神必庇之。假令作善于昭明，肆恶于幽独，实行自恣以罹罪戾，则朝牲醴而暮尸祝，神亦怨恫矣。吾侪密迩王化者，固万不至是，而敢不预为之戒哉？"是役也，肇于岁之首夏，毕于岁之孟秋。于是，邑学谕王公宇亭，训刘公双柏，尉王公暮江，以及士夫百姓咸鼓舞于谊风而乐为之助，因并及之以告来者云。

○二六　为司厅张公筑舍记

谓事为易成乎，胡废坠多年而莫之过问也？谓事为难成乎，胡有人倡之、众力助之不数月而遂蒇事也？岂不以功在一邑为众所服，故皆愿汲汲趋功以观厥成，得少抒其情耶！房邑城守司厅，旧有廨宇，倾圮荒芜，仅余基址，历任多僦屋以居，莫之兴作。即余侨寓厥十余载，亦徒得之传说，其颓残为已久矣。乃近于张公而众皆愿为筑舍，其踊跃从事，合力谋之，鸠工率材，成而且速。是果何故而然哉？盖张公之居职也，整肃戎行，绥靖闾里，数年以来众望允洽。逮庚子秋，乱人过境，继以敌兵，抢攘交乘，民情大扰。张公御外安内，不避艰危，目不交睫者将匝月。其劳为众所共见，可谓能尽其职者矣。和约已成，民皆案堵，追思前事，咸钦佩之，于是众相与言曰："庚子之变，房城所以少纾祸患者，实赖官绅简功不伐。而商民岂忍默然？若阖众心之悦服而为营居室，于事亦宜。"众以为然，乃兴。厥后，计历两月，焕然一新。固张公之有以感人，亦众之各尽心力也。众经理人思勒石以志其事，而以文属余。余目击即审知其信而有征，乃不以不文辞而为之记。

既拣丁酉科举人剑川李张瑞撰文

邑庠生李文溰篆额

邑庠生赵宗瀛书丹

大清光绪三十年六月榖旦立石　石荣华刻

碑刻说明

清刻。在房山老城内西街城守司旧址。拓片碑身高108厘米、宽57厘米，碑额高20厘米、宽18厘米。

碑文考释

碑文记载，房山县城守司厅，倾圮荒芜，仅余基址。庚子之变，先是义和团兴事，后敌兵犯境。城守司厅张姓长官"整肃戎行"，房城因此"少纾祸患"。事变之后，商民合力筑城守司厅房舍。

○二七　房山赵文琴女师墓碑

清优贡生师范科举人北京高等师范专任教员五等嘉禾章卢龙白月恒撰文

大总统府顾问镶黄旗汉军事都统前国务院秘书长二等宝光嘉禾章大兴恽宝惠书丹

大总统府秘书厅行走国务院秘书厅主事荐任职任用五等嘉禾章天津刘毓瑶篆额

女师名静荣，字文琴，京兆房山人也。年十九毕业于直隶女子师范学校，翌岁为昌平县立两等女校教员。殚心教授，勤于管理，与校长闪女士佑璞撰《天足歌》《劝学文》《俭朴论》，劝导邑人。而昌平女学勃兴，风俗益以改善。女师昼夜况瘁，精神日耗，卒成痼疾，殉身教职。于是，房昌两邑士绅皆为开会追悼，一时以文字挽者至六百余，道路传述，莫不咨嗟而叹息也。房邑踞西山之麓，虽附畿甸，风气朴僿。自女师之父叔沄先生首创男女小学校，令文琴先入女校以为倡，邑人始有令其女入学校者。余尝闻叔沄先生云，文琴五六岁时即从父识字，喜听讲论故事，七岁入国民学校。十一入高等小学校，勤读邃学，每试辄冠曹偶。十五岁投考直隶女师范学校，崒然居榜首，免入预科。盖房邑女子之入县立女小学校及省立女师范者，俱自文琴始。肄业时矢志求学，以他日尽瘁女教自励，卒践其志。呜呼伤已！房邑学风既创自叔沄先生，而女子求学又肇于文琴，父女相继为教育先导。吾知数十百年后，房邑父老追怀往绩，必有低徊企慕、歌颂流连于不置者矣。民国二年夏，余始讲学于直隶女子师范学校，正文琴入校时也。尝思吾国自三代以降女教不修久矣，虽名门闺秀偶娴诗文而翰墨自娱，初无关于女教。及于今世，女子渐知向学，然驰骛虚声，争尚缘饰，欲求一刻苦自励者，殆不可得。即得矣，或出于争名而务博。若夫尽瘁女教，宁伤生而不悔者，千百中乃不一觏。余之教文琴迄四载，知之最悉，其为人也温和有礼，朴素无华，休沐日他生皆辍学，独文琴坐一室检课程自修。一日，余过阅报室，见其伏案阅教育杂志，遽起问字，并论中国女子沉沦，非教育无以拯其厄，若抱无穷感慨者。然不意陨折若是其速也，斯岂仅为两邑女学惜哉？房山、昌平官绅感女师之致身教育也，闻诸京兆尹颁褒额以旌之，而房邑土绅复择地公葬，于墓旁植花木、建丰碑，表彰女师之盛德。以余与女师有教学之雅，属为之铭。铭曰：

踞晋而趋燕兮，山脉曰太行。拱卫京师兮，耸云表之苍茫。历千百年而郁积菁华兮，山岳岳而名房。女师崛生于其间兮，期女教之蕃昌。胡天笃其才而复多嫉兮，弗毕展其所长。徒令人吊巍巍孤冢兮，怅秋草之斜阳。

中华民国九年　月　日

碑刻说明

清刻。在房山老城东关。拓片长 162 厘米、宽 80 厘米。

碑文考释

赵文琴，民国房山县人，房山当代教育先驱赵宗瀛之女。七岁入国民学校，十一岁入高等小学校，十五岁投考直隶女师范学校。毕业后就职于昌平，任县立两等女校教员。殚心教授，勤于管理，与校长闪佑璞撰《天足歌》《劝学文》《俭朴论》，宣传民主进步思想。昼夜况瘁，精神日耗，卒成痼疾，殉身教职。房山、昌平官绅，感女师之致身教育，书呈京兆尹，颁额褒扬。房山土绅择地于县城东关外公葬。

民国十七年《房山县志》卷六《选举》："赵宗瀛，城内人。清光绪三十年赴日调查自治学务，归任劝学所所长。宣统元年，任京兆师范校长。民国五年，国务总理王委任秘书厅第四科办事。九年，因防务出力赏给一等内务奖章，并因赈务督办张保以荐任职。十一年九月，因办事勤慎奖给主事，仍在秘书厅第四科办事，十月奖给五等嘉禾章，在佥事上任事。"

光绪三十年（1904）《为司厅张公筑舍记》署"邑庠生赵宗瀛书丹"，知赵文琴父赵宗瀛为清光绪时邑庠生。

恽宝惠（1885—1979），常州人，恽毓鼎长子，清末授陆军部主事、秘书科长、陆军大臣行营秘书长、司长、禁卫军秘书处长。北洋政府时任国务院秘书长、蒙藏院副总裁。伪满政府时曾任内务府部长，后任职于北京故宫博物院。1948 年回乡总纂《毗陵恽氏家乘》32 卷，解放后为全国政协文史馆馆员。

刘毓瑶，字贡扬，天津杨柳青人，为清末金石书法家。毕业于清京师大学堂，曾于民国时任职国务院，喜金石碑版之学，擅书法，尤工篆书，书法、篆刻均负盛名。尝与画家齐白石交往，并与寓居天津的收藏家徐世章情谊颇深。他是当时北京冰社的成员。冰社成立于是 1921 年端阳节，社长易大庵。世代书香门第，其父刘学谦生于 1864 年，光绪丙戌（1986）被钦点为翰林院庶吉士，赐进士出身，诰授资政大夫，二品顶戴，赏戴花翎。

○二八　教场阡表

此地据显考云可葬五百年，子孙其知之矣。

呼唤！吾考纯庵府君卜新茔于教场陈家坟南垂七十余年，并未勒石以表其阡，非故缓也，盖为时事际遇以阻之也。吾不幸生年四岁而哀，显考逾年而续娶，厥后生弟四人，曰心□，曰心苾，曰心藏，曰心花。心藏出嗣，心花尚幼。回忆与诸弟侍右时，显考指余而言曰："吾年逾四旬，而始得汝。子生也晚，若汝弟等当倍弱于汝矣。吾于渠无望矣，嗣后汝傥能成立，茔地内种树立碑之事汝宜负其责焉。"言犹在耳，事岂忘心？所可痛者，父母相继弃养，兄弟积不相能，各起炊烟，家计遽形中落，谋食尚且不足，遑顾其他？吾家老茔在邑南关，数百年来合葬于斯而穴满无余地，急宜改葬新茔。幸吾显考于阴阳书无不读，堪舆一道颇有心得，遂虔心以谋，始获兆于教场之新阡焉。吾祖考荫宗府君、祖妣谷太孺人、显考纯庵府君、妣张孺人、继妣梁孺人，均合葬于此。呜呼！吾行年七十有九，有子四人，孙八人，曾孙又四人焉，为时虽久，而继承先志未尝一日忘也，曾于前清光绪庚子春栽补松贰百余株，冬夏森然。今又勒石以表之，俾子孙勿忘，庶于先志稍补其万一也。向使兄弟式好无尤，此事早已蒇焉，在吾亦可少释其仔肩，然而未能也。今数十年而仍达此志，呜呼幸矣！

前清七品顶戴耆民心藻立石并撰文，前清贡生县丞衔出洋游历前劝学所总董现两等小学校长兼两等女子学校校长赵宗瀛书丹并篆额

碑刻说明

民国刻。在房山老城近教场旧址处。拓片碑身高 100 厘米、宽 59 厘米，碑额高 30 厘米、宽 18 厘米。

书丹者署"前清贡生县丞衔出洋游历前劝学所总董现两等小学校长兼两等女子学校校长赵宗瀛"。由此知，赵宗瀛为清末贡生，清光绪三十年（1904）赴日调查自治学务，是以县丞的职衔出洋的。

考民国十七年《房山县志》，赵宗瀛于光绪三十一年（1905）创立房山县两等小学和两等女子学校，并任两校校长。光绪三十二年（1906），房山县劝学所成立，赵宗瀛任劝学所总董（所长）。

据民国十七年《房山县志》卷六，赵宗瀛民国五年（1916）步入政界，同年在国务院秘书厅第四科办事。碑文未署此职，故此碑年代应该在民国元年至四年之间（1912—1915）。

文 庙

位于房山老城东街路南，已圮，现为房山中学所在。主要建筑有棂星门、泮池、大成殿、明伦堂、尊经阁、崇圣祠、文昌宫等。文庙为县学所在，因此又称学宫。元代初创时，从祀有兖邹二公、十哲、七十二大儒、二十四新衬、十贤。历明清，大成殿有四配：东庑殿先贤四十位，先儒三十八位；西庑殿先贤三十九位，先儒三十七位。

房山县文庙，置地于元世祖至元三十一年（1294），大德元年（1297）开工建设，历世祖、成宗、武宗、仁宗四世17年，延祐元年（1314）落成。元、明、清三代，九次重修。其中，元代重修一次，时在元末顺帝至正十三年（1353）；明代重修四次，分别在明代洪武二年（1369）、嘉靖三十三年（1554）三月至三十四年（1555）九月、明隆庆五年（1571）七月至万历元年（1573）四月、明万历三十七年（1609）；清代重修四次，即清康熙三年（1664）、乾隆四十九年（1784）、道光五年（1825）、光绪三十年（1904）。

本卷收录文庙碑刻9件：元代2件、明代5件、清代2件。另附《房山县志》所载文庙碑记4篇备考。

○二九　大都房山县新建大成至圣文宣王庙碑

集贤直学士朝列大夫魏必复撰并书

集贤大学士荣禄大夫王约篆额

皇元大一，统宪百王，尊礼孔圣，加崇大成徽称，亘古无有，丕做新庙，亶穆穆天都乐备礼严。皇惟首善新民，以警风天下。房山奠邦畿即载宅朔方，距都城百里，任土置县，肇金源六叶，隶名京畿，曰奉先。国朝因兹山改命，距金余百载，迄未有先圣先师祀。

至元甲午，金徽政院弥礼于时箧员中省幕，本县巽方僭隙地广袤赢亩者，再始潜心经度。礼，县人也。大德改元，俾直学料显询监县牙忽、宰宋世昌、簿杨政、尉木八刺、主吏郑惟良，咸自诵此，则我职敢不敬应？于是庇工蒇役。礼偕县人之知湘潭州事张汝楫输楮币以倡，是年正殿成，明年神门成。又明年，匠人刘仲勉工塑设像，大成，巍巍南面，垂旒被衮，兖邹两公、十哲序位左右侍，准古范，陶祭器，作器室，春秋释奠，壹如监学通祀仪。

大德甲辰，宰王杰、簿史忠、尉小云失陷，殿地后不称，继僭二亩有奇，构明伦堂，杰作治其力，甫毕及瓜。延祐改元，春，宰王元恕念惟两庑未备，考之故事：从祀阙，今历年所，《礼》谓宜亟作治，不尔，殆后视今犹今怆前也。即与捐俸入，疏平昔交同志以相厥事，合楮币余三千缗，属监县明安答、宰元恕、簿伯住、尉张彦泽起两庑庖湢，内外门墙未备者。先是诏罢不急役，议者谓方春事东作，宜弛庙缮修。令与监县已下相励曰："教化，国家急务，风俗本原。奈何后？矧是役也，敛弗及民，巧者、梓者悉酬庸以直，陶者、斤者悉以贾售，兹俾遂事，则观民以礼，勉以义，吏敢忽诸？"于是趣胥徒隶兵咸入役，身莅之，不两月，焕就叙，绘从祀七十二大儒、廿四新衬、十贤俨像，摄齐东西。其冠冕服鞑，并取式监学应图，合礼靡有差。庙门夹两翼，致斋室内外，按图制悉具，登降有度，有数士子谒庙。事毕，掌石局事张彬，亦县人也，目击心悦，钦萃美砮碑庙庭，请以是役前后，□用之诚，作新之勤，具载金石贻后人，勿潜今之功。其设心劝善有在矣！直学料显督工既久，考叙始末。礼率明安答、元恕、伯住、彦泽、新监县哈鲁丁，耆宿高荣、弸祐，执简诣必复，合辞恳铭。究观吾党，职承宣者，其戮力风俗之本，非直为观美，思作新一乡之善士，思观民以礼，思勉吏以义。京辅密迩，子数子勖哉。廿祀而致其诚，兹义举有始有卒者，始卒者何大书屡书而已？屡书者何持敬而已？持敬则义理日新，义理日新则父父子子、兄兄弟弟，人伦明于上，小民亲于下，观政官府，善俗比闾，然后三物宾兴，沐浴膏泽，歌咏勤苦，即事即物，而教化发见于日用。率是，天下何思何虑？于一乡乎何有？必复不敏，在恂恂乡党，既不得以辞语浅薄，游圣门者难为言自解，谨斋沐做铭曰：

元统天道，无外百世。以俟父子，亲君臣位。有必通祀，崇门庑正。陛所德礼，称是敦化。远求道迩，邦民所止。礼之履，义之揆，勿殛勿已。跻俗美，讲物轨，邑政教子。政相拟敬，相起斋粟。颙颙乡校，俯颂声企。文载攸始。

大元延祐二年岁次乙卯十月日建　采石大使张彬　康仲礼、□□、薛荣、孙赟、李坚、李进成、李智、李仲信等立

碑刻说明

元刻。在房山老城文庙旧址。已失。拓片碑身高208厘米、宽99厘米。为房山文庙最为珍贵的碑刻文献。

碑文考释

民国十七年《房山县志》题为《房山创建县学碑》，无撰书者官衔，亦无篆者官衔、姓名，无落款年月和署名。文中脱、舛极多，如："宣穆穆天都乐备礼严"，县志脱"宣"和"天都"。"政相拟敬，相起斋粟"，县志讹为"政相起斋粟"，脱"拟敬""相"，故文意不通，现据拓本刊误、补脱、正讹。

碑文云："房山奠邦畿即载宅朔方，距都城百里，任土置县，肇金源六叶，隶名京畿，曰奉先。国朝因兹山改命，距金余百载，迄未有先圣先师祀。"意即，房山为金代建县，原名奉先，元改房山。金代时，并未有先圣先师之祀，故知未建文庙。此碑为房山文庙创建碑，房山文庙初名为"大成至圣文宣王庙"，碑文详细记载了文庙创建过程。

至元甲午即至元三十一年（1294），房山县人、金徽政院官员弸礼，在房山县城巽方购得一亩闲地，准备建文庙。

大德元年（1297），直学料显询问监县牙忽、宰宋世昌、主簿杨政、县尉木八刺、主吏郑惟良筹建文庙事。众人异口同声，称道弸礼施钱购地一事。是年，弸礼联络同乡、知湘潭州事张汝楫率先捐资兴建文庙，同年正殿落成，大德二年（1298）神门成。大德三年（1299），匠人刘仲勉工塑圣人像，左右侍立的是两公十哲：两公即颜回、孟子，十哲即子渊、子骞、伯牛、仲弓、子有、子贡、子路、子我、子游、子夏。又依据古传规制，烧置泥陶祭器，建祭器房，春秋祭奠。

大德甲辰即大德八年（1304），县宰王杰、主簿史忠、尉小云因殿后地隘狭不合规制，又置地二亩有余，增建明伦堂。明伦堂落成，王杰秩满离任。

延祐元年（1314）春，县宰王元恕见两庑未备，从祀亦阙。捐俸募款，让监县明安答、宰元恕、主簿伯住、县尉张彦泽，再建两庑庖湢、斋室，及内外诸门和墙垣。并取式监学应图，绘从祀七十二大儒、二十四新衬、十贤俨像，摄齐东西。文庙建筑及主从祀，一应完备。从弸礼置地至此，历世祖、成宗、武宗、仁宗四世17年，文庙最终落成。

○三○　大元房山县重修文庙记

大都路房山县儒学教谕王贤撰

嘉议大夫枢密院断事魏履书

荣禄大夫商议中书平章政事姚庸篆

自昔天下文出于崇礼，崇礼文章出作孔子，合设祠宫以崇礼事者莫盛皇元。维元统一，首尊孔圣，加号大成徽称，有古无俦。房山首善，故宅载朔方，距都城百里，任土置县，肇金源六叶，隶名曰奉先。国朝因兹山改曰房山，迄今百有余岁，□□□□□□□□□□□□□□□□□。至元甲午，乡人中书□□弥礼□□□□□出□□□□□□□□□□□□□□□□□□□□□□□□　□□□□□事□□□□□□□□□□正□□自谓曰，则我职敢不敬应？即与捐俸入，疏贤，又谋于仙桂里儒□贾诚以相厥事，使捐币□十余缗。是年贰月丁亥，货工赍役。越四月，戊戌，正殿、两□庑、神门成，燠新。既卒事，贤□文学□□官之□□其成绩而为词曰：维房山自去京百里，厥初距山为城，其先圣先师未设祠祀者，金人联锁□寔也。□□□我至元，臣□公王公日思昼治，遂拯其危，遂法其□，厥谋是兴，乃作新庙，为□□仪，以周人伦，以厚风化，殆后视今犹今思前也。监县别不花质贤监工，因而饰之，非为观游者矣。其夫子之圣，维监县侯是布；夫子之文，维监县侯是宣。庙之巍巍，光风百里。夫子万代，作石长征。乃伐山石，列之日月。尚□来者知作记之所由。

至正十三年五月　日　石匠刘□、□德泽刻，赵进志、邢德良立

碑刻说明

元刻。在房山老城文庙旧址。为元代重修文庙碑，元代文庙重要碑刻之一。拓片高 134 厘米、宽 85 厘米。

碑文考释

元末顺帝至正十三年（1353）二月兴工修缮文庙正殿、两庑、神门，历时四个月，当年五月竣工。此为文庙落成后第一次重修，距文庙创建落成三十九年，距元亡十五年。

此碑署"荣禄大夫商议中书平章政事姚庸篆"。

考《元史》：泰定四年（1327）十二月癸丑，命左司郎中姚庸提调国子监；至正二年（1342）十二月丙午，命枢密副使姚庸知经筵事，至正四年（1344）

三月癸丑，以集贤大学士姚庸为中书左丞。

《元史》未见姚庸任"荣禄大夫商议中书平章政事"的记载，由此碑知，至正十三年五月，姚庸已经升任荣禄大夫商议中书平章政事。

至正十三年五月，房山县文庙修缮竣工，荣禄大夫商议中书平章政事姚庸应邀前往为此碑篆额。事了，他特地前往县城东北数里的羊头岗村，凭吊高克恭故居。抵达羊头岗后，天色已晚，但见皓月如水，高悬于圣水之畔的羊头岗，透过疏木，洒下斑驳的清光。山斋历历，可惜物是人非。姚庸留下"月射羊岗玉树林，画斋犹在白云深"的绝世之章。

高克恭（1248—1310），字彦敬，号房山，大都房山人。由京师贡补工部令史，选充行台掾，擢山东西道按察司经历，历河南道按察司判官，大中时，官至刑部尚书。画山水初学二米，后学董源、李成笔法，专注写意气韵，亦擅长墨竹，与文湖州并驰，造诣精绝。今房山区城关街道羊头岗村是其故里，他在羊头岗出生。武宗至大三年（1310）二月，高克恭病逝，归葬羊头岗。顺帝至正十三年，姚庸到羊头岗凭吊其故居，高克恭已逝世四十三年。

〇三一　敬一箴并序

夫敬者，存其心而不忽之谓也。元后敬则不失天下，诸侯敬则不失其国，卿大夫敬则不失其家，士庶人敬则不失其身。禹曰："后克艰厥后，臣克艰厥臣。"五子之歌有云："临兆民，如朽索之驭六马。为人上者，奈何不敬？"其推广敬之一言，可谓明矣。一者，纯乎理而无杂之谓也。伊尹曰："德惟一，动罔不吉；德二三，动罔不凶。"其推广一之一言，可谓明矣。

盖位为元后，受天付托，承天明命，作万方之君，一言一动，一政一令，实理乱安危之所系。若此心忽而不敬，则此德岂能纯而不杂哉？故必兢怀畏慎于郊禋之时，俨神明之鉴察。发政临民，端庄戒谨，惟恐拂于人情。至于独处之时，思我之咎何如，改之不吝；思我之德何如，勉而不懈。凡诸事至物来究夫至理，惟敬是持，惟一是协。所以尽为天子之职，庶不忝厥祖厥亲，由是九族亲之，黎民怀之，仁泽覃及于四海矣。

朕以冲人，缵承丕绪，自谅德寡，昧勉而行之。欲尽持敬之功，以驯致乎一德。其先务又在虚心寡欲，驱除邪逸，信任耆德，为之匡辅。敷求善人，布列庶位，斯可行纯王之道，以坐致太平雍熙之至治也。朕因读书而有得焉，乃述此以自勖云：

人有此心，万理咸具。体而行之，惟德是据。敬焉一焉，所当先务。匪一弗纯，匪敬弗聚。

元后奉天，长此万夫。发政施仁，期保鸿图。敬怠纯驳，应验顿殊。征诸天人，如鼓答桴。

朕荷天眷，为民之主。德或不类，以为大惧。惟敬惟一，执之甚固。畏天勤民，不遑宁处。

曰敬惟何？怠荒必除。郊则恭诚，庙严孝趋。肃于明庭，慎于闲居。省躬察咎，儆戒无虞。

曰一维何？纯乎天理。弗三以三，弗二以二。行顾其言，终如其始。静虚无欲，日新不已。

圣贤法言，备见诸经。我其究之，择善必精。左右辅弼，贵于忠贞。我其任之，鉴别必明。

斯之谓一，斯之谓敬。君德既修，万邦则正。天亲民怀，永延厥庆。光前裕后，绵衍蕃盛。

咨尔诸侯，卿与大夫，以至士庶，一遵斯谟。主敬协一，罔敢或渝。以保禄位，以完其躯。

古有盘铭，目接心警。汤敬日跻，一德受命。朕为斯箴，拳拳希圣。庶几汤孙，底于嘉靖。

嘉靖五年六月二十一日

碑刻说明

明刻。在房山文庙旧址。世宗朱厚熜撰并书。拓片高 168 厘米、宽 84 厘米，碑额高 38 厘米、宽 23 厘米。

碑文考释

《敬一箴》是明世宗朱厚熜为嘉靖帝亲自撰写的劝诫文章。据《明史》记载，嘉靖皇帝为了教化天下、稳固政权以身作则，激励天下士子学人严于律己、遵循儒学，并希望以维护三纲五常伦理道德的理学思想来影响社会风气，特将自己所作的《敬一箴》和所注解的"视、听、言、动、心"五箴言，以统一格式颁行天下，立石于全国各地的学宫里。

房山之碑立于嘉靖五年（1526）六月二十一日。这篇《敬一箴并序》所论述的，主要是"敬"和"一"这两个字。"敬"指"恭敬"，指对儒教、理学的恭敬。"一"指"纯一"，指守卫内心天理这个"一"。箴，即箴言，是一种每句字数相等、讲求对仗押韵，内容以规劝、告诫为主的文体。箴言中，嘉靖皇帝大力宣扬"主敬协一"对修身养性、齐国平天下而言十分重要的理学思想。"敬焉一焉，所当先务"，"元后敬则不失天下，诸侯敬则不失其国，卿大夫敬则不失其家，士庶人敬则不失其身"，这都是为宣扬儒学而作的。

明代第一次重修文庙为洪武二年（1369）。此后碑刻缺失，文庙重修与否不得而知。有据可考的第二次重修为晚期的嘉靖朝，始于嘉靖三十三年（1554）三月，竣于三十四年（1555）九月，重修大成殿、明伦堂、斋祠、门墙。

附录碑文

民国十七年《房山县志》卷七《艺文》载明陈以勤《重修县学碑》：

房山附坼内最近，乃其征敛冗杂，力役繁兴，民之疲于输作者较他邑为甚，以故学就圮敝，然吏尝力有所屈，欲葺之而有所不暇也。顷济南张君汝能来尹是邑，其才力即足以胜其难，而又慨夫学之不足以兴起士类也。茇事无何，亟以序修举之，文庙为先，次明伦堂，次斋祠，次门墙。盖始于嘉靖三十三年三月，成于三十四年九月也。于是学中弟子邱文实等相与乐张君之贤而来，请文以记。勤窃谓先王为治之道，今不可复见矣，所仅存者惟学校之制而已。顾古之所谓学者有六德、六行以为之教，有弦诵、书礼、干戈、羽籥之属以为之业。其行于中也，有饮射、合乐、养老、劳农、听讼、受成、献馘之事，以习其所见。凡以磨揉而长养之，俾内复夫天命本然之性，外节夫手足耳目之欲。因示以天下国家之务，其豫有以知之而不惑于既用也。其教人之法可谓详也已矣。陵夷至于今，其法固已尽废，凡师之教于学者，惟专于章句文艺之末，而弟子亦靡然相与习学焉，以冀不失乎有司之尺寸，则与古之所以为学不同矣。是以古之成材常易，今之成材也常难。间有一二稍稍树立者，则皆以为得诸气质之自然也。由此观之，学之于人材果无系也欤？虽然，先王之立学也，所以成天下之材而期于俛焉，以尽其实也。由今之制而不失其古之实，又安可以泥于教法之不同乎？尝考文庐江之治郡也，修学于成都市中，即其所教于躬自饬厉遣士受业外，一无所谓古之法也，而士人遂至于大化。至于鲁仲尼庙，礼器仪章甚备，诸生咸以时服习其中，观之者至低回而不能去，然卒未闻其有成就可数者也。即斯二者而言，古法可以尽泥乎哉？亦在士之自尽其实而已。夫复性节欲而不阔，略于经世之用，此岂有难尽者乎？即始于章句文艺之间，而兼致修内检外之学以达乎天下国家之务，则今制非所以为累，而深有以喻夫为教之实，及其材之成也，自与古人等耳。倘以教治殊异而猥言夫今之学无系于人才，是以一饱之故绝谷不食，以一踬之难辍足不行也，岂不惑哉？今张君之治房山也，独先于学，亦庶几乎识此矣。且房距京师仅百里，其风教常在耳目，无所谓遣诣之劳也。诸士诚自尽其所教之实，必不专守章句文艺如鲁生之固于所习也。古称燕地民勇而沈静，乃其士必不委于法之靡，而自尽其实以振起，一方之人材斌斌，由今日之学始矣。因是以推其材之盛，其士之自得也。夫其亦有以兴起之也，夫斯可以论张君矣。乃为之记，而并道夫古今之所以教也。

〇三二　重建文庙碑记

赐进士第特进荣禄大夫太子太保工部尚书侍经筵万安朱衡撰

赐进士出身中顺大夫太仆寺少卿西安乌昇书

掌军中都督府事伏羌伯西凉毛登篆

房山县学自胜国前有之，洪武二年更建，岁久殆湫溯就颓矣，有司者亟图新之，每以时诎举赢为解。乃司礼监渭滨王君过之，低回不能去，曰：禄待罪永巷，获侍圣天子经筵，闻学士诸先生陈说，知天下得以彝伦而居、宁谧而食者皆夫子惠也。禄受天子恩罔极，夫子之恩亦罔极，愿殚力为夫子新是宫。遂括所有，得兼金二千奇，鸠工饬材。首棂星门，次殿堂，次东西庑、戟门，次斋房、厨库、启圣明宦乡贤祠，创未有，拓未备，恢恢煌煌，而房山之学，视八郡称最矣。诸文学弦诵斯者胥谂王君举，沾沾然快也，属余一言纪其事。余以兴学育才，邑令之职，乃今自中贵出兹举，曷称谂耶？中贵人类喜浮图，王君愿为此不为彼，兹岂独王君贤？仰窥我圣代右文之盛洽诸宫闱，圣道感人之深达于内辅，而王君固有待而兴者也。史记，汉明临辟雍，阴郭执经，唐宗视胄监，新罗遣侍书之简策，有荣艳焉，未闻中贵人笃信若此者。岂阳辉巴煦，幽岩独后？抑粉饰远炫，近习难格耶？明兴逾二百年矣，崇重儒道，千古罕俪。弘德前不其论，嘉靖以来，实王君躬炙其盛者。夫主善射，则下工决拾；主善御，则下贯驰驱。大君纲纪，寰宇烂然，孔子之道，讵中贵人有不观感而尊向者耶？粤昔成周，《菁莪》乐育、《棫朴》作人盛矣，乃其季中贵人有巷伯者，《记》曰："好贤如《缁衣》，恶恶如《巷伯》。"夫恶恶严，即好贤笃。籍令巷伯与夫子同时，当欣欣执鞭焉。巷伯而下王君使再见矣，要皆有待而兴者乎？虽然王君砥行立名人也。太史公有云："夷齐虽贤，得夫子而名益彰。颜回虽笃学，附骥尾而行益显。"王君一兴学宫而名行彰显，缙绅间是诚知所附也。彼倾心浮图竟泯没无传者岂少哉？王君即有待而兴，亦非凡众人伍矣。诸文学懿其所举，所谓在中贵人则进之者也。第文学何以答王君？是役也，经始于隆庆五年七月，落成于万历元年四月。又逾年冬十二月，巡按侍御益都张公、兵备宪副如皋钱公莅房山学，讯始末，嘉王君功异之，檄邑令陈廷训志诸石，而余亦不辞为之记。

万历三年秋九月吉日立

碑刻说明

明刻。在房山老城文庙旧址。拓片高 180 厘米、宽 87 厘米。

碑文考释

民国十七年《房山县志》卷七《艺文》载有此碑文，题为《重修文庙碑》，据拓本改为《重建文庙碑记》。旧志署名讹为朱衡，现据拓本添补撰者、书者、篆额者的完整信息。旧志无落款，今据拓本添补。

碑文载，太监王君捐金两千余，于明隆庆五年（1571）七月重修文庙，万历元年（1573）四月竣工，重修棂星门、殿堂、东西庑、戟门、斋房、厨库、启圣殿等。此为明代第三次重修。

王君，名王禄。万历六年（1578）《房山县重修县学碑记》："是役也，经始于隆庆五年七月，落成于万历元年四月。约其费不赀，而中贵王君禄独捐二千金，终始其事。"

民国十七年《房山县志》卷四《政治》："陈廷训，明沁阳人。处事廉明，存心平易，且多创建。后升南京大理寺评事。士民思其惠，有碑记焉。"

朱衡（1512—1584），字士南，万安人。嘉靖十一年（1532）进士。历知尤溪、婺源，有治声。迁刑部主事，历郎中。出为福建提学副使，累官山东布政使。嘉靖三十九年（1560），进右副都御史，巡抚其地。嘉靖四十四年（1565），进南京刑部尚书。隆庆元年（1567），加太子少保。隆庆六年（1572），诏朱衡兼任左副都御史，经理河道。在盛应期罢后三十年，他循新河遗迹完成了新河的开通工程，给河道运输带来了很多便利。卒年七十三。

○三三　房山县重修县学碑记

赐进士出身翰林编修经筵日讲官纂修两朝实录记注起居南充陈于陛撰

乡进士邑人郑民悦书并篆额

房山县建置学宫旧矣，嘉靖甲寅春张侯汝能尝议缮葺之，距今二十年，土木之功，复就地圮洳朽漶，士罔攸塈。会城武李侯以才名来莅县事，至之日，谒视庙学，瞿然起叹曰："昔郑在王畿之内，学校弛坏，诗人为《子衿》之篇以刺之。琼忝天子赤县吏，修礼典学，职之大者，作新之役，其敢弗敬图之？"亟具牒闻于督学御史傅公。既得请，于是捐廪斥羡，并取诸好义而乐助者。经用既赡，乃鸠工抡材，诹日兴事。首棂星门，次殿堂，次东西庑、戟门，次斋祠、庖舍之属，尽撤其旧而新是图。既讫工，丹黝华绚，榱桷显丽。豆笾笋簴，陈列有所。士鼓箧而游者，胥跃然以喜，低徊而不能去。李侯则以书来属余曰："愿纪其成，且乞一言以诏诸士也。"余惟甲寅岁兹学之修，家大人在吏垣，实记之，恳恳焉复性，经世之旨，揭如星月。余不敏，何能复嗣音乎？既不获辞，则为之言曰："自皇明定鼎幽燕，房去京师不百里。诸士者所谓，皆京都之秀是也。昔成周盛时，黉序宗师，教化宣朗，贤材之兴，惟京邑称最。故都人士之什曰：'狐裘黄黄，出言有章。行归于周，万民所望。'盖美之也。夫不徒曰威仪言辞，而必有忠信之行，乃可以杰然振拔于万民。由是观之，诗人美都士之意，在此而不在彼亦可识矣。惟皇明祖宗列朝，建学立师，嘉育士类，而首善自京师始，士环辇毂而生者，熔铸训泽，蔚为人文，往往雄视宇内。然而都会通达之区，利禄之焰，腐目薰心，自非卓荦有立者，多乎将汨没于中而不之悟。故其敝也，竞而靡，通而易。笃实之道尽，而忠信之真失，亦其势然也。房山密迩天光，缝掖之徒，被服文雅与京师等，而邑独僻左，衣冠车从之所不衡，货贝绮组之所不集，士产其间，耳不习奇横诙诡之谈，目不习淫衺盛丽之玩，类皆专志朴茂、呐呐纯谨，有先生长者之遗风焉。盖诗所谓行归于周者，庶几近之。夫士以德行为桢干，文所以翼行者也。孔子论文质彬彬后君子，至于用礼乐，则崇先进、语躬行，则谦让而不遑，所重于敦实尚行者盖如此。今诸士居文明之乡而又能全其朴，既彬彬焉追琢而金玉之矣。然余所愿于诸士，尚当敛其尽饰者，反而求诸身心性命之间。日諰諰焉以纲常伦理相劝励，礼乐经术相摩切。言必尽实，毋谲以盗名。行必屡素，毋矫以衒俗。务使道德之实粹然纯备于躬，则文章事业胥由此出。异日者离蔬释屩，胜茂实而策休光。以临民则为良吏，以立朝则为明臣。岂不巍然称为万夫之望哉？若但峨冠褒襟、崇论阔语，而诩诩然自命曰都人士，则吾不知之矣！夫文王在上而誉髦咸兴者，感于时也。鲁侯既作泮宫，即有济济多士以克广德心，奋于地也。今当天子初御万年之历，方敦崇儒术以文太平。乃房山之学宫鼎新，式逢其会。诸士得时与地若此，当必有硕大光明之才应期而出，以为兹学宠重。此固李侯兴起庠校之意，亦余拳拳厚望者也。诸士其懋之哉！"是役也。经始于隆庆五年七月，落成于万历元年四月。约其费不赀，而中贵王君禄独捐二千金，终始其事。观今日珥貂者，率靡财以饰浮图之宇，而王君雅高若此，因并书之。相是役者，为学官李守真、刘祖尧等。以李侯书来请余文者，则诸生马钦、陈家谟、王大鹏、刘一凤也。

万历陆年拾月吉日立

碑刻说明

碑在房山老城文庙旧址。拓片碑身高 157 厘米、宽 78 厘米，碑额高 31 厘米、宽 25 厘米。篆额"房山县重修县学碑记"。

碑文考释

民国十七年《房山县志》有载，题为《房山县重修学碑》，无篆额，无篆额人，无落款。现据拓本更补。

此碑可与万历三年（1575）《重修文庙碑记》所记互考。碑文记载，知县李琮，见学宫圮溆朽滥，请示督学御史傅公修缮，获准。用县库积蓄兴工起建，资金不足，太监王禄捐金两千以终其事。肇始于隆庆五年（1571）七月，万历元年（1573）四月竣工。

李琮，山东城武县举人，嘉靖四十五年（1566）任房山知县，廉洁有为，政教兼举。擢云中别驾。百姓叩阙请留，遂易以保定衔，仍摄房事。未逾年，复加通郡牧，仍管县事。后升保定同知，去之日，妇孺皆为泣送。有去思碑祀名宦。

陈于陛（1544—1597），字元忠，号玉垒山人，明南充（今四川省南充市）曲周县堤上村人。其父为隆庆年间的首辅大学士陈以勤。隆庆二年（1568）中进士，选庶吉士，授编修。万历时，历侍讲学士、礼部右侍郎、吏部左侍郎，曾上奏册立太子、请神宗能够早朝勤政，但是都没有得到回应。万历二十一年（1593），拜礼部尚书，领詹事府事。次年，上疏请开局编辑国史，任国史副总裁。寻以本官兼东阁大学士入阁参政。

○三四　重修房山县学记

赐进士第通义大夫吏部左侍郎兼翰林院侍读学士纪注起居经筵日讲官编玉牒副总裁兼教习庶吉士掌院事西京王图撰文

奉政大夫河南汝宁府同知邑人郑民悦书丹

文林郎山东登州府推官邑人陈效忠篆额

李侯之为房山也，薄赋轻徭，锄梗优善，赈穷恤匮，御眚澹灾。政是以成，民用大戢。已乃进其父老子弟问所宜兴革者，博士诸生进曰："不腆敝邑，左芦河，右太行，山川回环，献奇露秀，其于形盛亦奥区也。密迩首善不百里，而遥草昧之际，张氏、卢氏皆以特别人才泽至钜卿。而迩者当圣化作人，文教翔洽，山陬海噬之士，占一经治一艺者，无不鳞集，仰流辐辏，并进以登天府。而房乃愈索莫不振，青衿之徒进取绌焉。在堪与家言，则学宫之以也。其阴蹙于民舍，逼塞而不行。其阳蔽于长垣，黮黮而不耀。且也，庙之北为明伦堂，堂之左为尊经阁，阁与堂两大并峙，主客强弱之义云何？若由是因循旧贯也，将终不列于吾党小子，君侯其图之。"李侯曰："堪与之言，君子所不道也。虽然，与其使二三子地脉是罪而聪然有自废之意者，吾何敢惮征缮，不以鼓尔二三子俾砥厉维新，庶几茅茹之吉？而有所改观于否，塞湮郁之后也。"于是首捐俸以倡，而一时学博弟子若是绅之好义者翕然从之，各助有差，以百金购所谓民舍者，徙尊经阁而北之。阁之南构堂五楹以居弦诵，毁长垣致爽垲焉。异时形势家之所称不利者，业已次第改观。乃益缮治庙宇，若堂庑，若门，若祠，若库，榱栋之朽蠹者易而坚良，瓦石之窳剥者易而贞润，丹垩之漫漶者易而炳焕，而肃肃泮宫于是乎新矣。博士诸生相与欢忭踊跃，举手相庆谓："从兹以往，文事其有兴乎！"因结侣走都门，乞不佞一言以扬李侯之绩，且以昭示永永。不佞敬诺，因进诸生语之："今圣明在宥，自京师以逮郡国，莫不有学，将以尊道术乎？抑仅以兴文事乎？士之从事于学，将以淑身心乎？抑仅以梯进取乎？以尊道术而淑身心，古人之学也，故曰：古之学者为己。以兴文事而梯仕进，今人之学也，故曰：今之学者为人。古人之学，惟其有得于己，是故纷华无所膻其外，得失无所惧于中。其出而应世也，喜怒哀乐、是非毁誉之际，皆卓然有以自主，而不为物役。不为物役，故其特立独行之概，足以砥颓波而桢王家。今人之学，惟其意主于为人，是故当其屈首黉序，呻吟呫哔，剽窃凑泊，以希异日之青紫，目若望洋，心若悬旌。比其得志，茫然无所挟持，华中流之无维楫，人喜亦喜，人怒亦怒，人哀亦哀，人乐亦乐，人毁亦毁，人誉亦誉，沈溺于嗜嗜嗑呲，波流委靡之中而莫能自拔。由前所称，得一二人焉足以称盛；由后所称，则虽连袂而登、接踵而奋，以侈科目之美谈则可矣，将以称为士风之振，而无负县官广历作新之意则未也。堪与家言，倘不尽诬，房山之士将必有鹏博鹊起以应更始之会者，吾将拭目而观之。第其本谋，仅出于兴文事而利进取，未尽引于圣人之绳墨，吾故推古今人己之辩，使诸生瞿然自反于道术、身心之正，他日有所挟持，无至追趋侪俗为门墙羞。岂惟道学之光，在事者亦与有华宠焉。诸士归，试以吾说质之李侯，倘有合于作人之微旨，则三尺之石姑取弁焉可也。"李侯讳廷干，关西三原人，甲午乡进士。

大明万历三十七年岁次己酉孟秋吉旦　山东举人署儒学教谕事商希禹、训导刘应瑞、前任训导王宷、典史陈应龙、前任典史王玉臣共立

碑刻说明

明刻。在房山老城文庙旧址。

碑文考释

撰文者王图，字则之，万历十四年（1586）进士。初授检讨，以右中允掌南京翰林院事，充东宫讲官。后因仕途不顺致仕回乡。天启三年（1623），召用旧官，王图因而复职，任礼部尚书，协理詹事府。翌年，复遭魏忠贤亲信刘弘先弹劾，被削籍回乡，未久即卒于家。崇祯初，赠太子太保，谥文肃。子淑汴，万历进士，官至户部郎中。

碑文记载了明万历三十七年（1609）重修文庙事。此为有明确记载的明代第四次重修。此次重修，购买庙西民宅，将文庙宅基向西扩充，拆除庙东围墙，明伦堂侧尊经阁向后移，原址增建五间殿堂，对其他建筑进行了整体

修缮。这是明代最后一次修缮。

清代对文庙进行了四次重修。第一次，康熙三年（1664），知县佟有年重修。第二次，乾隆四十九年（1784），阖邑士商倡捐重建大成殿三间，两庑各五间。第三次，道光五年（1825），重修大成殿、左右角门、棂星门外东西花墙及泮池，增建月台、大成门、两庑台阶。第四次，光绪三十年（1904）。光绪二十六年（1900）八国联军入侵房山县城，至文庙之大成门、崇圣祠、文昌宫残损，乡绅王贻恺、常履一、冯尚俭、陈智、刘青绶、赵连城、王邦屏、邢景耀捐资重修。

清田麟《重修学宫碑》，张翰仙、金鼎梅《道光五年重修文庙碑记》，王贻恺《光绪三十年重修文庙碑记》，记载了清代历次重修之经过。

附录碑文

民国十七年《房山县志》卷七《艺文》载田麟《重修学宫碑》：

房山古称玉石洞天，幽燕之奥区也。以其右翊神京，三舍而近，几务骈集，规画孔艰，吏于兹者鲜克以贤能著。佟侯有年，负卓越之才，绾符百里。康熙二年来莅此土，甫下车而锋颖见，才逾而庶绩熙，戴星出入，百废咸举，而于学宫尤加意焉。原房之建学，自至元甲午历也，一修于嘉靖三十三年，再修于隆庆五年，旷世以来，岁久圮窳，佟侯于是轸念而缮葺之。鸠工必棘，选材必良。经始落成，必勤且瑟。向也飞雨飘摇，鞠为茂草。今也层甍重户，乌革翚飞，丹碧黝垩，美伦美奂。泐者坚矣，隳者饰矣，阙者增矣。是学也，有数善焉，不损官帑，不困民力，上以妥先圣之灵爽，下以安博士弟子员之肄业。岂弟君子，遐不作人，诗人所以致美。维时弟子员颙瞻黉序，愕贻而改观，咸举手加额，归德于侯矣。思所以为侯志不朽者，则旅京请余记其事，勒贞珉以诏将来。余乃进弟子员，而谂之曰："学之有系于风教也尚已，四境无弦诵声，国不可以为国也。治化始于泽宫，民风视乎士习，自古圣王良佐必崇学为先。诞惟世祖皇帝肇膺洪图，右文治致。暨今圣天子丕承历服，觏光扬烈，嗣位之初即黜王安石之制义，敦尚实学碑，天下学者习知古今治乱盛衰之故，典章制度之由，财赋钱谷利弊之微，礼乐兵刑机宜之要，阴阳五行之何以变迁，天运人事之何以通复。是故周悉乎经济所从出、理义所由归，渊通奥博，古学蔚兴矣。向者浮夸靡曼之习于焉一变。尔侯缮茸学宫之岁，适当功令敦尚笃学之年，事会偶符天人协应。且房邑密迩首善，化行自近。房之士自宜仰体君父立教之心，恪遵尔侯董率之意，诚使寝食典文佩服囊训，则有胡安定设教苏湖之规条，朱考亭授徒白鹿之则例，大约不外于尊经、稽古、敦行三者。尊经则千圣之心法以传，稽古则事理之源流皆见，敦行则孝友姻睦之风以起。是以进业者有小成大成之别，不率者有东寄西棘之摈。明敏者勇于自立，懈驰者愧而知惧。帅必端严，友必直谅。故其涵养既深，展布自远。任艰巨事，履盘错之途，定大谋，决大疑，御大难，气志谧如而纷纠悉解，上之为公孤九列皆宜。何则？其实学之素积者然也。如是，斯无负君父之立教、尔侯之董率矣。房之士归而勖诸！记成，系之铭曰：

倬彼圣风，肇基异方。汤汤芦水，峨峨太行。光融攸萃，蔚为天章。大道不湮，载扬载缉。广历景休，永垂靡极。昭德记功，有贞斯石。

民国十七年《房山县志》卷八《艺文》载张翰仙、金鼎梅《道光五年重修文庙碑记》：

窃维房邑文庙自乾隆四十九年，合邑士商倡捐重建大成殿三间、两庑各五间、大成门三间，因历年久远，风雨剥蚀，头顶均皆渗漏，圣像被淋，余心甚悚。且月台、大成门、两庑，各无台级，每逢祭祀，升降维艰。并左右角门，亦皆倾敧。泮池壅湮，桥翘歪斜，坎墙、围墙坍塌殆尽。若不急修整，何以昭诚敬而肃观瞻？遂商诸寅好，均愿各捐俸廉。又虑工程颇巨，支应不符，二尹余君因推举董事四人：张应宿、黄贤、李本业、刘燮堂等，出劝士商。闻余斯举，莫不踊跃乐捐。即择三月二十一日兴工，应翻盖者翻盖，应添设者添设，应重新者重新，应铺墁者铺墁，应挑挖者挑挖，并加以丹雘，不数日而庙焕然矣。棂星门外东西花墙及泮池亦皆修葺。因未完工，余仰蒙各宪提调，邯郸接任，金君来莅兹土，彼此商同匡勷办理，共为告竣。实所欣望，应将士商捐资数目并修理处所志镌于石，以垂不朽云尔。知县长安张翰仙、贵州金鼎梅仝撰。

县丞古越余寿康书丹

教谕金奉玺、训导秦步瀛、巡检戴百和、典史苏耀璋、守备陈平川、把总张琪

民国十七年《房山县志》卷八《艺文》载王贻恺《光绪三十年重修文庙碑记》：

今修文庙工竣矣。愚谓是役也，吾乡补过之役也。何言乎补过？凡我同人熏育圣教、躬列士林而不能捍灾御患，猝逢兵燹，至令圣祠宇残缺如斯，见者涕零，闻者酸楚。又不能及时修补，以到于今。呜呼过矣！然士君子隐痛自责之心诚不为世人道，今惊悸稍定，亟鸠工庀材，修补神坐，大成门、崇圣祠、文昌宫一律整肃，规复旧制。是士林应为之事也，其补过也宜也。爰书列经理人及捐资姓名于左：

王贻恺、常履一、冯尚俭、陈智、刘青绶、赵连城、王邦屏、邢景耀

○三五　房山县学田碑记

尝考三代无学田，盖其时田皆井授，比闾族党之中塾庠序寓焉。所谓乡三物者，烨烨乎盛矣，非若后世群聚而别养之也。迨汉兴，诏郡邑立学，士畂始分。畂连阡陌侈盖藏，而士或窭不能给朝夕，甚至枵腹露肘，不惮佣赁以自活。噫！瓶罄罍耻上之人，乌得不重为之所耶？我朝学制酌古尽变，乡之中简其隽而员之，员之中简其隽而饩之，法备矣。顾其风气日开，人文渐盛，在员之额者，业不难取盈于数，而诸不在饩之额者，其窭亦几不可胜数。于是观风者目击瘝叹，慨焉赈发。而学田之制，立然必亦薪樵。为职者用以靖共而位，广其儒教，若文翁之于蜀，鲍德之于南阳云尔。未闻轺轩暂莅、誉髦关心、重赀叠颁、德意庞炽如今宪副李公之于房山也。公故为司空郎，受命榷石倚干，旌于房之三山，廉静不扰，人争睹就。继以秩满迁副密云宪事，乃犹惓惓念房不置，初发羡镪若干缗，为创一祠，祀关壮缪，隶之田以瞻祀事。寻复谓曰："庙孰与学急也？"悉发所积涞水县应支廪谷若干缗，

为增置学田。会房邑杨君昆祚，素循惠，有干局，捐俸佐之，先后共得百余金，置田二百亩有奇。于是房士之婆者欢若更生曰："微公孰宽我俛仰？"其素饶洽足自给者亦莫不踊跃曰："微公孰作我士气？"即诸广文，抚子衿而熙游睹，环桥振迈，亦争相怦舞曰："微公孰光我芹藻？"相率砻石，纪其事于黉舍。而署教谕李君庭芳，余姻也，属使问记于余。余愧不文，何能为公颂第之迹？公所行事类仁心为质者，且士饱而后益知学，教与养两得之矣。窃谓三代育才之遗意，政不过此耳。至房士所以报公者，亦无他术。房于畿辅，当辇毂之下，山川灵异，甲诸郡国。乃闻其贤书，自丁卯以来，登者寥寥，岂非士之习于媮耶？语云：水不激不鸣，士不鼓不奋。兹役也，房其可以兴乎！不然，即不瓯脱其田而第含哺以嬉，岂公之心哉！岂公之心哉！公名养质，山西蒲州人，丙戌进士。

赐进士出身翰林院国史编修魏郡成基命撰

万历甲寅仲春吉日立

碑刻说明

明刻。房山老城文庙旧址。

碑文考释

万历甲寅，为万历四十二年（1614）。民国十七年《房山县志》有载，题为"房山县学田碑"，据拓本实为"房山县学田碑记"。

旧志署名为：成基命，大名人。据拓本，署名在文后，为"赐进士出身翰林院国史编修魏郡成基命撰"，今更补正。

旧志结尾部分错讹缺文，现据拓本补正。

"公故为司空郎，受命榷石倚干，旌于房之三山，廉静不扰，人争睹就。"考万历四十三年（1615）《重修汉前将军关侯庙碑之记》、康熙元年（1662）《关圣帝庙除豁碑记》，万历四十二年，李养质身为三山使，在大石窝指挥采石，捐俸重修关帝庙，并和知县张肇林同捐俸为石窝关帝庙置香火地九十亩，"初发羡锱若干缗，为创一祠，祀关壮缪，隶之田以瞻祀事"即指此事。其间，李养质升任密云道兵备副使，故《房山县学田碑记》云："继以秩满迁副密云宪事"。

同年，李养质又支出涞水县应支地赋，知县杨昆祚捐估俸佐之，为房山县学，置学田二百余亩。万历四十二年《房山县学田碑记》即载此事。

附录碑文

民国十七年《房山县志》卷七《艺文》载明冯立敬《县学复俸廪置学田库圃碑》：

房山县儒学复俸廪始末。自万历二十年壬辰，唐子署教于房，诸生来言：师生俸廪旧额，每石征价八钱，嘉靖之季，以军兴裁其二。今时平物阜，旁邑皆已得请，请言令复之便。阳曲王公闻之曰："固余事也。"因为诸生请如额。越甲午春二月，诸生复来言："师生宜一体，安肃公馈粥且不给，请言复故额。"令不可。会督学李公行部，唐子遂自言，赖诸台当其议，亦复俸额如初云。王公名育才，李公名尧民。置学地始末。房士匮乏多饥寒，唐子念周之，靡所给。又岁甲午令责诸生庆言不赀，诸生力不支，于是为买民地收籽粒，以备前费，称贷为之。而唐子任焉。学库学圃始末。学有书籍、祭器贮藏无所，唐子斥二十余金构屋两楹，于堂之西偏设二匮而扁为"学库"，间以为讲艺燕居之所。又凿井、种树、治蔬圃于斋事之南，由是作息复称两便云。唐子曰："阳曲王公折狱甚善，遇事以礼，左右凛凛奉法，苟且不行，然竟以白简去。反其道者，乃或超躐异等，仕果安据哉？"诸生德王公，勒石志不朽。已醵金矣，而其曹乾没不举。乙未五月，巴人李参军来署事，乃始伐石鸠工，王公之美有托传焉。嗟呼！参军独可少哉？参军名迎春，唐子名守礼。外史氏曰："唐先生以两浙巨儒来教于房，房之士速肖而绳武者津津有人，可称烈矣。至捐一岁之禄，为置学租以备赈给，高风硕惠当与天壤不朽然。"吾闻之，旧常有学田矣，而今漫不可考，则夫保而存之，岂非后之为师若弟子之责哉？而吾且及见一勒石事，几废而举，一系其人之遭遇，矧事有大于此者乎？故余乐观厥成，而不能不重有感也。

碑文考释

房山县文庙学田，始置于明万历二十年（1592），为房山县教谕唐守礼捐一年官俸所置。

碑载，万历二十年（1592）唐守礼任房山县儒学教谕。房山县学中就读者多贫寒之士，衣食不周，唐守礼想接济他们，苦于没有钱粮。万历二十一年（1593)便置买民田，打下粮食，借贷给困乏的学子。万历二十二年（1594）唐守礼再捐俸二十余金，建房两间，室内西偏置两具柜子，为学库存放书籍、祭器，间或用作讲艺休闲之所。又在斋宫的南面打水井、种树，开辟菜园，改善生活。

○三六 敬惜字纸碑

粤自飞龙造书，仓颉制字，既有书契，乃易结绳。其时，天为雨粟，鬼为夜哭。雨粟者何幸？天下之共启文明而万世之攸赖。夜哭者何虑？斯人之不知爱护而奇秘足珍也。自是以后，为六书、为八体、为科斗、为篆隶、为真草、为蚓蛇。体制虽殊，利赖则一。其自君乡大夫以至士庶商贾，大而传道，小而记事，罔不资之。夫以天地所泄之精华，鬼神所秘之奇珍，斯人所资之日用，一旦而委之草莽，弃之泥涂，杂之以污秽，而且视之而若不见，听之而若不闻也。则虽不言果报，而问之于感应之理，质之以施受之情，其有是乎？凡事之出乎情理之外而不求其心之所安，必倒行而逆施之者，不有人祸，必有天殃，言至此则智愚共悉矣。以故，古之敬惜字纸者若王沂公之□人，若许潜壶；不敬字纸者，若杨百行，若金陵马回子等。感应昭昭，在于书册可览而知也。房邑于字旧有捐资，其举寝废，兹复振而新之，且建焚化之炉，广收检之具，专寻拾之，责为久远之谟。传曰："人之欲善，谁不如我？"斯举也，是亦予之所日夕萦心而不能已者也，予深嘉诸人之好善，而不欲泯没其衷也，爰弁数语于其端。

特授房山县丁卯经元辛未进士知县事加十级纪录十次金鼎梅撰文　潘辅

周书丹

谨将捐雇捡拾字纸并建设纸炉、分送字篓芳名钱数列后：

雇人捡拾字纸：全义益店每月捐钱二千文，居易堂李钱一千文，中和堂樊钱五百文，北户房钱五百文，庆余堂王钱五百文，积德堂徐钱三百文，存性堂马钱三百文，德荫堂李钱二百文。以上每月共捐钱五千一百文。众当行捐钱四十千文，监生李桂林捐钱二十千文，黄贤捐四十千文。以上共捐钱一百千文，生息以作月资敬入地价。□甫当、广盛窑众等捐钱一百千文。连上钱文□于地以供香火。

建设纸炉分送字篓：六房张裕德捐钱二千文、黄贤钱二千文、赵振邦钱一千文、钱履祥钱二千文、张福全钱二千文、顾荣钱二千文、潘辅周钱二千文、朱居安钱一千文、张凤鸣钱三千文、葉元功钱一千文、李殿扬钱一千文、张克峻钱一千文、张□峒钱一千文、徐辅仁钱一千文、潘奉先钱一千文。门印号许敦奇捐钱二千文、王德钱三千文、刘承宋钱二千文，三班邱智捐钱三千文、张志钱二千文、张焜钱一千文。以上共捐钱三十六千并立碑。尚有不敷，田恒丰、黄贤公捐。

厢黄旗满洲明佩同子德克□捨地九十三亩半，内有庄窠白盖房起桑租，段落四至载入契内。

大清道光四年九月日立　住持田识知　石匠王清泰

碑刻说明

清刻。在房山老城文庙旧址。

碑文考释

《敬惜字纸碑》主张珍惜字纸，不要随手丢弃。碑左记载了捐资雇人捡拾字纸和建设纸炉分送字篓人的姓名、善款数额。

碑载，捐资者有全义益店、居易堂、中和堂、北户房、庆余堂、积德堂、存性堂、德荫堂八家商号和众典当行、广盛窑，县衙的六房三班、门印号，本县一些士子，或每月定额捐助字纸费，或购置纸炉分送字篓，反映了社会对县学的资助和支持。

○三七　重修明伦堂记

邑之触目可伤者多矣，自邑侯雪亭金公来而文庙一新，自浚川杨公来而书院一新。城垣之役，李公实创为之，迄今未就，□□尚未可知。大抵官斯邑者不屑为久长之计，视所居如逆旅，故一切废坠。吾学之明伦堂，余幼时犹髫辫，□□碧色，未几而瓦解矣，未几而栋折矣。四十余年，徒见壁立讲学之礼不数行矣。每新届入学时，师长吊眼放骄，□之下四拜未已，背汗如浆，岂复能少缓须臾敷陈五教哉？噫！此之不修，已失建学之意。故此，为之□□□□□有力焉，亦其职宜尔也，举所当举，无可铺张。告竣后，属余为记。余谓其事而已也哉，可不□也。古之□□□□□□，则其文传，书法□则其字传，其文传、其字传即举事之人亦□□传，必欲□扬□□□□□□□□□□□□不可求也。

赐同朝进士出身原任房山县知县调□□县知县临桂戴臣

借补房山县训导宣化举人马步麟，房山县典史王炳文，外委赵成业

首事劝捐人乡耆王天相、廪膳生张蓉第、原任河南□□守备□□□

岁贡生高□□、贡生李树桐、武举杨廷楷、候选卫千总常树、岁贡生高雪□、甲辰举人吕桂□、乙未举人□□、甲辰举人邱秉哲、候选州同李得名、武生王浦

甲辰举人邱秉哲撰文

邑廪膳生赵望书丹

邑廪膳生张蓉第篆额

大清咸丰元年六月上浣　勒石

碑刻说明

清刻。在房山老城文庙旧址。碑漫漶不清处为人名，无从辨识，故从略。

碑文考释

此碑记咸丰元年（1851）六月重修明伦堂事。明伦堂，文庙建筑之一。

顾册村

在房山老城南。该村历史悠久，村中曾出土汉代墓葬。村名最早见于金明昌五年（1194）苏敬安《大金大房山灵峰寺之记》："正南固册里，实庄土之墟落也。"由此可知，早在金代就有"固册里"之名。直到民国时期，顾册村名还有"固册"的写法。民国十三年（1924）《清授儒林郎候选州同李府君碑阴记》："君李姓，讳茂春，字蕙园，居房山固册之缸窑村。"民国十七年《房山县志》卷二《乡村》录为"顾册"。可见，顾册村名由"固册"演变而来。

顾册村有北极玄应观、驾宫（即碧霞元君祠）、关帝庙、火神庙等。李、王二姓为村中大户，李姓为望族。

本卷收录顾册村碑刻 7 件：明代 1 件、清代 3 件、民国 3 件。

○三八　顺天府涿州房山县迤南缸窑村建立观名碑记

本村善信段矿等众议发心，命资于隆庆己巳年内买到坊市里民地一段，内盖北极玄应观一座、玄帝庙三间。庚午岁山门一座，次钟鼓楼二座。又续善信宋时钦等于万历戊寅岁建东配殿，庚辰岁西配殿、旗竿二首、影壁，神路前后外松柏等树枚。万历辛巳，时钦等用资买到军地一段，盖碧霞宫一处，天仙圣母正殿三间、周围墙垣，左区前后建房二所，读道焚修，侍奉香火。又于壬辰岁，次续善信宋时成同侄文秀助缘薛镇等添建正尉殿三间，甲午冥府左宫三灵左司，岁次乙未冥府右宫广正右司，共三十六间。请涿、祁二州塑体金容，本村韩廷桂率诸益士装颜，木作李枝等，瓦作张得玉等各显威齐，于丁酉岁圣事将成。又时成同文秀目视前后殿毁坏，次续修理，以广其传后世诸梓，万古垂芳。各会众善官士男女出资人等共发诚心同立碑：

宫士授玄应观焚修一代□□□

敕建洪恩灵济宫士授碧霞宫焚修一代张清竹、二代丘计让、三唐祖悦、胡祖经

监工张现，涿州塑王相，祁州塑刘自用、薛仲良，祁州妆邢应试、刘世虎

本村镌立张得玉

大明万历二十五年龙集丁酉孟秋七月朔旦立记

碑刻说明

明刻。在顾册村北极玄应观旧址。

碑文考释

碑文记载，该观创立于明隆庆己巳，即隆庆三年（1569）。当年段矿等捐资置坊市里民地一段，建玄应观一座、玄帝庙三间，四年（1570）建山门、钟鼓楼，万历六年（1578）东配殿落成，八年（1580）西配殿落成，并建旗竿、影壁，栽种神路前后及观外松柏。

万历九年（1581），乡绅时钦捐资买军地一段，创建碧霞宫，建天仙圣母正殿三间，左侧建跨院，前后建房两座，供主持起居。

万历二十年（1592），宋时成同侄宋文秀捐资增建正尉殿三间。万历二十二年（1594）建冥府左宫三灵左司，翌年建冥府右宫广正右司，前后共计三十六间。继而塑像，装饰庙宇。万历二十五年（1597）竣工。前后历时28年。

〇三九　重修庙记

关帝庙创建久远，□□□营不□其时，其勒石纪迹勿□□□，迄今岁□时□风雨剥蚀，一切渐即圮损。是乡之李君朝臣、王君履中、刘君孝宗等目击心感，与贤士长者商度确计重整饬而修治焉，以工浩费烦，犹弗敢骤兴事也。讵善根攸同邀迩，闻声相悦，富者捐资，贫者效力，遂鸠工庀材，卜吉兴事。凡庙貌之损者补，荒圮者修理，丹垩妍洁，金碧辉煌，咸如初制。是举也，肇自正月下旬，告成于五月上浣，鬼运神输，莫知所致。虽然发心为一，领袖者不可没也，劝义施财力者不容隐也，督工监匠作者不可泯也。刻珉纪绩，永垂不朽。庶后之视今，亦或今之视昔云尔。

时大清顺治十八年岁在辛丑□月□三立石

碑刻说明

清刻。在顾册村关帝庙旧址。拓片碑身高130厘米、宽66厘米，碑额高24厘米、宽20厘米，碑额正书"万古流芳"。上下两截刻，上刻碑文，下刻本村善众题名，横题记"本村善众题名"。下部题名湮没不清，无法辨识。

碑文考释

关帝庙当创自明代，清顺治十八年（1661）正月李朝臣、王履中、刘孝宗重修，五月竣工。

○四○　顾册王氏世谱碑

从来源之远者流必长，根之深者末自茂，此固理所必然而亦势所不得不然者也。我族王氏祖居山右，迁徙于兹已历数世，日滋日盛，固不无水源木本之思。愈远愈疏，将不免支分派别之势，因载之谱勒于石，以志不紊云。

曾孙坤、增暨男守义、正义、志义，孙本立、本宽、本恭、本信、本茂，曾孙统奉祀

曾孙坦、□暨男守仁、守礼，孙本庆、本荣同祀

时龙飞大清乾隆十六年岁次辛未闰五月吉旦日

碑刻说明

清刻。此碑在顾册村王氏祖茔。拓片碑身高 101 厘米、宽 68 厘米，碑额高、宽均 22 厘米。碑额正书"世泽绵长"。

碑文考释

碑载，顾册王氏祖籍山右（应指山西省），"迁徙于兹已历数世"。碑为王氏始祖曾孙王坤、王增、王坦及其子、孙、曾孙立，依此推断，始迁者为王坤、王增、王坦曾祖父，至立碑时当历七世。以一世 20 年计，适当减去首迁者年数和末代孙年数，不下 120 年。从乾隆十六年（1751）算起，王氏大约于明末的崇祯四年（1631）前后自山西迁至顾册。

〇四一　重修丹天窑祖兴云殿记

从来制建前规，事垂厥后，恢扩旧制，亦图重修。则修严固以继其前，而乐善尤以倡后也。如兹村中玄应观之西隅，旧有火神殿之三楹，创由来久矣。始于明季崇祯十三年，迄今百有余岁，不无风雨之飘遥、鼠雀之穿凿。栋宇将倾，门墙已敝，游憩瞻仰者盖不胜目击心忧焉。第艰巨独力难成，而修葺众襄斯任。爰有本乡众等不忍坐视，会集询谋。图度既同，宣力共济。捐资募化，兼任其劳。鸠工抡材，大启其宇。督工监造，备考厥成。及至竣也，约其费不下三百余金，扩其制则高敞改观焉，不勒诸碑何志不朽？因求记于余。余本固陋不文，辞弗敏，不获命，慨慕诸公之乐善，遂援笔而书之。既庆妥神灵而期默然佑，犹以彰其事而倡后人者，又将□之焉尔。是为记。

本县廪膳生幼学李毓鈄撰文

本县庠生幼学李毓岫篆额、书丹

时龙飞大清乾隆五十一年岁次丙午季夏上浣穀旦立

碑刻说明

清刻。在顾册村玄应观西，丹天窑祖兴云殿旧址。拓片碑身高103厘米、宽68厘米，碑额高25厘米、宽24厘米。双勾篆额"万古流芳"。

碑文考释

碑载，此庙创建于崇祯十三年（1640），规模不大，只有火神殿三间。清乾隆五十一年（1786）重修。

撰者李毓鈄、书丹及篆额者李毓岫，为顾册李氏两兄弟。

廪膳生，是明清两代称由公家给以膳食的生员。明初生员有定额，皆食廪。其后名额增多，因谓初设食廪者为廪膳生员，省称"廪生"，增多者谓之"增广生员"，省称"增生"。又于额外增取，附于诸生之末，谓之"附学生员"，省称"附生"。后凡初入学者皆谓之附生，其岁、科两试等第高者可补为增生、廪生。廪生中食廪年深者可充岁贡。

庠生为明清科举制度中府、州、县学生员的别称。古代学校称庠，故学生称庠生。庠生也就是秀才。庠序即学校，明清时期称州县学为"邑庠"，所以秀才也叫"邑庠生"，或叫"茂才"。秀才向官署呈文时自称庠生、生员等。

李毓尌、李毓岫两兄弟都是房山县学的生员，即庠生，李毓尌由公家给以膳食，故称廪膳生。

○四二　清授儒林郎候选州同李府君碑阴记

大房山红叶江西易石立撰并书

君李姓，讳茂春，字蕸园，居房山固册之缸窑村，乡饮耆宾子周公之四子也。兄弟六人，君生具畸气，性疏放而慷慨，年已冠，犹出入若无事人。娶常氏，生一女而卒。继娶于何，庄静善内政，生三子：长伦，次倬，次侯。未几，三兄育亭公卒，家事纷如，君乃毅然自任曰："为人当作事，徒愁无益也。"于是理田园，营商业，措置井井，数年无败事。家素殷殷，藉君一作，富声洋溢于京保焉。光绪间大水，君慨助巨赈，蒙县府保奖，候选州同。庚子岁拳洋乱作，琉镇抢掠无遗。其时，商家多自出纸币，君有商号于琉，亦如之。主号事君三侄也，建议以兑现为的，言于家，君首允之，由是义声振于遐迩。予先父健纯公，君戚中之执友也，尝言于友人曰："蕸园，大器也，其布置博而不费、简而不遗，决非悭吝之所能。我辈维不如，戚辈当效之也。"友亦应之曰："唯唯。"壬子岁，花农徐先生立孔社于京师，君社中之招待员也，颇为先生所器重，时相慰问。惜也国势不靖，时非其时，所向多不利，遂养于家。癸亥夏，获泻疾，泻止气渐羸、食渐少，五月二十六日而卒，寿七十有六。甲子之正月廿有六日，安厝于马跑泉下西冈东侧之先茔，葬即树石，君之子嘱予为记，予曰："记者，记也。择其生平要事而录之，言之者不谀，受之者不怍，存殁均荣，不亦当乎？"君之子皆曰："然。"予遂记之如右。

杨景星刻

时在大中华民国十三年甲子夏正三月吉日立

碑刻说明

清刻。在顾册村西北李氏祖茔。拓片碑身高106厘米、宽63厘米，碑额高27厘米、宽18厘米，篆额"李府君碑阴记"。

碑文考释

碑载，李茂春字蕙园，居房山固册之缸窑村。光绪间大水，君慨助巨赈，蒙县府保奖，授儒林郎，候选州同。民国十三年（1924）卒，年76岁。

顾册李氏，为本村望族。早在乾隆年间，李毓尌、李毓岫兄弟双双为本县生员，李毓尌食廪，为廪膳生。

"光绪间大水，君慨助巨赈，蒙县府保奖，候选州同。庚子岁拳洋乱作，琉镇抢掠无遗。其时，商家多自出纸币，君有商号于琉，亦如之。"留下非常珍贵的史料。

○四三　重修顾册里驾宫碑记

村旧有驾宫一座，即碧霞元君之行宫也。相传为泰山神女，然亦不见经传，总之不离乎神道设教者近是。殿分前后二层，倾圮者久之。道士王本立商得村人同意，发起集赀重修，除正殿外又增东西禅房各三楹，全局遂焕然一新矣。工竣，嘱余为之记。余观夫欧化东渐以后，科学昌明，破除迷信，通都大刹破坏者有之，改良者有之，任风雨之剥蚀者比比然也。在此潮流，重修之举殆亦不急之需，是不可以已乎？虽然有一时之潮流，有一时之趋向，然而当其冲者，每新其潮流以速其趋向，往往出于矫枉过正之举。故论平等，则尊卑之分蔑如矣；论自由，则男女之防闲荡然矣。逆伦荡检之举，昔之不数觏者，今则数见不鲜矣。何莫非潮流太新，趋向太速使然乎？是以维持风化，倡旧道德，中央不啻三令五申者，盖深有慨乎潮流之趋向而言之也。若然，当此教育未能普及、新旧绝续之交，王道士能本古人之微意，重修而光复之，斯亦振人心、挽颓俗、补偏救弊之一道。虽非急务，又曷可以已哉？是为记。至于捐赀出力姓氏皆载于碑阴，兹略而不言。

前房山第一区区长李世昌撰文、篆额、书丹

乡长李俨

副乡长陈锐、殷兴、王沛芳

监察委员王普霖、段仁宇、彭德明、李佳、何守先

调解委员李侃、李倬、白文彦、段广镕、李世荣、关瑞昌、张博

经理人王度、薛恩照、段广仁、李焕文、何绮、姜致和、李忠、侯文治、侯富、曹玉田、王禄、萧瑞、萧俭

中华民国贰拾四年夏正九月

遇仙法派第十九代道衲王本立瞉旦立／杨景星刻石

碑刻说明

此碑在顾册村驾宫旧址。拓片碑身高 89 厘米、宽 56 厘米，碑额高、宽均 19 厘米，篆书"芳名千载"。

碑文考释

驾宫始建于明万历九年（1581），殿分前后二进，倾圮已久。道教遇仙派第十九代王本立道士征得村人同意，于民国二十四年（1935）募化重修，除正殿外又增东西禅房各三楹。

〇四四　建筑顾册里驾宫后殿新碑记

后殿三楹，民国九年建，所有在事出力人员及众善士姓氏均书于木牌，以志不忘。兹经王道士本立重整一新，顿易旧观，恐前人久而漫灭，将木牌姓氏著于石，俾垂久远，请余为文以记之。余固嘉王道士乐道人之善之美意，并羡诸君子乐善不倦之果报不爽。乌乎！作善降祥，其来有自。爰笔记之，用以流传不朽云！

前房山第一区区长兼区团长国立北京法政专门学校修业李世昌撰文、篆

额并书丹

乡长李俨，副乡长陈锐、王沛芳、殷兴

监察委员彭德明、段仁宇、李佳、王普霖、何守先

调解委员关瑞昌、李世荣、李侃、李倬、白文彦、段广镕、张博

经理人李茂春、段鸿烈、李泽春、段书元、白云书、段福元、何绮、段化福、萧士珍、何荣、何福、石瑞祥、李长清、姜致和、侯文治、白廷琮、彭德明、李焕文、赵全、王明来

遇仙派第一十九代住持道衲王本立重勒　中华民国二十四年九月榖旦立

碑刻说明

民国刻。在顾册村驾宫旧址。拓片碑身高 91 厘米、宽 57 厘米，碑额高 19 厘米、宽 18 厘米，篆书"芳名千载"。

碑文考释

碑文铭刻民国九年（1920）重建驾宫后殿善众姓名。

饶乐府

在房山老城东门外二里许。

一个村名叫某某府，这在房山地区实属罕见。1993 年 5 月，房山区第一医院出土了一方墓志，结合《唐书》考证，由此解开了一个千古之谜。

原来，东北鲜卑宇文部的一支称奚人，分布在弱洛水（即汉时的饶乐水）。贞观二十二年（648），奚臣属唐朝。唐以水为名，在其地设府，以奚族首领可度为右领军将军兼饶乐都督，并赐姓李。同时按唐朝制度，把奚族各部设置为十州，统隶饶乐都督府管辖。后来奚人被契丹胁迫叛唐降突厥。

开元二十年（732），唐信安王李祎奉诏讨叛奚，奚酋长李诗归顺内附，李诗当即饶乐都督。其归义州寄治广阳故城，或置饶乐都督府于良乡县西，于是才有今天的饶乐府村。李诗故世，葬于饶乐府西南数里处。由此可知，饶乐府村距今已有 1200 多年的历史，比房山老县城的历史还要早 400 年。饶乐府村中有关帝庙和碧霞元君祠。

本卷收录饶乐府村碑刻 4 件：明代 1 件、清代 3 件。

○四五 关王庙重修记

王畿千里，东有通渠，以便两淮之转输。南有涿鹿，以接四方之往来。北有雁门，威寒沙漠。西有房山，镇压胡虏。故曰：王畿安则四方安矣。然邑设官以理其明，庙置神以察其幽。幽明初无二理，神人实同一机。人敬神而知礼，神期人而血食。

我邑东村名曰饶乐府，古来有之，而义勇武安王庙亦古之遗址也。成化十七年六月内，刘甫政修之，仍其旧。七年孟夏，本村口景兰会众曰："庙宇倾圮，规模且隘，我辈各出其赀，修前而增广之。"金曰："可。"利无所啬，旬日遂成，基址比旧稍广，庙宇焕然一新。欲广而难者，街限其制也。庶春祈秋报之有据，福善祸淫之有征也。其神功在汉室，忠贯日星。报刺颜良，力诛文丑。心扶汉室，志灭奸雄。国士之风，自古尚在。忠义之气，及今犹存。宜乎庙祀无穷，后人瞻仰。语曰：敬神鬼而远之，景兰辈可不识诣。

本庠生员张鹏举撰并书丹

大明嘉靖八年岁次己丑仲春吉旦立　镌字匠齐山

碑刻说明

明刻。在饶乐府村关帝庙。拓片碑身高 76 厘米、宽 59 厘米，碑额高 19 厘米、宽 16 厘米，篆额"关王庙重修记"。

碑文考释

碑载，饶乐府关帝庙，明时称"义勇武安王庙"。明成化十七年（1481）六月，村民刘甫政修。嘉靖七年（1528）重修，稍加扩建。纪事立碑在嘉靖八年（1529）。

北宋宣和五年（1123），徽宗封关羽为"义勇武安王"。南宋高宗于建炎二年（1128）加封关羽为"壮缪义勇武安王"，孝宗于淳熙十四年（1187）加封关羽为"壮缪义勇武安英济王"。

宋亡之后，蒙古族入主中原建立元朝。元文宗于天历元年（1328），将南宋给关羽的封号去掉"壮缪"改为"显灵"，全称为"显灵义勇武安英济王"。

从"义勇武安王庙"之称看，此庙创建较早，始建年代大致为金元时期，是房山已知年代最早的关帝庙。

○四六　重修关帝庙记

鬼神之道微矣哉，谓其能祸福人而祀之而祷之，惑矣。顾鬼神诚能祸福人，亦不因祀之而获福，不祀之而即得祸也，祸福无不自己求之者。士君子修身以俟命，于神乎何求也？古者垂教于后世则祀之，有功于斯民则祀之，盖人心不没，重其人而惜其死也。若夫生而为英，死而为灵，闻其风者曰："若人也，斯不朽矣，可法也；若人也，实鉴观之，可惧也。"然后妥之以室堂，享之以俎豆，俾触于目而发于心，是亦神道教人之义。吾不知今之事神者果为是故欤？夫祭祀所以长其敬，诗书所以达其礼。而穷乡僻壤，往往不能两设之。

故吾乡之有是庙也，祈报出其中，学校亦出其中。听其荒陋而不治，是不敬也，是弃礼也。仲兄元惧之，会乡人某某，集众力以董其工，三年而落成焉。废者兴，狭者广。所谓神者得其依，所谓人者得其和，且有以深景仰而肃观瞻，岂不伟哉？是庙也，吾远祖创之，高祖因之，曾祖修广之，先君补葺而丹艧之。当时兴其事者甚多，而齐氏最盛，今其后人之存者十无二三焉。嗟乎！我兄弟犹是后人也，抑不知阅世之后犹有后人继其后否也。

首事：邱秉元、刘廷相、马忠贵、刘廷桂、刘廷魁、马锡荣、齐祥、马进德、胡显、齐立、赵璧、赵兴庆、白玉振、李中和、马连城、焦国桢、吴坦、刘廷弼、张福兴

鸠工：增广生王侑

本村廪膳生邱秉哲撰文

本邑廪膳生王德馨书丹

住持僧源亮　石工王星升

大清道光十八年岁次戊戌季秋穀旦立

碑刻说明

清刻。在饶乐府村关帝庙。拓片碑身高 90 厘米、宽 60 厘米，碑额高 19 厘米、宽 22 厘米，楷书"休有烈光"。

碑文考释

万历四十二年（1614），加封关羽为"三界伏魔大帝神威远震天尊关圣帝君"。此前称关庙为关王庙，万历四十二年后称关帝庙。

此碑记载关帝庙清道光十六年（1836）的一次重修。首事诸人及施工者均刻于碑左。撰文者为邱秉哲。据碑文，此庙是邱姓先祖所创，后来子孙相继，世代修葺。

考光绪十年（1884）《重修关帝庙记》："道光十三年，前后殿俱已将倾，而后殿较甚。彼时村小力绵，仅新大觉后殿三楹，于帝室稍稍缮完。"可见，道光十六年的重修，因财力有限，只翻新了后殿释迦殿，前殿关圣帝室只略作修补。

增广生，简称增生。明初定制，生员名额有定数，府学四十人，州学三十人，县学二十人，每人月给米六斗为廪食。后增加人数，廪者遂称廪膳生员，增广者称增广生员。清沿其制，而名额皆有一定。廪生有廪米有职责，增生无之，故增生地位次于廪生。

〇四七　重修关帝庙记

本邨邱城撰文

本村廪膳生刘青绥书丹并撰额

我房半山壑，西与北连峰□天，绵亘二百里有奇。好奇之士若太白、长吉之徒追幽凿险，于是乎在东若南川原平行，无剑戟牙笏势，而东岑尤隘。去城十数里即接良乡壤，狭矣而弗狭也。曷弗狭乎？有奇则弗狭也。城东北五七百步，陂矗高阜，转东而南，蜿蜿蜒蜒，时起时伏。吾梓里正当其壤，形家目之为龙，吾里则倚之为障矣。里中旧有关圣帝君祠，数十家环而绕之，若众星之拱极。且夫乡之立庙，本欲礼神明、崇祀典，以成一乡诚敬之心也。诚敬至而祈报灵，于群祀尚然，而况懔然大义、昭昭于天地之间者乎？帝之生也为英，帝之没也为灵，妇孺知名，华夷共仰之。以四时祭享集，我乡人莫不斋明盛服，□承其祀。老者率而幼者从，礼让相将，敬畏之心于以存，乖肆之风于以化。古之人神道设教，以纪王化所不及，由是观之，不信然哉？然敬其神而祀之，即宜妥其室以安之。栋败垣颓，龟龙剥落，何以敬吾神，又何以重祀典也？盖吾里之有是庙，应历代以来未尝忍视其颓废。道光十三年，前后殿俱已将倾，而后殿较甚。彼时村小力绵，仅新大觉后殿三楹，于帝室稍稍缮完。故历时未久，仍旧摧残，暮雨晨霖，复侵帝座。吾乡人悯之，又际我季弟有疾，遂同一乡善士而立愿修葺。涂墍丹膜，四越月工毕，而于季之疾适瘳。是非帝君灵爽有凭，能若是之如响斯应乎？《记》有之："有其举之，莫敢废也。"倘听其湮没而不彰，其如先人之志何哉？

首事：刘廷桂、马兴、贾廉、许和、邱柏、呈邦直、刘庶、刘广、胡俊、白永直、李来复、刘成、马锡福、邱诰

住持张福旺　石工刘□

大清光绪十年岁次甲申孟春穀旦立

碑刻说明

清刻。在饶乐府村关帝庙。拓片碑身高 97 厘米、宽 60 厘米，碑额高 17 厘米、宽 16 厘米，篆书"重修关帝庙记"。

碑文考释

碑载光绪九年（1883）修缮事。此番重修的是前殿关圣殿，历时四个月工成，光绪十年（1884）春立碑。

○四八　重修碧霞元君宫记

五品衔顺天府密云县知县前署房山知县孝感屠义容敬书

余村南碧霞元君宫，不知建自何时，有明宏治六年重修残碑模糊可辨，而其地实迎春亭故址。今亭已圮，迎春者尚至焉。余设馆于斯也十有六年，目睹其自敧而倾、自倾而新，兴废变迁，殊为可慨。方余始至，主张者为张道士。张殁，其徒刘主之。刘去，而谢道士宗镇主焉。时则殿宇颓残，不门可入，谢刻意欲新之。乃撙节柴米之供，并广求众善信竭力布施。经营八年，既新前殿两旁厦，又新后殿之两厢及群房，然后新夫后殿，诚可谓有志竟成者矣。宫逢九月，商贾云集，士女骈阗。凡夫吴酸楚酪，粤铺燕函，蜀之锦，邠之皮，冀野之马，磁之来九江者，异物之来外洋者，以及医者、卜者、相者、沐猴者、柙虎者、跳丸走索吞刀吐火者，罔不咸在。此宫不新，非特无以妥神灵也，即观瞻奚以壮乎？然不遇其人，宫不得新。遇其人不假以时日，亦不得新。即遇其人假以时日，而非得众善信同襄善举，则欲新而仍不得新。乃八年而卒新斯宫，固由时数主之，抑亦谢道士之有以信于人而后废者克举也。由是言之，天下事之待人而成者大率如此，况土木之工哉？至于碧霞元君，传为泰山神女，其封号始宋真宗时。顾亭林《山东考古录》辨之详矣，兹不赘云。

光绪二十三年九月　岁贡生候选训导房山刘青绥记

碑刻说明

清刻。在饶乐府村南碧霞元君祠旧址，下残。碑文旧志有载，现据拓本考旧志录文。碑额篆书"重修碧霞元君宫记"。

碑文考释

碧霞元君祠盛于明。碑文载，祠中有明弘治六年（1493）重修碑，故该祠应创于明中期。自光绪十六年（1890）起历时八年重修。翻新前殿两配殿、后殿之两厢及群房，最后翻新后殿。光绪二十三年（1897）竣工。其间经张、刘、谢三任道士，而谢道士终其事。"宫逢九月，商贾云集，士女骈阗。凡夫吴酸楚酪，粤铸燕函，蜀之锦，邠之皮，冀野之马，磁之来九江者，异物之来外洋者，以及医者、卜者、相者、沐猴者、柙虎者、跳丸走索吞刀吐火者，罔不咸在。"记载了碧霞元君祠九月庙会的盛况，对地方民俗研究来说弥足珍贵。

歇息岗

在老城之北关之外，北庄村西北，羊耳峪村西南。村西沟岗起伏，有二寺分布其间，一为白水兴隆寺，一为长春寺。"白水异浆"为房山八景之一。

本卷收录歇息岗村碑刻 3 件，均为明代碑刻。

○四九　大方山白水兴隆禅寺重修造碑记

承旨讲经兼赐宝藏圆融显密宗师播阳道深撰文并书丹额

佛氏之兴，其来已远，流传中国，久事崇信。其教以空寂为宗，以普度为心，化导善类，觉悟群迷，功德著无间幽显。有能遵崇其教，以导引夫一方之人去其昏迷，响慕善道，强不至凌弱，大不至虐小，息争斗之风，无侵夺之患，上下各安其分，长幼各遂其生，同归于仁寿之中，同安于太和之世。上足以阴翊皇度，下足以劝善化俗，兴隆佛法，一切之人，咸臻净乐。自昔有国家者，莫不崇奖褒异，以隆其教尔。住持净广，领众梵修，光辉祖道，持戒精严，安心寂静。严无想识而久灭于大根，由圆顿而悟于三昧。随方作善，拔济有情。承于天道，明开利益。功德弘深，用示眷怀。住持净广、本寺首座智莲等，于景泰四年四月间，在于大方山白水兴隆禅寺故址，发心慕缘，重修梵刹一所，佛殿、僧堂、丈室、钟楼、庖廪等屋，金碧交辉，湛若其园。工程圆满，首度弟子性湛等，不忘法乳之恩，慕缘十方善信、□□□缁、道侣，命工刻石，众檀越施主芳名，列于碑右。愿四方善信、宰辅高流，敬遵信心，归崇善道，以此祝延：乾坤清肃，同日月以光华。星斗呈辉，共风云而庆会。雨旸时若，愿国泰以民安。百物阜成，与万品而顺序。臣忠君上，人子孝于恩亲。四海来宾，八方悉皆宁谧。圣图永久，祖福升沉，恩亲得化，一切众生冤亲平等。承斯善因，咸得解脱者矣。

顺天府涿州房山县知县襄城盛澈，县丞光州刘韩，典史姑苏张子才、中牟王仪，儒学训导临川彭高，医学训科姑苏庞克恭，阴阳学训术武威张镛，僧会司僧会武威广净，福胜寺住持广义

大明成化元年九月重阳日重开山第一代住持沙门净广立石

碑刻说明

明刻。在歇息岗村白水寺。拓片高 154 厘米、宽 7 厘米。

碑文考释

房山有上方山，而无大方山，"大方山白水兴隆禅寺重修造碑记"之"大方山"实为"上房山"之误。古人书碑时有误书。

碑载，明景泰四年（1453）四月，住持净广、首座智莲在白水兴隆禅寺故址发心募缘，重修梵刹一所，建佛殿、僧堂、丈室、钟楼、庵廪等屋。大明成化元年（1465）九月立碑。

景泰四年既是在白水兴隆禅寺故址上重修，白水兴隆寺应自元代就有。

此碑后附有清代记事文："本寺住持明山于康熙三年（1664）命徒慧安募化各村，檀越张汝贵、张兴义等捐金五十两，金妆佛像二十二尊。又于康熙十三年（1674），慧安募化檀越张兴义等捐金十五两，□□□□□□补。周口里刘一□逃户民地二十一大段，计纳粮地三十三亩，重兴本寺，求远焉香火，接待十方。后世不得盗买盗卖，捐金买地施主闻后□□地仍还□□□用输粮。张兴义、张得义、张元彪、张元鼎、张拱极、郭□、丘方宝、张明时、□□□、陈义、陈□□、付成、李□先、□□□、徐□□、陈□□、□□□、□□□。康熙十四年（1675）孟夏吉日时记石以示不朽云。"

白水兴隆寺清代无碑刻，这段附记记载了清康熙初的一些史迹，故十分珍贵。

○五○ 重修白水兴隆寺记

文林郎知寿阳事乡进士邑人郑民悦撰文

迪功郎灵宝县少尹致仕邑人胡鉴书并篆

邑城之西北十里许曰白水寺，僻居山谷，杳乏人踪。谷中秀石屹立，昔人因之为大觉像，高逾寻丈，覆之华宇。其下寒泉飞瀑，触石而鸣，挹之盂湛湛焉若玉液。兹寺之以白水名也，创建之年，莫之能识。景泰中智莲辈再造之，迄今百祀有奇，焚修久废。原构之阁燔于樵火，风雨日侵之。万历丙子，比丘常缘过之，恻然曰："世尊而石肖之，即金刚不坏体也，侵之非所患矣。顾杂之荆棘、亵之刍牧，攻浮屠者能恝然乎哉？"乃以身自矢，愿为之募缘，遐迩乐善者翕然响应，赀锾之助罔恤。李君世强、李君善皆大檀越也，复思结木为祠，美矣而未必持久。乃采石于山，甃之为阁，工役之庶、琢磨之艰弗计也。阁成，金其像，绘其壁，丹腰兢妍，瞻者竦然敬。次建弥勒殿，次禅堂，次山门，颜其门曰兴隆，袭以故也。钟楼有虡，厨灶有舍，钜纤器用靡有不周。寺以上有岩秀峙，曲径萦纡，有华表树之巅，登眺者赫然一胜概也。丙戌夏事竣，里人郗君佃、刘君彻辈恳予记之。夫儒释之道不同，譬若方圆之不入也。予何言哉？虽然佛者觉也，所以呼寐者而使之寤也。世之颖慧之士，顿悟迷途于善也，脱然而先登之岸。若彼大千之众，泯泯棼棼，溺于爱水而莫之识，虽欲自善，孰示之觉路之津乎？故服缁者流，崇梵宇，诵灵文，五体投地，求日跻于上乘。虽本来之性，未必乎辄见，而一念济恶之非，庶乎其少遏。若常圆辈，庶几祝釐圣寿，摄济群蒙，法演灵台，利周贤劫，斯无愧于募缘之初心。则凡唼白水者吐青莲矣，苟偈其舌、妄其心于五戒也，恬不为畏，虽寄迹龙城、怡神象岭，竟何益哉？若邑之民敬之而从善可也，谄之而邀福不可也。勉之慎之！

时万历十柒年岁次己丑暮春吉日　住持沙门常缘　立石

碑刻说明

明刻。在歇息岗村白水兴隆寺。拓片碑身高141厘米、宽72厘米，碑额高38厘米、宽21厘米，篆书"重修兴隆碑记"。撰文、书丹者均为房山本邑人。

碑文考释

迪功郎，又称宣教郎，从九品。万历丙子，即万历四年（1576）。

碑载，万历四年，常缘和尚过此，景泰时所建两座楼阁早已为山火焚毁。他发愿重修，李世强、李善出资相助，采石于山，甃之为阁。阁成，金其像，绘其壁。次建弥勒殿，次禅堂，次山门，颜其门曰"兴隆"。工竣，郗佃、刘彻请求郑民悦作记。

当年所建石阁历 440 余年保存至今。

○五一　京都顺天府涿州房山县歇息岗长春寺碑记

奉政大夫陕西延安府同知陈效忠书

承直郎河南归德府通判于先芳篆

邑之西北八里许金陵山之阿歇息岗长春寺，初踏缶，悟选以寺之巅末属余纪其事。余诺亟未遑，选上人即世□□□。选上人之孙真禄与其徒全玉，又以选上人状来曰："祖选以建寺事谒载笔未竣，今禄与玉募韦驮殿成，承先志也，祈并志之。"按状□□□□□□县人，俗姓何氏，邑令公之子，生而具禅性，厌器茹素，不近荤□。父圹即弃家披度，隶十字寺林公比丘祝发，即□敬礼不□大投□□大乘□□□地，殁衷夙空，固知其祇劫备也，于歇息岗植别墅，上人居焉。上人别号春庵，故以名庵。上人备尘世为福居□□□衲衣□□□□□然取积用物之累毫末不着，曰："出世入世，止存乎人之一心。心苟无染，赀以助修诸佛，以妙庄严系摄□□□吾以□□建□造□□□像教福力，亦助道之固也。"于是哀缜鸠材，审曲面势，作大雄殿三楹、禅堂五楹，廊庑、香积轮奂一新。佛菩萨诸□□□□□□□□□□□□□□或曰："观阿师之营度，尚有鸿图，当何如毕事？"上人曰："以为毕，当下已毕。以为未毕，政无时果也。名身驻世之缘，此□□□□□□□力而继，力尽而止。发心者发其所发，了心者了其所了。贝前行止，俱匪所期。吾自了空相于无念，身倘不挂□事而□□□□□□□□□□□此不可思议事，亦吾之所不思议者。"此神宗皇帝季年事也。至今上龙飞之六祀，禄与玉各发念曰：佛门之中，宜备护法，西□□□□不可□□□众募化十方□□□□□□□□□□□□□□□□金为韦驮殿一楹，长春精舍蔚然改观。□□何存绩于前，修□福，□香火，□□□□□□可□□□□□□□□□□□□□□□□□□□□□其愿非以其竟之局侯之役

云：禄、玉亦各随□□□其力而作以补前人□□□□然□□□□□□光其
□□□□□□□□□□□□□□□□□□因缘以垂不朽，洵胜事也。后必有嗣此
而作者，亦如□□不思□□禄与玉也。

大明天启岁次丙寅孟冬上浣吉旦立

第一代开山住持悟选　弟子本月、本宽、本香　法孙真禄、真潮、朝
沂、真□、真喜　重孙全义、全果、全在、全玉、全用、全心、全顺、全
亮、全寿、全学　曾孙湛立、湛琢、湛富、湛□、湛秀、湛□、湛朴

碑刻说明

明刻。此碑立于歇息岗村长春寺。拓片碑身高175厘米、宽85厘米。

碑文考释

丙寅，天启六年（1626）。

碑文载长春寺创建经过。创建者为悟选，别号春庵，俗姓何，父亲是个
知县，出家于十字寺。万历末，在歇息岗上建别墅，创建大雄殿三间、禅堂
五间，还起建了过廊、庑殿、香积厨等。寺院落成，以悟选别号有个"春"字，
便命名"长春寺"。隆庆年间，悟选徒孙真禄、曾徒孙全玉募化十方，在山
门增建韦驮殿一间，于隆庆六年（1572）落成。陈效忠受悟选师徒之托撰文
记事，寺僧立碑寺中。

陈效忠，字葵心。明房山县人，万历年间拔隽入仕，官至奉政大夫、陕
西延安府同知。

羊头岗

在房山老城东北五里，地名有 1100 多年历史。《五代史》记载，后梁乾化二年（912）李存勖令周德威率兵出飞狐讨伐幽州刘守光，先收涿州，降刺史刘知温。刘守光命单廷珪率精甲万人出战，遇周德威于羊头岗。周德威生擒单廷珪，幽州兵大败，斩首三千级。

羊头岗是元代著画家高克恭故里，元初高氏从西域迁徙于此，足见羊头岗历史悠久，是个古老的村落。瀑水、羊头溪于村间流过，岗溪叠映，风水极佳。村中有清源庙，村北有清诺迈墓。

本卷收录羊头岗村碑刻 4 件：明代 1 件、清代 3 件。

○五二　重修清源庙碑记

今之京畿幽州也，左环渤海，右拥太行，北枕居庸，南带河山，其形之全大甲于天下，实皇明千万载不拔之基也。房山距京不百里，界于□□、涿鹿之间。有房山汤水之秀，其形又甲于他郡邑。去县东北五里许，有乡曰羊头岗，风纯俗美，人善乐施。乡之西不五十步，有泉源萦纡如带，奔流于东。泉之前有丘陵，荡然宽平可田。其下有庙曰清源，创于大金，乡人岁祀不缺。但历风霜、经兵燹，不知几光荫矣。殿宇凋弊，金碧剥落，其乡老杨泰、马安属诸杨景煌辈曰："古人作庙于此，盖为吾昆祈福也，我等目睹湮沦凋弊如此，其心安忍耶？"于是谋诸乡曲之众，各捐己赀，鸠工集材，新其庙观，敞其山门，绕以周垣，规模制度，焕然一新。工讫，请予文以贞诸石，用垂不朽云。予里人也，乃不敢辞，忘其固陋，据一以告之曰：

神姓赵，讳煜，隐青城山，炀帝知其贤，超为嘉州令。泠源二河鲛为民害，神除之，民感其德，立庙于灌江口奉祀焉。宋真宗战蜀，求助于神，果克之，追尊圣号曰：清源妙道真君。其聪明正直、通谋功德，昭烈千古如此，故而人立其庙而俎豆之。神既居俎，足以祐我邦国也，足以福我生灵也。口知其所自。

时大明正德七年岁次壬申夏六月吉日刊

碑刻说明

明刻。在羊头岗中学校。此碑字迹已泯灭，现在拓片，无字可辨。所幸亦武于1988年从教于庙之旧址，学校施工，挖出此碑，当即抄下碑文，因此碑文得以留存。

碑文考释

据碑文，此庙为金代创建，明正德七年（1512）村民杨泰、马安、杨景煌倡募重修。金代创立寺庙，房山无几，故此碑较为珍贵。又创庙时当有村，故该村形成不晚于金。

○五三　诺迈谕祭碑

维康熙三十三年六月二十三日，皇帝遣官礼部左侍郎席尔达，谕祭都统拜他喇布勒哈番兼管佐领八旗火器营都统加太子少保谥襄恪诺迈之灵曰：

朕惟报功之典，国有常经。必抒诚宣力，劳绩懋著于生前。斯赐恤易名，异数增荣于身后。式须渥泽以慰幽灵。尔谥襄恪诺迈，性秉纯诚，才优果毅。袭前人之遗烈，为师武之近臣。训练有方，威爱孚于卒伍。韬钤素裕，谋画协于机宜。建节江海之交，波澜允息。拥旄闽越之境，烽燧咸消。历弹压夫岩疆，允敬勤于武事。嗣统禁军，而环卫甲仗精严。爰掌火器以折冲，军声烜赫。披坚执锐，克奋武于戎行。报国忘家，矢效忠于疆场。正策勋之攸赖，悼奄逝之忽闻。爰考典章，特申祭酹。呜呼！勤劳夙著，崇阶之恩宠常新。纶綍丕昭，雄武之仪型如在。钦兹荐享，尚克来歆。

康熙三十三年十一月二十三日第二道祭：

惟尔志笃寅恭，材娴勇略。勤事著称于分阃，宣劳继美于前猷。统禁旅之骁雄，抚绥有要。集火攻之精锐，练习多方。鞠旅陈师，矢忠贞而敌忾。决机制胜，奋武勇以图功。为国干城，允称良将。效谋帷幄，不愧纯臣。忽凋谢之难追，宜悯怀之莫释。更申谕祭，以备荣哀。呜呼！臣功不朽，重膺宠命以沾恩。国典有加，载荐牲牷而来享。

碑刻说明

清刻。在羊头岗村诺迈墓。拓片高 222 厘米、宽 76 厘米。碑文满汉合璧。

碑文考释

民国十七年《房山县志》卷三《陵墓》："清诺迈墓，在羊头冈村西。官都统，谥襄恪。有碑。"

○五四 都统拜他喇布勒哈番兼管佐领八旗火器营 都统加太子少保谥襄恪诺迈碑文

朕惟国家所赖于师，武臣力者居恒则翊卫中朝，徂征则建威阃外。维城作镇，边徼铭勋，既效绩于始终，宜酬庸于存殁。所以兼令典示襄劝也。尔诺迈性秉忠贞，才娴谋勇。前猷绍美，近侍宣劳。始宿卫于周庐，旋分麾于江表。建狼山之节，刁斗声严。提闽海之师，旌旗扈振。波涛尽息，烽火潜消。累树功伐于选陬，是用典司乎禁旅。率羽林之众，训练维勤。专火器之司，神威莫敌。嘉尔猷略，俾赞王师。绝塞从征，克奏鼓勇冲坚之绩。公廷议政，弥轮竭忠报国之诚。冀获遐龄，以资庙算。何期溘逝，遽陨干城。特进宫阶，易名襄恪。呜呼！马鬣已封，体魂永安于窀穸。龟趺丕奠，丝纶昭揭于泉垆。载简册以慰英灵，表忠勤而勖苗裔。报功之礼，厥惟崇哉！

康熙三十五年三月二十日立

碑刻说明

清刻。在羊头岗村诺迈墓。拓片高 220 厘米、宽 76 厘米。碑文满汉合璧。

○五五 正黄旗满洲乌雅氏祭田记

盖建碑以表先茔，常存报本之意。置田以庄祭祀，足征追远之诚。知祖宗创业之维艰，虑子孙守成之不易，其所以承先志、裕后昆者，非可苟焉者也。

我乌雅氏自国朝定鼎以来世隶正黄旗满洲，族大支繁，原难备考，第就吾始祖以下吾一门以序之。吾始祖名翁握春，例赠光禄大夫。吾高祖名□□□，官员外郎。吾曾祖名明安国，授职吏部主事。自始祖以至高、曾三代俱葬于京北大屯。吾祖名天文，隐居未仕，殁后葬于房山县北羊头冈村南。所留吾父名常明，吾父生吾兄弟二人，吾名元福，弟名元禄。吾父因吾祖之墓在房山，孜孜焉以守先人之墓为念，于是遂以耕读为业，教吾兄弟幼而读书，长而俱入国学。后因□□□□，吾日夜从吾父料理家务，吾弟在京应事。吾生子四人：祥麟，毓麟，文麟，宝麟。祥麟、文麟俱学入泮，宝麟亦列武庠。吾弟生子五：英麟，锡麟，寿麟，秀麟，庆麟。斯时也，家道日隆，人丁亦盛。吾父因吾旗茔狭隘，遂命吾择地于祖茔之北另立新茔，并谆谆以祭田属吾。吾想吾父虽年近八旬，尚喜康健，祖孙、父子、兄弟、叔侄一堂济济，方共叙天伦之乐也，吾父所属吾立碑以存祭田者，此事或可稍缓。孰意不数年间，吾父竟以老疾而卒，吾弟亦于是年是月卒，吾长子、次子、三子亦连年先后俱亡。忽遭此境，谁实能堪？迄于今已越十数年矣，吾年已七十一，忆吾父属我之言有不能不急为之图者。爰就吾父与吾所置地亩坐落在羊头冈者，旗地四顷、民地四顷六十亩，并有羊头冈所居房屋一所，共为祭田。

存此祭田，上不废先人之祭祀，下可养后人之身家。是祭田也，是祖父艰难辛苦不易得之者也，是祖父夙夜矜持惟恐失之者也。尔子孙其能之克勤克俭，勿怠勿荒，尚其遵祖训、听父言，勿以此为虚文故事也。吾故勤勤恳恳，撰斯文勒碑，以为吾后世子孙告焉。

时大清道光十有四年岁在甲午四月丙申朔九日甲辰勒石

碑刻说明

此碑立于羊头岗乌雅氏祖茔。拓片碑身高 120 厘米、宽 62 厘米，碑额高 26 厘米、宽 22 厘米，碑额篆书"承先裕后"。

碑文考释

乌雅氏即今羊头岗杨氏，满族。此碑记载了杨氏先祖谱系传承，是研究羊头岗杨氏家族史仅可凭据的文献。

碑为杨氏祖先元福于道光十四年（1834）立。

元福自述，乌雅氏隶满洲正黄旗，始祖翁握春，例赠光禄大夫。高祖官员外郎。曾祖明安国，授职吏部主事。始祖至高、曾三代，均葬于北京北大屯。

元福祖父天文，隐居未仕，死后葬于房山县北羊头岗村南。父亲常明，传元福、元禄二子。常明以父墓在房山，孜孜以守先人之墓为念，故以耕读为业，教二子自幼读书，后入国子监就读。成人以后，元福随父在羊头岗料理家务，弟元禄在京为官。

元福生四子：祥麟，毓麟，文麟，宝麟。祥麟、文麟为庠生，宝麟亦列武庠。

元禄生五子：英麟，锡麟，寿麟，秀麟，庆麟。

因祖茔狭窄，元福遵父嘱在祖茔之北另立新茔，以旗地四顷、民地四顷六十亩和羊头岗村内住宅一所为祭田，并于道光十四年四月九日立碑为记。

前朱各庄

　　在羊头岗村西，隔瀑水与羊头岗村相望。前朱各庄依山傍水，在堪舆学而言是风水好之地。郑氏家族墓在村南，清满保墓择于村东而营。郑氏于明永乐初自贯口北小兴州（今河北省承德市滦平县大屯乡兴洲村）迁徙于房山县境，几经辗转，定居前朱各庄。诗书传家，为村中名门望族。

　　本志收录前朱各庄村碑刻4件：明代3件、清代1件。

○五六　古燕郑氏家世代谱

乡贡进士知山西沁州沁源县□三□□□□□□□撰

房山且后学张鸣皋九云书丹

大明正德丙子岁，余与二三子讲论之余，合□□□□□□□宁过余谓曰：余家旧有族谱，卷空其首，愿新元主一言以引其□余□□□诣□按行状。高祖讳大友，祖妣李氏，贯口北小兴州人。永乐间皇上北巡狩，命迁顺天府房山县贤侯乡编籍。卒，葬于七贤村之东二里许。曾祖讳言诚，曾祖妣李氏，处士卒，葬于南张村东南二百步许。□祖考二：长讳适，字文远，祖妣沙氏，天顺间由县庠贡入国学，未仕，卒，迁葬县北抱阳岗；次讳达，□□祖妣□氏□□，卒，葬于宛平县柳林水。长祖考生考等四：考讳聪，先妣范氏生兄宽，妣周氏生安；仲父讳明，叔母李氏，以能文入县庠，未第卒；叔父讳显，叔母刘氏，生子一名纪；季父讳虔，攻浮屠氏业。先考性□□□□亲。祖考妣□□命兄宽□□务□，命安□□功名。成化甲辰间岁丁不稔，是□恐安废学，鬻衣买书，燃薪代灯，且□以学昔如□如□，于学者如蒿如草之□□□惕克苦，不敢遑处。累科不弟，应弘治戊午年贡，太学读书，四月依亲回家。元妣本年六月初四日卒，次年七月初十日考卒，俱礼葬于先茔。读礼三年，既而膰脤。正德癸酉春三月十五日，命除授延安府肤施县知县。甫及三载，民安物阜。□六大□□□起草垆□□，浩然归土，以拜先人之丘垅，以报先人之大德，故立之以石，用垂不朽：

燕山郑氏，裔出名门。传至世宁，天佑斯文。读书克苦，悬髻于梁。应贡明时，三策敷扬。既而作县，威泰豪弘，仁爱有恕。□鲁□齐，□黄名并。士造于学，农耕于野。作此□章，式□来□。

正德十一年岁次丙子仲春月吉旦立

碑刻说明

明刻。在前朱各庄村郑氏家族墓地。拓片高96厘米、宽66厘米。

碑文考释

正德丙子，正德十一年（1516）。成化甲辰，成化二十年（1484）。弘治戊午年，弘治十一年（1498）。正德癸酉，正德八年（1513）。

碑文载前朱各庄郑氏世代谱。

"贯口北小兴州"，地点在今滦平县城东北十公里的大屯乡兴洲村。这里金初属兴化县，泰和三年（1203）始属兴州辖下之宜兴县。元代宜兴县升为宜兴州，因旧有兴州，故俗称宜兴州为小兴州。

小兴州是明初洪武、永乐年间官方组织移民的又一集散之地。洪武初年，大将徐达攻克元大都北京，元顺帝北遁，元朝灭亡。元朝残余势力虽然退居漠北，但仍有相当的军事实力对明王朝北边构成很大的威胁。因此明朝从洪武初年到洪武末年，在长城以外，东起辽东，西至山西北部，及内蒙古西部，东西两千余里、南北数百里的广大地区，屯兵卫戍。同时，为恢复和发展北平地区因战乱遭受破坏的社会经济，多次从燕山以北广大地区向北平附近移民。

永乐皇帝登基，为进一步巩固、发展北平地区社会经济，确保京城安全，先后抽调长城以北27个卫所的将士均5万人，在北京附近屯边戍守。同时，多次组织大规模的强制性移民，安置于良乡、房山、顺义、平谷、大兴、宛平、通州、蓟县、宝坻、香河、遵化、卢龙、武清、丰润、清苑、容城、新城、安国、徐水、任丘、涞水、霸州、定兴等地区和河北各县，移民总数达数十万之多，涉及张、郑、王、李、刘、梁、孙、崔、邓、杜、魏、邢、徐等数十个姓氏。

由于小兴州是长城古北口外的第一重镇，位于辽东、内蒙古南下北京的交通要冲，因而也就成为历次移民的集散中心。由于年深日久，历次移民后裔难以确知其祖上原籍所在，往往把先祖迁徙的集散之地视作先人故籍祖地。因而在河北、山东、东北一带现存的众多族谱家乘中，追溯家世渊源时，多称"先世自小兴州徙至某某地"。而《古燕郑氏家世代谱》称郑氏"贯口北小兴州人。永乐间皇上北巡狩，命迁顺天府房山县贤侯乡编籍"。可见郑氏先祖不一定是小兴州村人，而可能是明永乐时自小兴州迁来的。

郑氏高祖郑大友、高祖母李氏，在永乐北征时，受命迁于顺天府房山县贤侯乡（今属房山区韩村河镇）编籍，葬在七贤村之东二里许。曾祖郑言诚、曾祖母李氏家居南张村（今韩村河镇南章村），葬在南张村东南二百步许。

郑言诚，娶李氏，生二子。

长子郑适，字文远，明天顺年间由县庠贡入国子监，未仕。娶沙氏，迁居房山县北前朱各庄村，死后迁葬于抱阳岗，亦即今前朱各庄南村、丁家洼水库西，动力厂办公区东一带。今前朱各庄村郑氏，均为郑适后人。

次子郑达，娶□氏，迁居宛平县柳林水，即今房山区史家营乡柳林水村。今柳林水村郑氏，应该均为郑达后人。

郑适传四子。长子郑聪，范氏生郑宽，周氏生郑安。次子郑明，娶李氏，以能文入县庠，未第卒。三子郑显，娶刘氏，生郑纪。四子郑虔，出家为僧。

郑聪次子郑安，自幼读书博取功名。成化二十年（1484），颗粒不收，家人恐郑安辍学，卖掉衣裳为他买书，没钱买灯油就点柴火代灯。郑安发愤苦读，可惜累科不第。弘治十一年（1498），应戊午年贡，入太学读书。当年四月，因母亲周氏病危返乡。六月初四，周氏卒。次年七月初十日，其父郑聪亦卒，俱礼葬于先茔。正德八年（1513）三月十五日，除授延安府肤施县知县，三年任满回乡。

郑氏迁房山后，居所几经辗转，境况似不甚佳，但世代耕读持家，努力博取功名。二代郑言诚，在天顺年间由县庠贡入国子监，可惜没有出仕的机会。四代郑明以能文入县庠，英年早逝。到第五代，郑安终于以贡生、国子监生授延安府肤施县知县。民国十七年《房山县志》卷六《人物》："郑安，明人，字世宁。幼颖异，性孝友。家贫，及冠，方读书。刻苦六七载，学遂博洽，累举不第。贡于弘治间，事兄恭谨，情意恳笃，任肤施令，政尚廉惠。年五十方得子，曰万事足矣，即解绶归里。家资悉让于兄，植树百余株，为贫者助棺。平居教授生徒以忠孝为先，门人游宦者多持大节云。"

郑氏后人涌现出郑民悦，以乡贡进士入仕，官至知府。

○五七　郑堂、妻李氏诰封碑

奉天承运，皇帝制曰：《诗》有云："教诲尔子，式穀似之。"故子称效职之劳，则父获教忠之报，制也。尔生员郑堂，乃河南归德府睢州知州民悦之父。温恭君子，博雅名儒。虽迹滞于下帷，而庆光于后裔。眷尔传家之令范，垂兹治邑之良声。兹赠称为奉直大夫河南归德府睢州知州。式迓方来之渥，丕昭不朽之光。

制曰：夫循陔戒养，陟屺兴思。将母之怀于人子笃矣。幸沾国禄以奉北堂，尤爱日之至幸也。尔李氏，乃河南归德府睢州知州郑民悦之母。夙娴女宪，允迪妇仪。缉筐德著于相夫，断杼功成于穀子。属兹燕喜，宜沛鸿恩。兹封尔为太宜人。祇沐恩光，永延康寿。

制　诰

万历二十四年三月二十九日

之　宝

碑刻说明

在前朱各庄村南郑氏家族墓。拓片高 170 厘米、宽 90 厘米。周刻花边。

碑文考释

郑民悦，河南归德府睢州知州，从五品。明代官制，从五品授奉直大夫。故其父郑堂，以同职同品赠为奉直大夫、河南归德府睢州知州。明制，五品官妻、母封宜人，故郑民悦母封太宜人。

民国十七年《房山县志》卷六《人物》："郑民悦，明人，别号肖泉。博学能文，举隆庆丁卯年乡荐。初任山西寿阳县尹，改授河南阌乡，升应州牧，再调睢州，迁归德二守，继迁汝宁，历任卓有政声。告归林泉，筑别墅于城东北隅，诗酒娱志，乐以卒岁。所著别集多遗，失今仅存一二。"郑民悦活跃于晚明房山文坛，晚明房山碑刻多出其手。

○五八　郑堂、妻李氏墓碑

明诰赠奉直大夫显考郑公讳堂，妣封太宜人李氏之墓。

万历岁在戊戌秋七月吉日

不肖男郑民表、民瞻、民悦，孙逢舜、逢源、逢期、逢文、逢武，曾孙国衡、国屏、国士、国产立石

碑刻说明

碑在前朱各庄村南郑氏家族墓，拓片高 132 厘米、宽 64 厘米。

碑文考释

戊戌，万历二十六年（1598）。

民国十七年《房山县志》卷三《陵墓》："明郑民悦父墓，城东北三里。有碑。"

○五九　满保侧室沈氏诰封碑

乾隆十一年九月穀旦

奉天承运，皇帝制曰：教启义方，慈母克襄夫严父。荣敷闺阃，君恩宜体乎子情。尔沈氏，乃国子监祭酒加三级觉罗吉善之养母。贞淑性成，徽柔道协。夙宣慈训，聿储卓荦之材。载布徽音，用衍炽昌之祚。丕昭令绪，特沛温纶。兹以覃恩，貤赠尔为淑人。於戏！龙章式贲，壶德著美于当时。象服钦承，遗范永光夫来叶。

乾隆五十年正月初一日

111

碑刻说明

碑立于前朱各庄村东满保墓侧。拓片碑身高94厘米、宽63厘米。额高24厘米、宽18厘米。正书，石额篆书"圣旨"。碑身上部中题"旌表贞节"，左题"乾隆十一年九日榖旦"，右题"光禄大夫兵部尚书闽浙总督觉罗满保侧室沈氏立"。

碑文考释

清制：三品及宗室奉国将军之妻为淑人。沈氏养子觉罗吉善，为国子监祭酒，本是从四品，加三级为正三品，故沈氏貤赠为淑人。

觉罗吉善，清史无传。

觉罗满保（1673—1725），觉罗氏，字凫，满洲正黄旗。康熙三十三年（1694）进士，选庶吉士，散馆授检讨。累迁国子监祭酒，擢内阁学士。康熙五十年（1711）任福建巡抚。五十四年（1715），擢闽浙总督。雍正三年（1725），卒于官。满保墓已圮无存。

周口店镇

周口店镇位于房山城关街道西，素有远古人类的家园之称。70万年前，"北京人"在大房山麓的龙骨山劈石燃火，点亮了北京西南的文明。此后，新洞人、田园洞人、山顶洞人相继延续文明薪火，周口店成为中外闻名的古人类文明圣地。周口店镇处于大房山东麓，800年前，金王朝营皇家陵寝于九龙山，由此开北京帝陵之先河。这里还是著名的佛教文化之乡，境内的大房山区奇峰竞秀，沟壑幽僻，高山寺院广为分布，如十字寺、永寿禅寺、木岩寺、金山寺、福田寺、红螺崄。元代始，道教亦在周口店镇落地生根，如通真观、玉虚宫、庄公院。大韩继、瓦井村、车场村、长沟峪、周口店为镇内著名的古村落，千古沧桑，遗风犹在。

周口店镇碑刻58件：周口店7件，大韩继9件，车场村6件，黄院儿村2件，娄子水5件，瓦井村7件，黄山店9件，黄元寺1件，木岩寺1件，长沟峪6件，新街村3件，山口村1件，西庄村1件。

周口店

　　该村是举世闻名的古人类文明圣地。北京人、新洞人、山顶洞人在村西的龙骨山留下文明遗迹。不晚于辽代，村西北的石板平就有一座高山寺院，明代重建后改称永寿禅寺。周口店村得名，源于"周口"地名，其成村在明永乐年间（1403—1424），当年在周口筑村聚民居住，自此始名周口店。正德十三年（1518），在村子南门近前对南门建观音堂一座。清末，周口店村人大多以采石或烧制石灰为生，非常富裕。光绪二十三年（1897）兴修平汉铁路，建琉璃河至周口店支线，在周口店村西坝儿河滩设站，方便了货运周转，故商贾云集。二十余年间，荒河滩变成繁华的商镇。村西之河，清代筑石坝一道，长四里余，此河便叫坝儿河。民国九年（1920），接筑一百二十三丈。周口店常氏，为房山望族，明清两代簪缨绵延。

　　本卷收录周口店村碑刻7件：辽代1件、明代1件、清代1件、民国4件。

○六○　定光佛陁罗尼幢

智炬如来破地狱真言：曩谟　阿洒吒　悉底喃　三摩也　三母驮　故致喃　唵　艮啮曩嚩婆　悉蹄　哩提哩　吽

不空罥索毗卢佛灌顶真言经：唵　阿谟伽　尾卢左曩　摩贺母捺哩麽　抳　跋纳头麽　入嚩攞　钵啰韈哆吔吽

生天真言：唵吕　尼吕　尼娑　缚诃

大辽天庆七年四月　日□□□□□□建

碑刻说明

辽刻。在周口店村西山永寿禅寺。该幢已失，据拓本抄录。拓片高48厘米、宽68厘米。幢八面刻，汉梵合璧。此幢辽天庆七年（1117）立。

幢文考释

永寿禅寺，在周口店村西北的半山间，四面环山，十分幽静，是大房山东麓重要的佛教寺院。民国十七年《房山县志》卷三《坛庙寺观》："永寿禅寺，在周口店西北，俗呼十亩平。"《定光佛陁罗尼幢》尾落款"大辽天庆七年四月　日"建，由此可知该寺创建不晚于辽。

幢首题"定光佛"三字，下面字迹不清，故本人拟此幢为《定光佛陁罗尼幢》。定光，梵名 Dipam！kara，巴利名同。音译"提和竭罗""提洹竭"。出现于过去世，曾为释尊授记之佛。又作锭光如来、然灯如来、普光如来、灯光如来。定光佛圣诞在农历正月初六。

该幢右起刊镌三则真言，依次为《智炬如来破地狱真言》《不空罥索毗卢佛灌顶真言经》《生天真言》。前两则真言均汉右梵左；而《生天真言》仅有梵文，无汉文，当是因幢面剩余空间有限，仅容一种文字，故汉文阙如，此处补录汉文。

○六一　创建永寿禅院碑

　　房之西相望皆山也。距房西南十二里许有山焉，群山咸岈峿相倚，此独坦衍如砥，方围得数百弓，而珠宫绀宇构于其中，则永寿禅院也。繇山脚到院高远数里，谿径幽疏，蜗蜒蚓折，不知有寺。到则划然天开，殿庑楼台、旛幢钟鼓，色色俱备，金碧衔人。溯院所自创，实始秀公。秀公道行高卓，中贵人南溪陈公倾心向礼，一言契合，遂发宏愿，成此名蓝。而秀公授衣大弟子为通公，于余称方外友，因得时过从此。尝从通公振锡绝顶，决眦纵眺：燕台涿鹿，拱揖眉端；远近人烟，望如残奕，疏疏数点。下看一条古路，车驰马走，红尘似海，没彼朱颜，殆不知其几许。而此山寂寂，鸟啼花笑，柏紫松青，了不关门外事。通公虽未尝拈禅，相示顾孰非禅哉？余别去经年，尘趣苦逼，每怀念及如梦回，忆梦莫识所从，逮今到来而通公已行圆化去。追维旧迹，惘然自失。时通公法乳静虑在侧，指余阶下无字碑曰：“院之创至今三十九年矣，匠石斫此已久而迄无文以记其来。公与先师有此一段因缘，何不登诸石用传不朽？且此石迟之至今，若有待于公而为之者，是得非前定乎？”余然其言，为之记。秀公讳真英，通公讳性涧。静虑讳寂经，为秀公第五世孙。陈公讳永寿，院以名之，志不忘本云。

　　赐同进士出身中宪大夫前历户工两部主事员外郎钦命四川典试广西苍梧郡牧石□居士曹烨顿首拜撰

　　空空居士曹圻薰沐拜手书

　　时崇祯十六年岁次癸未壮月下浣之吉旦

碑刻说明

　　此碑在周口店西永寿禅寺，已失。此碑文为永寿禅寺现存的两则石刻碑文之一，故弥足珍贵。

碑文考释

民国十七年《房山县志》有载，录文无撰、书者，无落款，现据原拓补正。

文中"相望皆山也"，县志误为"淼望皆山也"；"珠宫绀宇"，县志误为"雕梁秀宇"。此据原拓更正。

壮月，指农历八月。《尔雅·释天》："八月为壮。"

文中载："溯院所自创，实始秀公。"又说，"院之创至今三十九年矣"。自明崇祯十六年（1643）上溯三十九年，应为明万历三十二年（1604）。该寺曾存有辽天庆七年《定光佛陁罗尼幢》，显然，所谓"溯院所自创，实始秀公"，当是明万历三十二年重建，而非开山。当年，秀公和尚真英得到太临陈永寿的资助，在寺院遗址上重建，并以捐资者陈永寿的名字为寺院命名，故重建后的寺院名为永寿禅院。寺院落成三十九年后，立碑无书。此时重建寺院的秀公和他的弟子通公相继示寂，通公故友曹烨故地重游，秀公五世孙静虑请求他作记书碑。

○六二　重修观音堂碑记

观音之神，海内虔奉者甚众。上自都邑，下及乡党，或祀诸庙，或供之家，微特愚夫妇所钦崇。初亦大人夫□□礼论诸谓神以大兹大悲、救苦护难，众如持护，其维往往消灾厄、邀福庇，广大灵感，如响斯应。由斯以护佑，人不之尊观音者，固□□诸自矣。昔孙文正公曾撰观音寺碑文云："余读《法华》，见佛告无尽意菩萨，略谓观音游娑婆世界，现种种身，处处为诸众生说法，能救护娑婆世界诸众生。若有无量、百千万亿众生受诸苦恼，一心称名，即时观其声音，皆得解脱。即入水不溺，即入火不焚，即入黑风罗刹不堕。盖金刚三昧授自如来，故慈力亦复如如来，遂令身成三十二应，入诸国土，始自佛身，终至人非人等，皆以无作妙力自在成就。夫无作妙力者，真净、智慧、慈悲之性也。真性见，故不自观音以观观之。夫不自观音以观观之者，离尘复性之真观也。离尘观性则诸妄自脱，故能令苦恼众生蒙我真观即时解脱，而不焚、不溺、不堕。盖见觉为火，闻听为水，一心称名，万念归一。故见觉旋则离火尘，闻听旋则离水尘。幻尘即离，真性斯复，故烦恼不焚于火宅，贪爱不波于情海，又何漂堕而罹罗刹之难乎？总之，体合心，心合气，气合神，神合无。其有介然之声、唯然之音，远在八荒，迩在眉睫，来于我，必尽知之。乃不知为是我七窍手足所觉，五脏六腑心虑所知，其自知而已。世人不能即身裡途，遂□离身求睹，妄谓称七日而难免，诵千周而身全，岂其然乎！然性说难觉，福田利益易入，世人认迷为真，且尸而祝之，几遍娑婆世界。盖妄希称名解脱以忏生平，而达人开士亦或籍其法以宣慈和，而动所不忍，且或令悍者驯、狡者悫、蒙者发。"其覆孙公碑文原不终此，然即斯节录之语，反复如绎，可怃然观音之为观音，更悦然世之奉观音者，当即观音觉醒，其才自观，不可寻断神佑而自不善为观也。

居里始自前明永乐间，初筑周口鹿甃，更名周口店。洎乎宏治八年，村南北各树庄门，门之巅创建更楼。又于正德十有三年，近对南门创修观音堂一座，前后正殿而外，禅居墙垣悉备。迨及国朝康熙癸巳，是庙甫经重修。迄今一百五十余年，庙貌日就荒凉，禅房仅存虚壁，更兼三百载之门楼倾圮，过半残缺不完，因而共为蒿目。□岁是取以加工，用殷□。几经枢杭，幸而琉璃镇肆中众善慷慨助赀，勰成废变。以故得于客岁孟夏兴工，今岁仲夏告竣。从此荒宇就新，观瞻整肃，并将门楼旧制高长三尺，加筑九堞。肇于楼上敬塑魁星神像，东南坐镇，启牖文明。阁落成□□□勒珉，示垂久远，□□过此以往，同志有人，轸念前功，接踵奕祀，俾旷代而下，庙兴阁俱俨然常存，不至□沧海桑田之感，是□□□君子有殷望焉。爰为记。

保定府高阳县候选训导益轩阎惠□撰文　邑庠生敬夫牛庄书丹、篆额

大清同治九年岁次庚午仲夏之吉　周口店里人公建　住持僧觉量

碑刻说明

清刻。在周口店村观音庙旧址。拓片高 107 厘米、宽 70 厘米。

碑文考释

碑文多有残缺，其中二分之一篇幅引用明孙承宗《重修观音寺碑》，故据明孙承宗《高阳诗文集》卷十八《重修观音寺碑》考录碑文。

康熙癸巳，康熙五十二年（1713）。客岁，意为去年，即同治八年（1869）。

此碑立于清同治九年（1870），是研究周口店村来历的重要碑刻。据此碑，明永乐以前称周口，永乐年间（1403—1424）筑周口鹿甃，通俗地说，就是在周口四周建一圈围墙，自此始名"周口店"，此为周口店里居形成初始。弘治八年（1495）在村子南北各建拱门一座，拱门上建更楼。正德十三年（1518）在村子南门近前，对南门建观音堂一座，前后两进殿宇，两厢建禅房。清康熙五十二年（1713）重修。同治八年（1869），得到琉璃镇商家的支持，再次重修，九年（1870）落成。此次不仅重修观音堂，并将南门楼加高三尺，增建城堞九垛，在门楼上塑魁星神像。

孙文正公，即孙承宗（1563—1638），字稚绳，号恺阳，河北高阳人，明末著名军事领袖。明与后金作战连遭败绩，边防形势危如累卵，他以东阁大学士兼兵部尚书的身份亲临山海关督师，惨淡经营将近四年，恢复失地四百余里，修筑大城九座、小城堡四十余座，屯田五千多顷，安置战争难民近百万，逼迫努尔哈赤后退七百里。魏忠贤专权，孙承宗被排挤去职。崇祯元年（1628），皇太极绕过关宁防线，进入长城以内。京师告急，孙承宗蒙诏起用，议守京师，出镇通州。他调度援军，追还溃将，重镇山海，袭扰敌后，迫敌出塞。收复四镇，再整关宁。遭权臣掣肘，告老回家。崇祯十一年（1638）十月，多尔衮又一次率军侵犯畿南，进攻高阳。孙承宗以76岁高龄，率领全家及高阳民众奋起抵抗，城破被执，英勇不屈，骂贼自尽。子孙十七人奋战殉国，全家老小四十余人同时遇难。

○六三　京兆房山县周口店新筑石防记

我房之西皆山也。去城十里许，有两峰高耸，对峙如门者，黑风口也。两峰之间，清溪流出。两峰之南乱石巉岩，尽荒滩也。夏秋雨集，金陵左右诸沟之水皆注泻于此，怒涛奔逐，流水盈漩，邑乘所载红叶江之西源者，此也。滩之东偏，山林森蔚、房舍蜂□者，周口店也。其村地薄隘，西北诸山产石炭，石窑甚富，村人业是者半之。昔村有先正，因地制宜，筑石防于峰下，长里余，上引水以灌园，下获田而卫岸，诚佳作也。惜其人不传，其地名之曰坝儿河，以此。自光绪丁酉年兴修卢保铁路，起枝路于燕谷暨琉璃河，由韩继而周口店，设车站于石防下。商者便之，蜂聚焉二十余年，荒滩成巨埠矣。至己未岁，有高线公司创筑周长线路，乃于河流宽处为开场筑堂之区，场愈宽而河愈狭，山水瀑涨，□有大不利于河东。村人□□村董乃向公司力辩，公司以筑附防备水患对□约："此后为水□，或有防不及处，公司□□出资补筑。"于是自庚申春间开筑，迄夏告成。其防下宽五尺，上三尺，高九尺，南北长百二十三丈，新旧相依，□□高陂，村人悦。村董欲勒石以记之，言于余，余曰："记则易耳，使后人将□德感乎？"旁有友人责余曰："汝何多事之甚耶？记事已耳，记后人之感不感乎？"余曰："然。"遂记其颠末如右。既而笑曰："若然者，是有水无患，专赖于防。而防之所以为防，不仍赖余之记乎？"因复为之将书曰："凡后进有所感于石防者，其念兹在兹。"

本邑大房山红叶江西一愚子易石立撰文、篆额并书丹

本邑杨景星刻字

大中华民国十年岁次辛酉夏正三月吉日立

碑刻说明

民国刻。在周口店村。拓片高 128 厘米、宽 57 厘米，碑额横款右起篆书"周口店新石防之记"。

碑文考释

此碑保存下周口店村清末民初的重要史料。据碑文记载，周口店村人在清末大多以烧制石灰为生，非常富裕。村西有河一道，当年便筑石坝一道，长一里余，上引水以灌园，下获田而卫岸，此河便叫坝儿河。光绪二十三年（1897）兴修平汉铁路，建琉璃河至周口店支线，在石防下设站，方便了货运周转，故商贾云集。二十余年，荒河滩变成繁华的商镇。民国八年（1919）高线公司创筑周长高线路，在河流宽处开场筑堂，侵占河道，使河流狭窄，一旦山水暴长，不利于河东。周口店村民向公司力陈，高线公司同意出资

补筑石坝。民国九年（1920）春动工，当年夏告成。石坝下宽五尺，上三尺，高九尺，南北长一百二十三丈，新旧相互衔接，确保了河东周口店村的安全。

○六四　常绮墓碑记

公姓常，讳绮，字霞轩，一字仲文，世为京兆房山人。本生父宗适公有二子，公其次也。六门叔宗荣公无子，公以五门子为之承祧。幼而岐嶷识趣，不囿凡，近长益劬学，尤殚心于经世之道。顾数奇，十上乡闱，累荐未售。清道光己酉科选以拔贡成均，其后考取觉罗官学教习，久之始傅补。时旗族子弟多荒嬉不耐攻苦，公严定课程，多方鼓舞。黠者驯，懦者奋，士习丕变，多成材。为管学监督所激赏，期满叙劳以知县用援例注选。初铨湖北利川县，亲老告近，改铨山西洪洞县。邑当陇蜀秦晋入京孔道，冲繁号难治。公莅任一年，省刑罚，减徭役，惩豪暴，民困以苏。政务余闲，又孜孜于劝农兴学，有古循吏风，一时舆论翕然。方将迁擢，遽以积劳殁于任所，士民无不痛惜焉。

公之初膺拔萃也，适丁父艰，服阕后始补行朝考，盖已逾四年矣。其谒选吏部也，因胞兄殉难，子侄俱幼，公回籍经营家政，无意仕进，两次铨缺至班，皆让他人先。其性情恬退如此。事亲能先意承志，曲得欢心。及遭丧，哀毁不欲生，行路感动。胞兄葆初，以举人司铎饶阳，同治七年捻匪陷城，竟殉难。公恸兄死事惨烈，既归其忠骸，又为上其事于当道，得表扬、给恤典，世袭云骑尉，其行谊孝友又如此。尤好急人之难，笃于姻党。堂兄继幼鞠于公本生母，及长，公与同居无间言。及殁，遗嫂与子女公瞻抚之，无歧视。嗣父有女嫁而嫠者，公存恤终其身，故公多子而贤，人皆以为厚德之报。里居时，乡邻有斗争，公必为排解，令勿成讼。非公事，足迹未尝履公门。而邑中有义举，必倡首为之，不辞劳瘁。故官钦其品而人受其惠，宜乎邑人追慕遗型，至今称道不置也。

公殁于光绪十一年七月二十六日，享寿六十有三。夫人邱、郭二氏，均淑婉有贤惠。子八人，公没后皆能继父志，声扬庠序。今其长子，清岁贡生履厚，年已届乎古稀，仍孝思之不匮。因乃父墓木已拱，墓碑尚缺，恐行状日久湮没，遂胪列细祥，致书于官，河南之弱弟履道，望其求同志者据实秉笔，以留先世遗踪。适履道与绳武有同官谊，连屡陈辞，嘱余为文以志之。余虽不敏，祇克勉膺斯命。爰为铭曰：

雅乐闵响，无珠韬光。綮公之德，久而益彰。于公种福，预知驷马。欧阳陟显，始表泷冈。处为坊表，出作循良。磨砻俗靡，砥柱澜狂。式间拜墓，瞻恋彷徨。碑文式后，千载馨香。

清光绪丙戌科进士历任河南光山县知县信阳州知州淇县知事陕西长安县世□苏绳武撰文

清宣统己酉科拔贡农工商部七品小京官世晚涿县王元白书丹

碑刻说明

清刻。在周口店村常氏家族墓。拓片碑身高 148 厘米、宽 68 厘米，碑额高、宽均 20 厘米，楷书"子孙保之"。

立碑时间无载，但碑文称墓主"世为京兆房山人"。考房山行政归属，清属顺天府，民国三年（1914）改属京兆地方，民国十七年（1928）归河北省。故此碑立于民国三年至十六年间（1914—1927）。

碑文考释

此碑无题，题为代拟。

宣统己酉，宣统元年（1909）。

常氏为房山世家巨族。明初燕王扫北，始祖随龙征伐有功，择居于房山县西良各庄安家，后改居周口店村。祖茔初在县城正西东沟，当是迎风波至塔弯之间，葬者不详。后迁茔县城西北沙峪村，后世更名凤凰亭。凤凰亭葬有常氏两代五人，分别是：守仁、守义，文璐、文玺、文宪。清末，常氏族茔再迁至周口店本村，葬常氏两代四人：常绮，履坦、履一、履哲。

碑载，常绮，字霞轩，一字仲文，常宗适之子。清道光二十九年（1849）科选拔贡，考取觉罗教习，期满叙劳，以知县用援例注选。初铨湖北利川县，后改铨山西洪洞县。洪洞县地当陇蜀秦晋入京孔道，冲繁号难治。常绮莅任一年，省刑罚，减徭役，惩豪暴，民困以苏。政务余闲，又孜孜于劝农兴学，有古循吏风，一时舆论翕然。方将迁擢，光绪十一年（1885）七月二十六日以积劳殁于任所，享年六十有三。

○六五　清故房山县廪贡生常先生墓表

钦加四品衔甲辰科贡士陆军部员外郎谢霈撰文并书丹

余既表霞轩常公之阡，进泣而言曰："先祖明德，君以文诸石。先府君行谊，津津邦人士庶者，没而弗传，进实恫焉。"手状示余曰："谨伐石以待君文。"余敬诺。按状：

先生讳履一，字六斋，少溺苦于学，弱冠补博士弟子员，文名噪一时。逾年食饩，闱七上，三荐皆不售，则绝意进取而勤学如故，曰："读书明事理，穷世变，非仅为科第计也。"性孝友，急公好义，有父风，拳匪乱作，文庙乐器残毁过半，大成殿及邑之云峰书院有被兵燹者，先生与邑人士谋补铸、修葺，焕然旧观。邑人士知先生能，箕帚之争皆赴诉取决，先生一言辄帖然去。光绪之季诏州县创立学堂，房山令集绅耆者谋，以绌于岁费，议终日弗能决。先生倡议捐煤斤，矿商闻先生言即自署输金若干，岁以为常，邑校以立。自是每有兴作，邑侯皆就商先生。先生悉心筹画，上不害法，下不病民，事成而人弗觉，故房山新政为当时冠，先生之办也。

壬子岁三月八日先生卒，距咸丰十年岁次庚申诞生之辰春秋五十有三。子进，邑庠生。女适同邑陈礽湘，亦有声黉序者。余维析薪弗负古人所嗟，先生能世父业于叔季政秕之际，出其绪余，一方蒙福。假令寄以百里，从容竟其所施，视古循吏宁复稍让，而竟赍志以殁，岂非天哉？濡笔表阡，欲以慰进之恫，不自觉其悲之所自来也。

岁次昭阳大渊献孟夏月下浣

碑刻说明

民国刻。在周口店村常氏家族墓。拓片高 136 厘米、宽 69 厘米。

碑文考释

昭阳，十干中癸的别称；大渊献，十二支中亥的别称。岁次昭阳大渊献为癸亥年，即民国十二年（1923）。

据碑，常履一，字六斋，常绮子。少溺苦于学，20 岁补博士弟子员，文名噪一时。逾年食饩，七次科考失意，三次举荐落选，绝意官场，而学如故，常说："读书明事理，穷世变，非仅为科第计。"常履一急公好义，有父风。拳匪乱作，文庙乐器残毁过半，大成殿及云峰书院有被兵燹者，常履一与邑人士谋补铸、修葺，焕然旧观。光绪之季诏州县创立学堂，房山知县召集士绅耆老商议，以绌于经费议终日不能决。常履一倡议捐煤斤，矿商闻先生言即自署输金若干，岁以为常，学堂得以成立。民国元年（1912）三月八日卒，春秋五十有三。

○六六 子期常公碑志

清光绪辛卯科举人谘议局谘议蠡县刘树楷撰文

清宣统己酉科拔贡直隶任用文职涿县周存培书

公讳履哲，字子期，房山常氏。父葆初公生子三，公其季也。清时葆初公以举人大挑，任直隶省饶阳县教谕。同治七年，捻匪攻饶阳，城陷，县令闻风遁，教谕公义不屈，骂贼死。长子健斋随父死难；次子希古方数岁，公尚在襁褓，赖乳母刘媪保护出署，幸免于难。叔父霞轩公闻信赴饶阳，获灵回里，以殡以葬，并教养遗孤。公赋性聪明，十余岁五经即读毕。以教谕公殉难饶阳，蒙清廷赐予云骑尉世职。光绪四年，公年十五岁入京供职，谨慎勤劳，为长官所器重，屡获盗犯，赏加四品顶戴。十九年，姒吴弃养，公哀痛备至，殡葬尽礼，服阕襄办山东赈务，赏戴蓝翎。□署京营西河、东河、

□珠等汛守备，法令严明，盗贼敛迹，地方安堵。鼎革后，罢官回里。办理村自治事，整顿教育以养人材，训练乡团以卫地方，修理堤坊以御水患，和解争端以息讼狱，而且轻财仗义，济困扶危，里人爱戴，至今不忘。配刘氏，生长名门，夙娴礼教。入门后事姑以孝，教子以严。勤俭治家，宽厚待人。生子二：长子逑，毕业天津法政；次遴，毕业交通大学，任四洮铁路营业课长。女二：长女适本邑常姓，房山望族；次适涿邑刘，科第名门。继配马氏，抚子女如己出，生子延，肄业四存中学。公早年失怙，中年而原配刘氏亡，晚年而丧长子逑。内而家庭多故，外而历处变乱，国势日危。公慨念时艰，隐忧国家，无形之中而心神已为瘁矣，遂方以七十之年卒于房山周口店村故里。遴恐其先人之硕德懿行湮没不彰，将勒石以垂久远，来乞文。予谓，地方自治，今政府方据以为宪政根柢，得人如公，其成之也不难。竟不慭遗一老，徒见地方盗贼之多、政治之秕，不觉为斯人惜也。泚笔记之，以谂世之治国闻者。

碑刻说明

民国刻。在周口店村常氏家族墓。拓片碑身高 130 厘米、宽 68 厘米，碑额高 26 厘米、宽 25 厘米，楷书"一乡之望"。

碑文考释

据碑，常履哲，字子期，常绮侄，常莼第三子。常莼，字葆初，道光十五年（1835）举人，道光二十四年（1844）大挑，任直隶省饶阳县教谕。同治七年（1868），捻军攻饶阳，城陷遇害。长子履刚随父死难，次子希古数岁，履哲尚在襁褓，乳母刘媪保护出署，幸免于难。常履哲赋性聪明，十余岁五经即读毕。以父殉难饶阳，蒙清廷赐予云骑尉世职。光绪四年（1878），15 岁入京供职，屡获盗犯，赏加四品顶戴。十九年（1893），襄办山东赈务，赏戴蓝翎。署京营西河、东河、□珠等汛守备。民国建立，罢官回里，70 岁卒于房山周口店村故里。

民国十七年《房山县志》卷六《人物》："常莼，字葆初，周口店村人。举道光乙未科举人，甲辰大挑二等，选饶阳教谕。同治七年捻逆窜扰直疆，全伙压境。适邑宰等皆因事出，城中独莶一人，民心惶惧，莫知所为。莶毅然以守城自任，率邑绅等登陴分守，苦拒三昼夜。攻益急，莶偶下城部署守备事。城忽陷，莶急出御，贼已驰骤街衢。因持刀巷战，身被数枪，一臂坠，遂殒。贼怒，欲割裂之。莶长子邑庠生履刚驰救，贼环击之，负重伤走。贼逐及，被杀，死尤惨。次、三子皆幼，匿于文庙中获免。事上闻，照例赐恤世袭。同治九年，附祀忠义祠。有碑记。"

大韩继

在周口店镇南，北邻周口店村，南邻新街村。为周口店镇古村之一。该村砖厂起土，发现汉代陶片和隋唐时期的墓葬。故与瓦井村同为周口店一带最古老的村子，为汉唐文化一脉相承的古村。唐代宝积禅师在该村创立香光佛刹，明永乐皇帝将该寺赐给功臣姚广孝为别墅。万历二十六年至二十八年（1598—1600），御马监太监张其奉命重修，名香光寺。村中尚有三义庙一座，始建年代不详，明万历、清光绪重修。

本卷收录大韩继村碑刻 9 件：金代 1 件、明代 6 件、清代 2 件。

○六七　行法师塔记

张善述并书

□□□□□□□□□□母苏氏生三子，□□□八岁礼当寺悟洪师为师，
称第子。□□□□□遇恩登坛受具足戒。迨后□□□□大□□□□□三十
岁，村房众□□□□□□□《华严经》讲以志不闲□□□。至明昌年间，
自发诚心转《大藏经》已至半藏时，中常以念弥陁佛经，称佛礼拜不辍。至
当年三月十八日，因微疾坐亡。俗受六十三，法腊五十五。依法荼毗讫，有
□□□ □□□□□于此地。因谢师于张居士□索□□□□不获□□□云耳。

沙弥定正、定坚、定智
张孝忠、张孝义
大金大安二年四月十八日□□觉通、张荣同建
立石塔门人僧定学
大明六字陁罗尼真言曰：唵麽尼钵纳铭嗒吽

碑刻说明

金刻。在大韩继村香光寺。八面刻，分拓两纸，均高53厘米，一纸两面
通宽22厘米，一纸六面通宽67厘米。

幢文考释

梵汉合璧，先经后记。经文："大明六字陁罗尼真言曰：（左为六字梵
文）"，梵文左为："唵麽尼钵纳铭嗒吽"，左为《行法师塔记》。幢文模糊不清，
多有缺字。据残文，行法师，母苏氏。法师8岁礼当寺悟洪法师为师，后来
遇恩受具足戒。至明昌年间，发心转《大藏经》过半藏。当年三月十八日，

因微疾坐化。俗寿 63，法腊 55。"明昌"为金章宗年号，显然幢尾时间"大安"为金卫绍王年号，而非辽道宗"大安"年号。

〇六八　东厂、锦衣卫告示碑

东厂为禁约事，照得房山县有韩吉村地方香光寺，有太监张恭捧钦赐藏经在于本寺供奉。仍命僧众朝夕焚修，祝延圣寿，护国佑民。犹恐无知之徒，在彼搅扰，深为未便。为此，示谕本地方里甲人等知悉，严行禁戢。敢有抗违者，许即便擒拿解厂，以凭究治不贷。

须至示者

万历三十三年十二月十三日给

钦差提督官校办事太子少保锦衣卫掌卫事左军都督府左都督王，为禁约事，照得顺天府房山县韩吉村香光寺，奉有钦颁藏经在内安供，事体隆重，诚恐附近无知居民及游食僧道擅入搅扰，亵渎圣经，深为未便。除不时另差办事旗校巡看外，为此示晓地方里甲人等知悉，以后如有前项之徒擅入搅扰者，即便拿送所在官司审明，具申解卫，以凭从重参治不贷。

须至示者

万历三十三年十二月十三日给

告示

碑刻说明

明刻。在大韩继香光寺钟楼后。碑高 63 厘米、宽 90 厘米。

碑文考释

大明万历三十三年（1605）十二月十四日，大明神宗皇帝降旨，钦颁《龙藏经》一藏安于香光寺。十二月十五日，汉经厂掌坛御马监太监王忠、王举、卢永寿奉旨，将《龙藏经》一藏送达寺中奉安。

在神宗降旨钦颁《龙藏经》头一天、《龙藏经》送达的前两天，即十二月十三日，大明锦衣卫和东厂同时发布告示：禁止无知之徒及游僧擅入寺内，违者擒送东厂或锦衣卫治罪。

○六九　顺天府告示碑

顺天府为钦奉圣谕事，据御马监太监张呈称：遇蒙圣恩，颁赐藏经，前往房山县韩吉村香光寺供奉。仍恐本村附近小人往来不谙世务，混杂搅乱，干碍圣经，事伤国体，尤为不便，请给告示，晓谕禁约等因到府。为此，示仰本村居民人等，不许在寺混杂喧哗致搅，亵渎圣经。如有不遵者，着该村总甲及本寺住持，指名具禀前来，以凭枷号重究，决不姑息。

须至示者，右仰知悉

万历三十三年十二月十三日给

告示

碑刻说明

明刻。在大韩继村香光寺址。拓片高 46 厘米、宽 63 厘米。

碑文考释

大明万历三十三年（1605）十二月十三日，在东厂、锦衣卫发布告示的同一天，香光寺所隶顺天府亦发布告示。

○七○　敕谕

敕赐护国香光寺住持及僧众人等：

朕发诚心，印造佛大藏经，颁施在京及天下名山寺院供奉，经首护敕已谕其由。尔住持及僧众人等务要虔洁供安，朝夕礼诵，保安眇躬康泰，宫壶肃清，忏已往愆。尤祈无疆寿福，民安国泰，天下太平。俾四海八方同归仁慈善教，朕成恭己无为之治道焉。今特差汉经厂掌坛御马监太监王忠、王举、卢永寿，赍请前去彼处供安，各宜仰体知悉。钦哉！故谕。

广运

大明万历三十三年十二月十四日

之宝

碑刻说明

在大韩继村香光寺。拓片高 110 厘米、宽 62 厘米。

碑文考释

大明万历三十三年（1605）十二月十四，神宗派钦差自北京来到大韩继村香光寺，向当寺住持及僧众宣达圣旨。

○七一　顺天府涿州房山县韩吉村香光寺重修缘起碑记

赐进士及第资政大夫礼部尚书兼翰林院学士掌詹事府事充会典副总裁记注起居经筵日讲官前国子监祭酒衡郡曾朝节撰

特进荣禄大夫柱国泰宁侯总督京营戎政奉敕提督乾清宫等宫工程侍经筵前三承敕命提督操江兼管巡江奉礼孝陵南京守备两京掌中左右前都督府事维杨陈良弼篆额

奉政大夫光禄寺少卿兼司经局正字加从四品俸侍经筵预修国史玉牒华亭包渐林书

凡天下名山，胜道场地，或先圣栖真，或往贤遗迹，至虽更朝换代，世远事衰，犹为鬼神所护，故得庙貌亡而复存，香火绝而更绩，是使斯民依归瞻仰，所以遏荒逸而肃敬诚，遂得风时雨。若百谷殷盛，众厉潜消，而民福生矣。若东之泰山、南之玄岳、西之五台之类是也。

今大都之西百余里房山之界，有山名荼罗顶。祖龙自百花坨而来，至是特然孤出，群峰落秀，气势不尽，流涌而南下为伏龙岗。岗势南行三十里隐然入地，岗之前结为万家聚落，村曰韩吉。村之北有古刹荒基，俗呼为少师园。据残碑，乃唐宝积禅师所建香光佛刹也。寺之东有宝积遗塔，讹称为多宝佛塔。广孝姚公，国初功臣，爵至少师，辞归山林，隐于太湖之华严寺，朝廷恩赐香光园苑为其别业，久为荒废。万历戊戌，御马监太监张公其奉命重修。

先是，万历壬辰冬，翊坤宫管事菩萨戒弟子于景科女尝梦游上界，见寺题曰香光佛刹。适皇上使于女传旨于御马监太监张公其，遍燕山饭僧，且嘱所梦寺名当识之。其遍历岩阿郊野，不获此名，姑置之。

过五年至丁酉秋，其又奉命过小西天上方寺等处饭僧。一夕，抵韩吉村店宿，行经路北，见破瓦颓垣，古寺基也。询诸乡民，曰：此少师园也。夜或见火光，或闻虎鸣，丰草满园，毒蛇交横，乡民畏惮，任其荒芜。其闻异之，因披寻古迹，获断碑于荒草间，始知大唐宝积禅师所造香光佛刹也。宝积乃马大师门弟，隐迹于蓟州之盘山，岂卓锡于此乎？其既得香光之名，叹未曾有，归报于贵人，以胜迹奏之。荷蒙圣恩降金，复为重建。既又募化中外官僚，各捐俸金而助成之。始事于二十六年春，告成于二十八年秋九月。

其寺五进为六层：一曰山门，以总出入；二曰天王殿，以安护法；三曰大雄殿，以奉如来尊像；四曰方丈，以居主者；五曰重阁，以奉大悲金容；六曰围楼，以为屏障。乾艮之地，别为云楼，以为警护。其诸两厢，为之云堂，以安禅侣。为之旦过寮，以待宾客。为之香积，以修斋馔。为之库藏，以储钱谷。为之寮舍，以宿众僧。为之杂室，以收农器，以容仆使。寺之东，重新宝塔，以壮奇观。寺之后，为之园囿，以供蔬品，附园为之稄场，以收秋禾。园之中为之虚亭，以避炎炘，而观四达。寺之南别构一院曰延寿堂，以养老病。南去里许为之普同寿塔，凡僧物故化而藏之。则凡丛林所宜有者色色悉备矣。数载之间，不离香光旧址，忽然幻出鼎新佛刹，是谓旧刹新成，成新旧刹也。若夫非新非故，无坏无成，一念不生，十方坐断，非可以言宣而笔记也。其诸圣像经书、供器什物、香火地土，各有若干，别碑详之。

三十一年春，内官监太监何江，奉圣旨修琉璃河石桥成，并修施茶观音庵一所于桥侧，置买随庵香火地二百七十亩，以供本庵施茶香火之需。何监题准礼部，给刽与香光寺住持真奉兼领琉璃河桥头观音庵施茶，别于在京西直关外高粱桥修建西方三圣庵一所及围地，为之香光寺下院，一体梵修。时万历三十三年岁次乙巳十二月十五日，荷蒙敕旨，汉经厂掌坛御马监太监王忠、王举、卢永寿赍送钦颁《龙藏经》一藏安于香光梵刹，永远梵修护持。呜呼！香光古刹，原先德遗迹，在昔既废，虎鸣蛇出，神光夜明，岂非鬼神之所守乎？及其将兴，先入于檀越梦中，其宝积之真机乎？抑少师之愿力乎？若机发冥运之如此也，今一旦真成焕然在目，乃知梦为真根，真为梦杪，果谁真欤？果谁梦欤？寺成事备，西泉张公走余，请记其事。余以未尝见闻辞之。张公备陈本末，因次第其说为记。

大明万历岁次丙午仲夏吉日立

碑阴

敕赐护国香光寺僧录司左善世开山第一代住持真奉，弟子如贵、如海、如法、如体，法孙性存、性在、性忍、性位、性源、性山、性中、性凉、性乐，重法孙海宝

阅藏僧座元有丛、西堂如江、后堂悟慧、堂主明来、维纳永进、副维纳郝明海、书记藏主王永

本寺耆旧明善、明高、明喜，常住执事副寺、监寺熙殿、都管圆会、库司正悦、知客满库、点座真黄

碑刻说明
明刻。在大韩继村香光寺。拓片高 187 厘米、宽 80 厘米。

碑文考释
戊戌，为万历二十六年（1598）。壬辰，为万历二十年（1592）。丁酉，为万历二十五年（1597）。丙午，为万历三十四年（1606）。

碑文载，香光寺始建于唐，当年宝积禅师在此创建香光佛刹，韩继村东

有宝积塔。明永乐年间，明成祖朱棣赐给姚广孝作别墅，名为香光园，明万历年间已成废墟。万历二十六年春，御马监太监张其奉命重修，二十八年（1600）九月竣工。碑文载其规制，有山门、天王殿、大雄殿、方丈、重阁、围楼，乾艮之地建云楼，两厢建云堂、旦过寮、香积厨、库藏、寮舍、杂室。寺之东，重建宝塔。寺后，辟菜园，旁边为场院。园菜正中建虚亭。寺南另建一院名延寿堂，南去里许建普同寿塔。

万历三十一年（1603）春，内官监太监何江，奉圣旨修琉璃河石桥竣工，何江在桥侧建施茶观音庵一所，置买随庵香火地二百七十亩。又在北京西直关外高粱桥，修建西方三圣庵一所。经何江提请，礼部承文报神宗皇帝，均作为香光寺下院，由香光寺住持真奉兼领。万历三十三年（1605）十二月十五日，汉经厂掌坛御马监太监王忠、王举、卢永寿奉旨赍送钦颁《龙藏经》一藏安于香光寺内。

曾朝节（1534—1604），字直卿，号植斋，湖南临武县曾家岭村人。明万历五年（1577）丁丑科进士，授翰林院编修，主持国史馆。万历二十年七月，升任国子监祭酒。万历二十二年（1594）四月，再升为南京礼部右侍郎兼经筵讲官。他持论公正，从无过激之词。每次都因事进谏，措辞委婉，循循善诱。遇事则多方启迪，力求达于正道。光宗待他以宾客之礼。朝臣多树私党、结宗派，曾朝节独无依傍。三次主持地方乡试，万历二十六年（1598）又任会试主考官。所拔名士数十人，全无私交。居官二十余年，以忠诚勤勉获得神宗的眷顾，拟选入阁。他上疏以年老坚辞，并请乞归田里。神宗不允，连上五疏，才获应允。万历三十二年（1604），病逝于京师寓所。神宗诏遣大学士李廷机、右谕德萧云举谕祭葬如例，赠太子太保，谥文恪，另遣官护丧归。著有《臆言》《经书正旨》《紫园草》《南岳纪略》《易测》等。

〇七二　福德庄严碑记

恭仁康定景皇帝陵管事兼御前办膳、钦赐蟒衣玉带增加禄俸、内许骑马御马监太监张其，于万历戊戌岁奉命赍出内帑钱粮并内外官僚俸金，同共发心，重新敕赐护国香光寺，工完事备。凡常住增添佛像、经书、供器、地土场用、家事等件，俱刻于石，以为永远流芳不朽云尔。

一凡香光寺坐落佛殿、方丈、大悲阁、群楼，前至山门、天王殿、禅堂、僧舍，其诸两厢房、厨库、园场及多宝佛塔院并延寿堂等处基址，东至李文学多宝佛塔，东至买主，南至前营前街，西至张文学园墙，西至洪心寺，北至齐顺，四至分明，共管业地七十八亩，系房山县奉顺天府明文，已经除豁钱粮，俱为梵修香火地。外实在管业地四百七十七亩九分九毫四，系别于万历乙巳正月廿六日奉旨在京西直关外高粱桥修建西方三圣庵一所，置地一百二十二亩，坐落永平县地方。外有园科洼地，系内官监与三圣庵香火之需。其庵地土园科，俱系香光寺下院，及琉璃河桥北头施茶海潮观音庵一所，并地二百七十亩，亦是本寺下院。又于万历乙巳岁十二月十五日，蒙圣旨差汉经厂掌坛御马监太监王忠、王举、卢永寿，赍送佛《大藏经》一藏外，请戒德高僧阅藏三载圆满，讲演《楞严》坚固理也。先于二十八年冬讽诵《华严》三年，日每三时，诵经念佛，及造诸佛菩萨、水陆圣像、五大部经、《华严经》、十二部诸品经，并钦赐蟒衣一件、玉带一条，永镇山门护持。大雄宝殿渗金毗卢佛一尊，铜释迦文佛一尊，渗金观音菩萨一尊，大铜炉，铜烛台，铜花瓶，大红蟒衣棹纬一条，五供全。背坐观音菩萨，前铜炉、花瓶、烛台、蟒衣棹纬一副，五供全，铜殿钟一口，大小铜磬三口，大鼓五面，小锡炉二十个。方丈供渗金地藏菩萨一尊及十王等众。大悲阁渗金菩萨一尊，渗金阿弥陀佛一尊，渗金弥勒佛一尊，古铜香炉、花瓶、烛台外，大小铜香炉五个，金漆锡花瓶一对，铜仙鹤一对，大铜钟一口，铜云牌一面。施食供器一分全，玲珑砚池一架，法器一分全，铜锣一分全，其余棹椅、床帐细琐家事，件件悉备，色色皆全，碑中不能尽录。其施财助成檀越贤名，碑阴载传，以为永远者矣。

大明万历岁次丙午仲夏吉日立

碑刻说明

在大韩继村香光寺。拓片高 190 厘米、宽 78 厘米。

碑文考释

恭仁康定景皇帝，即明代宗朱祁钰，明宣宗朱瞻基第二子，明英宗朱祁镇异母弟。明朝第七位皇帝。

戊戌，为万历二十六年（1598）。乙巳，为万历三十三年（1605）。丙午，为万历三十四年（1606）。

此碑详载了香光寺落成后添佛像、经书、供器、地土等等。此碑所记寺事如下。

重建香光寺的资财，为内帑钱粮和内外官僚俸金。可见当年除动用了国库外，还动员内外官员捐俸相助。

香光寺管业地四百七十七亩九分九毫四：

一、香光本寺管业地：东至李文学多宝佛塔，东至买主，南至前营前街，西至张文学园墙，西至洪心寺，北至齐顺，四至分明，共管业地七十八亩，据房山县奉顺天府明文，除豁钱粮。

二、香光寺有下院两处，各有管业地。万历三十一年（1603）春，内官监太监何江，奉圣旨修琉璃河石桥竣工，何江在此桥建施茶观音庵一所，置买随庵香火地二百七十亩。万历三十三年正月廿六日，奉旨在京西直关外高粱桥修建西方三圣庵一所，置地一百二十二亩，坐落永平县地方。外有园科洼地，系内官监与三圣庵香火之需。

万历三十三年十二月十五日，神宗命汉经厂掌坛、御马监太监王忠、王举、卢永寿，赍送佛《大藏经》一藏赐香光寺，请戒德高僧阅藏三载圆满，并讲演《楞严经》。

碑文最后，记载自寺院落成的万历二十八年（1600）冬起，讽诵《华严》三年，日每三时诵经念佛，及造诸佛菩萨、水陆圣像、五大部经、《华严经》、十二部诸品经，并钦赐蟒衣一件、玉带一条，永镇山门护持。

大雄宝殿渗金毗卢佛一尊，铜释迦文佛一尊，渗金观音菩萨一尊，大铜炉，铜烛台，铜花瓶，大红蟒衣棹纬一条，五供全。背坐观音菩萨，前铜炉、花瓶、烛台、蟒衣棹纬一副，五供全，铜殿钟一口，大小铜磬三口，大鼓五面，小锡炉二十个。

方丈供渗金地藏菩萨一尊及十王等众。

大悲阁供渗金菩萨一尊、渗金阿弥陀佛一尊、渗金弥勒佛一尊，古铜香炉、花瓶、烛台外，大小铜香炉五个，金漆锡花瓶一对，铜仙鹤一对，大铜钟一口，铜云牌一面。施食供器一分全，玲珑砚池一架，法器一分全，铜锣一分全。其余桌椅、床帐细琐家事，件件悉备，色色皆全，碑中不能尽录。

○七三　重修香光寺碑记

寺距房山县南十二里，为赴上方山必经之路，唐初宝积禅师所建香光佛刹也。前临韩姑砦，今呼为韩继村，右为禅师遗塔。后有大悲阁旧址，乃明代供奉藏经之所。嗣以年远失修，光绪初元，村众由上方山延僧人静一住持其中。静一备资经营，兼募十方，佛像殿宇次第俱新。适连如上人助银六百两，静一更以工余所积发愿普结善缘，欲为竭来法侣代筹锡钵之安，志行可谓勤矣。所期后之嗣法者扩而充之，斯尤余之厚望也夫。

赐进士出身太子少保刑部尚书镶白旗汉军都统总管内务府大臣嵩申撰书

光绪十七年孟夏月榖旦

碑刻说明

清刻。在大韩继村香光寺。拓片高 131 厘米、宽 58 厘米。此碑为香光寺清代惟一碑刻，十分重要。

碑文考释

碑载，香光寺年久失修。光绪元年（1875），村民请上方山僧人静一住持香光寺。静一募化十方，备资重修。这是香光寺历代有记载的最后一次重修。上方山连如上人助银六百两，连同工余善财，供来寺十方僧众斋饮。

嵩申，姓完颜氏，金世宗二十六世孙，字伯屏，官至刑部尚书。清太祖起兵时，嵩申十世祖鲁克苏与清代一等功臣叶臣同族统众来归。其父为崇实，祖父是麟庆。

崇实（1841—1891），清满洲镶黄旗人，字犊山。姓完颜氏，金世宗二十五世孙。同治戊辰科进士，历任内阁学士、光禄寺卿、詹事府詹事。光绪十四年（1888）由户部左侍郎擢理藩院尚书，调任工部尚书。十六年（1890）调任刑部尚书，内务府大臣。崇实父名麟庆。

麟庆（1791—1846），字伯余，别字振祥，号见亭。金世宗二十四世孙。嘉庆十四年（1809）进士，官江南河道总督、四品京堂。道光二十五年（1845）八月，完颜麟庆带领嵩申父崇实在上方山住持裕全和尚和一位陵户的引导下来到九龙山下，拜谒金太祖、世宗二陵。麟庆把拜陵经过载入他所著的《鸿雪因缘图记》，并绘《房山拜陵图》描绘当年拜陵的情景。这幅珍贵的拜陵图展现了经清代修复后睿陵和兴陵的面貌。

○七四　重修三义神庙碑记

余读《汉书》，溯刘、关、张往迹，尝掩卷叹曰："美哉！其三人之芳轨而为后世之所则效者乎！其当享万祀之祀，而勒碑以求其传于不穷乎！"正赞美间，适有肖吾傅君请曰："涿鹿房邑韩继村亦阴阳所钟也，旧有三义庙一座，年来乏修葺之人，此所以敝坏而未焕然也。幸有道行僧法名真鉴，同本村之有齿德者裴永住、张希颜等相赞助而重修之。自万历拾伍年迄于今，殿宇既皆辉煌，圣像即塑而画矣，桥与山门既皆修盖，洪钟亦铸而悬矣，禅堂已皆告成，金身亦修而造矣，周围垣墉已皆完备，碑石亦磨而荡矣，所缺者特文词未之就。闻先生声重缙绅，宠赐翰墨，以垂不朽。"余应曰："世有一功一德于苍赤者固当享祀，而碑之立否无论已。若汉季之人诚表表人杰者乎！盖末汉风会下趋，群奸蜂起，将汉之神器四分五裂。先君天黄正派，且崛起陇亩，身处微贱，矧人民靡靡然弗知定向，其谁能识英君于波荡之日也？惟关、张二人见超庸众，识迈凡流，乃寻之而结义于桃园之区，匪因寡交游而联蹄好也。念汉家奕叶不可旁落，欲恢复其万一云耳，于是嘉谋破黄巾奏功，指顾可以卜兴王之兆矣，率之令尹。未久，而手足离散，其兄若弟固各居羁旅之邦，乃其心犹然不负初盟之约，复聚义古城。迨卧龙一得，巢倾卵覆，群党水消，无解不北。时亦不复，时扶先君获大宝而践祚，彼二人者愈兢业机宜，辅弼左右，兄弟沂沂然仅守一隅。令汉家绕绪几绝而复续者，皆二人之鼎力也。以故而知兄则为仁兄，弟则为义弟，三人身虽亡而其历□则不与之并亡。此其鸿名与天壤俱敞，茂绩与日月同光，四视一功一德者不大相悬殊哉？而历历享祀于今也固宜。关与张同均为义弟，然溯其肇基之始而较之，则关翁履危蹈险居多。当在曹之时，明烛达旦，一念恳鸷之懿，真足以对天地、质鬼神者，谅非晰义之精不能也。观其辞曹奔刘、封金却印，视彼不义之富贵如浮云者然。义可以行即只行千里，亦不惮跋涉之苦。英风豪气，不独三国列辟景仰，其声名洋溢，即后世闻之莫不钦服。而我朝因其威镇华夷，钦封两次，尤非溢美矣，抑孰非当勒之于碑者耶？虽然神道虽无形声可验，而其指视必假人为。今尔众齐一心志，既成巨功，而其善端发见，未必无神者在也。"肖吾曰："诺！先生之言诚是也。"

时大明万历贰拾陆年秋玖月吉旦立

赐进士第钦差苏州主事诲学畏号之莲□氏子谨篆

碑刻说明

明刻。在大韩继村关帝庙旧址。拓片碑身高131厘米、宽69厘米，额高22厘米、宽19厘米，正书"重修碑记"。

碑文考释

据碑载，大韩继村三义庙创建年代不详，年久失修，殿宇敝坏，住僧真鉴同本村裴永住、张希颜等相赞助重修。自万历十五年（1587）兴工重建，殿宇一新，圣像塑画，过桥、山门一应修盖，又铸庙钟，起禅堂，造佛像，周围垣墙完备。前后历时十一年，迄万历二十六年（1598）九月竣工立碑。

○七五　重修三义庙碑记

盖闻善作者要期善成，善始者宜使善终。凡事如此，即庙工何独不然？兹因本村旧有三义庙一座，殿宇辉煌，墙垣耸固，仙桥驾路，楼台横空，丹青赭垩，赫然壮观瞻焉。年湮代远，不无风雨之飘摇、鼠雀之穿凿，以致渗漏倾颓，不堪目睹。首事人等目击情伤，束手无策。幸有本村高玉衡及魏秉仪二人，不忍坐视，首倡义举，于光绪四年将本庙外租香火地收回，复措办钱文，又将外典地亩备半价赎回，两项共计地四十八亩。觅人耕种，屡年可获粮租数十石。即将粮租复行出放，利复生利，数年来庙有积蓄矣。仍恐此积蓄不敷庙工之花费，又获本村施助钱文一百三十九千有余，及会首人等赞襄其事。于光绪六年如得鸠工庀材，补修大殿，重塑金神，整理山门，补葺群墙。继又重修西禅堂，创建东禅堂三楹及影壁一座，高造画工，焕然一新。庙工虽竣，地利依然。首事人等又将东禅堂出赁洋人年余，共得房租银九十余两，因又典地三十五亩。本庙之积蓄，只许抵本庙之花费。积蓄益增，不但备不时之需、岁修之用，即于本庙建造他工，无或忧储蓄之不足。自光绪十五年起，粮租公会取收，重修庙外墙院并戏台一座。至二十七年工竣，粮租仍归高玉衡取收。非敢谓善作者善成、善始者善终，但数十年经营庙工，差觉整顿耳。第恐事越数传，历久生变，倘事有泯没，考察无资，不但前功尽弃，恐庙工亦将复蹈前辙矣。因将本庙整理之所由与原有之地亩并后典到地亩两项，共地八十三亩，屡年共获粮租三十余石，勒贞珉以备后之考察，庶杜渐防微，可传永久云。是为记。

本邑文庠生段书元撰文　本邑文童生赵鹤龄书丹

经理人：刘巨川、果玉良、高嵋、康兆麟、刘永成、牛庆云、高鉴、沙产、王永春

光绪三十年甲辰之秋七月既望榖旦

碑刻说明

清刻。在大韩继村三义庙。拓片碑身高102厘米、宽68厘米，碑额高32厘米、宽22厘米，正书"永垂不朽"。此碑无题，现题为添加。

碑文考释

碑载，本村三义庙年湮代远，渗漏倾颓，不堪目睹。本村高玉衡、魏秉仪首倡重修。光绪四年（1878）将本庙外租香火地收回，又将外典地亩备半价赎回，两项共计地四十八亩。租人耕种，屡年可获粮租数十石，将粮租放贷获利。如此数年，庙有积蓄，又获本村施助一百三十九千有余。光绪六年（1880）动工，补修大殿，重塑金神，整理山门，补葺群墙。又重修西禅堂，创建东禅堂三间及影壁一座。又将东禅堂租给洋人年余，共得房租银九十余两。典地三十五亩，积蓄益增。光绪十五年（1889）起，粮租公会取收，重修庙外墙院并戏台一座，至二十七年（1901）工竣。光绪三十年（1904）七月立碑。

碑文未尽事宜，又补镌于石额："高玉衡经理，由廿七年至卅一年，共五年入钱九百六十九千三百四十文，重修更房二间，立碑一座，赎回高眉两家地□□□□钱四百二十七千文。三十二年三月，将下□钱文、屡年银租两项，明康兆麟、康珍□、耿□□领租，经理本村初等小学堂□下花费。"

这段补记十分重要，文中提到本村初等小学堂。清光绪末年，废科举，立新学。房山最好的学堂为房山县高等小学堂，光绪三十一年成立，校址选在云峰书院。而据此碑补刻文字，大韩继村初等小学堂在光绪三十一年也已经成立，这是大韩继村小学创建的准确年代。而学校的经费，依靠关帝庙香火地地租。小学校址，亦应在关帝庙中。

车场村

在周口店镇西北，南与西庄村邻，西倚大房山，北有三盆山、九龙山，南延凤凰山。东晋建武元年（317），慧净来三盆山开山建寺，辽代名崇圣院，元改十字寺为景教寺院，明清恢复为佛寺。金贞元三年（1155）始，先后在九龙山、凤凰山营建皇家陵寝。元代曾在九龙山营建瑞云宫。

顺治三年（1646），清世祖派礼部官员视察金太祖睿陵、世宗兴陵，"修其颓者，俾规制如初"。又拨山西流民五十户为陵户，除拨置香火地外，每户各给养赡地，责令春秋两季置办祭品，凡礼部差查陵寝一切迎送供给等项均由陵户置办。车场村由此成村。

所以得名"车场"，是因清末该村为煤炭集散地，大批车量云集于此，将煤炭运至周口店火车站，再由火车发往各地。

本卷收录车场村碑刻6件：辽代1件、金代1件、元代2件、清代2件。

○七六　三盆山崇圣院碑记

朝奉郎守司农少卿范阳郡开国男食邑三百户赐绯鱼袋王凤鸣撰

涿州儒学廪膳生员卢进达书

大觉垂慈，圣人利物。是故发源西国则优填创其始，移教东域则汉明肇其初。导四生于宝所，运三有于大乘。巧使现权之教，以救未来蒙迷。时有范阳僧人惠诚，俗姓张，母孙氏，卯岁礼惠华寺玉藏主为师，授以天台止观。携锡纵游，经过此处，地名三盆山崇圣院。见其山名水秀，地杰人丰，林树郁茂，果株滋荣，殿宇颓毁，古迹犹存石幢一座，乃晋唐之兴修，实往代之遗迹。惟见一僧，耆年老迈，病患相仍。叹之不已，嗟之不息。遂乃发心，募化众缘。郡公王希道、张仲钊、萧名远、杨从实等同发诚心，各舍己资，于大辽应历二年戊辰岁三月内兴工。应历八年甲戌岁八月中秋，营理大殿三间，中塑释迦牟尼佛，左大智文殊师利菩萨，右大行普贤菩萨，两壁悬山应真一十八尊罗汉，东西伽蓝、祖师，三堂两廊，僧舍二楹，钟鼓二楼，晨昏梵呗，用宣佛化，引导群迷。上祝皇王巩固，帝道遐昌，佛日增辉，法轮常转。今则殿宇一新，金壁灿烂，山门廊庑，具已克毕。厥此真石，永为千古之丛林，万代不磨者矣。是为记。铭曰：

应历年间重建，多亏众信施财。殿宇金壁交辉，圣容灿烂争鲜。钟声朗朗响山川，鼓韵鼕鼕霄汉。碑石万劫不磨，英名万代留传。人人瞻福无边，鹫峰灵境不换。

大辽应历十年丙子岁四月吉日立碑／住持惠诚，同徒清良、清真、清宝、清实、清江、清彤，徒孙净堂、净受、净铎、净山、净海

檀越芳名：王希道、李氏，张仲钊、刘氏，萧名远、郝氏，杨从实、卢氏，李伯通、韩氏，刘字栾、邵氏，郝少达、钱氏，卢进学、崔氏，王占

文、盛氏，田福通、康氏，崔福铭、乐氏，史永成、高氏

镌字石匠段得聪

碑刻说明

辽刻。在十字寺遗址。十字寺，在车场村西北三盆山南。碑为汉白玉碑，方座，高 204 厘米、宽 91 厘米、厚 20 厘米。

碑文考释

碑额双勾题"三盆山崇圣院碑记"。碑题"大都崇圣院碑记"。北京在辽代称南京或燕京，元代称大都。据碑题可知此碑曾经重刻，因重刊者历史知识有限，故张冠李戴。

碑阴有文："东晋建武元年丁丑岁三月上旬，僧人慧净开创，结庐精修，净业□弘，晨错参究，终于宁康二年甲戌岁，无疾，忽睹金莲三圣来迎，异香满室，奄然而逝。大唐贞观十二年戊戌岁僧人义端来住此山，修饰院宇，专意禅□。咸庆五年庚申岁重阳日，别众坐脱而化。帝代有僧，未显其名，难以具述。照依碑中前文，留书碑阴，语为后者矣。大明嘉靖十四年乙未岁二月吉日重立。僧人德景同徒住持元实同立，碑镌字匠张宝。"由此可知，碑为明嘉靖十四年（1535）重刻。最为珍贵的是，留下了十字寺自创建历唐至辽的一段史实。文称"照依碑中前文，留书碑阴，语为后者矣"，可见乃是依据原碑文实录的。

据《三盆山崇圣院碑记》及碑阴知，崇圣院为东晋建武元年（317）慧净所创，唐贞观十二年（638）义端重修。辽应历二年至八年（952—958）范阳僧人惠诚再次重修，起建大殿三间，中塑释迦牟尼佛，左大智文殊师利菩萨，右大行普贤菩萨，两壁悬山一十八罗汉。东西建伽蓝殿、祖师堂，三堂两廊，僧舍二楹，寺前建钟楼、鼓楼，山门、廊庑俱全。

碑文中记事为应历年号，而干支却与辽太祖阿保机干支相符。由于年号与干支的错位，有关学者斥碑文为明代伪作，亦武以为过于武断。旧碑重刊，在古代并不鲜见。比如云居寺辽王正《云居寺碑》即为其子王教重刊，重刊是因为雍熙之役原碑毁于战火。碑文内容为寺僧口述，文字或有出入，而史

实真实可信。《三盆山崇圣院碑记》则为明代重刊，同时重刊的还有《大元敕赐十字寺碑记》，原因乃是"经代深远，雨霖日曝风吹，字尽模糊，难以辨认"。既是后人重刊，与原碑相较文字或有出入，而碑刻记载的基本史实应是真实可信的，前人重刊的目的即在于把碑中记载的史实留传下来。至于干支的出入，或由录文者一时大意误推所致。

○七七　大元敕赐十字寺碑记

翰林院讲学中奉大夫知制诰同修国史经筵黄溍撰

翰林院学士资善大夫知制诰同修国史兼太子谕德李好文书

集贤侍讲学士中奉大夫兼国子祭酒赵期颐篆

盖闻大圣应迹，有感必形，荫覆十方，化周三界。是四生之导首，乃六趣之舟航。惠日既明，光清八岳。立功阐化，慈照晗生。敷演一音，各随类解。像教攸兴，其来久矣。有斯利益，是以修崇。

都城西百里有余，地名三盆山崇圣院，实晋唐之遗迹，乃大辽之修营。已经多载，兵火焚荡，僧难居止，见有碑幢二座。时有僧净善，原系大兴县巨族名家，俗姓范。髫年祝发，礼昊天寺禧讲主为师，誓修禅观。时逢夏末，前谒此山，住僧欢迎，话谈良久。天色将曛，临幢独坐，晏然在定。面睹一神，绿服金铠，青巾皂履，赤面长须，历声而言："和尚好住此山，吾当护持。"言毕遂隐。复见古幢十字，重重发光，欣然起坐，偶成一偈："特来游此山，定中遇神言。十字发光现，此地有大缘。"敬发誓言，愿成精蓝。遂回都城，往谒淮王铁木儿不花、赵伯颜不花、丞相庆童等，备言定中现神发光，应验古刹事迹。共言罕有，各捐己赀，于大元至正十八年戊戌岁八月内，陆续营办木植、砖瓦、灰石等件。至正二十三年癸卯岁，起立大殿五间，中塑三净身佛、十八罗汉，壁绘二十诸天。四王殿宇，东西伽蓝、祖师二堂，钟鼓二楼，两楹僧舍，庖厨山门，中立石碑一统。圣事已完，淮王铁木儿不花等奏请圣恩，敕赐十字寺。

慈云遍覆于大千，法雨均霑诸品汇，不尽功德专为上。祝皇王寿延万岁，祈宫掖千载安康。四夷拱手归降，八方黎庶乐业，永为万代龟鉴者矣。

大元至正二十五年乙巳岁正月吉日立碑／住持净善，同徒文惠、文迪、文聪、文胜，徒孙从湛、从晓、从敏、从献、从受、从明

大功德主淮王铁木儿不花，赵伯颜不花，丞相庆童，察汗铁木儿不花，哈喇不花，脱脱不花，观音奴不花，普贤奴不花

耿□、张氏，魏信、陶氏，信良、乐氏，苏成、蓝氏，郭通、梅氏，张宽、李氏

邻山近处檀越芳名：信士王廷美、梁氏，姜钊、闫氏，庞俊、高氏，霍成、赵氏，朱环、巩氏，高授、乔氏

大功德主锦衣卫指挥高荣、左氏，男高儒、夫人张氏　镌字石匠宁永福

碑刻说明

元刻。在十字寺遗址。汉白玉碑，螭首龟趺。碑高307厘米、宽92厘米、厚20厘米。碑额顶端刻有二龙戏珠的图案，二龙于碑额中央聚首同拱一颗宝珠，宝珠内刻有一个十字。碑额篆书"敕赐十字寺碑记"，碑阴额："万古流芳"。

碑文考释

碑阴文字："夫此碑者，经代深远，雨霖日曝风吹，字尽模糊，难以辨认，是以抄写前文，磨洗镌刻□质观视，以为明鉴者矣。大明嘉靖十四年乙未岁二月吉日重立碑。僧人德景同徒住持园实、园茂、园玺、园安、园朗、园观、园成，徒孙悟珙、悟学、悟时、悟春、悟秀、悟进、悟逮、悟逊、悟远、悟祥、悟存，首座助缘德仪同立碑。镌字匠张宝，搭口匠黄儿。"

由碑阴记载可知，此碑为明代重刊，重刊原因为"经代深远，雨霖日曝风吹，字尽模糊，难以辨认"。碑中记载的元代人物官职、封号皆并非建寺时所有，而是此后若干年才有，故被学者斥为伪作，认为不不信。其实，重刊碑文中，对碑中人物用后来的官职、封号以示尊重，在碑刻中并不鲜见，王教重刊《云居寺碑》时即是如此，故不能据此否定重刊碑的真实性。这种现象在当代亦常见，比如，我们称一个国家领导人许多年前做的事情，尽管

他/她当时还不是国家领导人，但亦以后来国家领导人的官职称之。

此碑载，大兴县僧人净，俗姓范，礼大都昊天寺禧讲主为师，在淮王铁木儿不花、赵伯颜不花、丞相庆童资助下，于大元至正十八年（1358）八月、二十三年（1363）重修崇圣院，起建大殿五间、四王殿宇，东西伽蓝、祖师二堂，钟鼓二楼，两楹僧舍，庖厨，山门。工程竣工后，元顺帝赐名十字寺。应是此后改为景教寺院。

○七八　王道通墓碑

钦授瑞云宫祖师，灵阳真人门下，宗主都提点，受洞微崇真体素大师王道通仙莹。

碑刻说明

元刻。在车场村东北。

碑文考释

灵阳真人事迹，见元代林间羽客樗栎道人秦志安所著《金莲正宗记》。此籍是现存最早的全真教史著作，书中收入全真派祖师传记十四篇。十四位祖师即东华帝君王玄甫、正阳真人钟离权、纯阳真人吕喦、海蟾真人刘操、重阳真人王嚞、玉蟾真人和德瑾、灵阳真人李公（佚名），以及马丹阳（钰）真人、谭长真（处端）真人、刘长生（处玄）真人、丘长春（处机）真人、王玉阳（处一）真人、郝广宁（大通）真人、清静散人孙不二等全真七子。每人一传，记述其生平事迹，传后附赞语。

《金莲正宗记》卷二《灵阳李真人》："先生之名，俱忘之矣，道号曰灵阳子，京兆终南人也。沈然寡言，聪敏超世。学问赅博，识量弘深。道德留心，利名绝念。谅由宿契，得遇重阳。密泄真风，顿消俗念。坎倒离颠，朝磨夕炼。常与玉蟾子和公共结因缘。爱人济物，损己利他。多积阴功，密符大造。重阳有诗云：'传与和公与李公，首先一志三人同。'大定戊申岁春二月，世宗皇帝遣使召长春子丘公赴阙。临别谓先生曰：'刘蒋因缘祖师所建，不可轻视，善自住持。'先生曰：'来岁春光早，回鹤驭山野，及期专待主丧。'众人莫耽其理。比及来年己酉二月，先生无恙，辄自清斋。门人勉之曰：'我师肌体素羸，加以不鼓，将如之何？'先生曰：'汝等无疑，吾专俟丧主而已。'当是时也，长春子得中旨，还故山，过秦渡镇，盘桓不进。先生遣门人往迎之，长春遽往。才抵庵中，先生怡然化为周蝶，栩栩而归矣。祥云拂地，瑞气凝空。青鸾与白鹤翱翔，士庶官僚靡不钦叹。长春子率门人具棺椁而瘗之，时己酉之三月初一日也。赞曰：天下不二道，圣人无两心。故王公、和公、李公共传秘诀，同炼还砂。终南之丹桂齐芳，海上之金莲并秀。遂使全真门下列以为三祖而尊祀之。何慊乎哉！诗云：'两手双携日月轮，辉辉照破万华新。临行未肯轻分付，直待长春作主人。'"

大定戊申，为大定二十八年（1188）；己酉，为大定二十九年（1189）。

如此看来，灵阳真人李公，陕西终南山人，被全真教奉为三祖之一，辈分极高。金大定二十九年三月初一日羽化。王道通即是灵阳真人门下，当是由金入元，与丘处机同为全真教而非同一教派。其主持瑞云宫当在元初，"钦授瑞云宫祖师，……宗主都提点，受洞微崇真体素大师"应是元帝敕命。他入主瑞云宫似早于丘处机龙门派在房山传播。如此看来，《王道通墓碑》对研究道教传播史有重要价值。

○七九　金景陵碑

睿宗文武简肃皇帝之陵

碑刻说明

金刻。在九龙山太祖陵区，太祖睿陵以西的景陵陵址前，为金陵现存的惟一陵碑。1986年5月，景陵碑于睿陵以西20米左右处出土，出土时碑座已失，碑高210厘米、宽86厘米、厚25厘米，碑上刻"睿宗文武简肃皇帝之陵"十个大字，为双勾阴刻楷书。字内填朱砂、镀金粉，在日光下金光闪闪。碑首四龙吐须，龙尾托火焰球，龙形独特。景陵碑的出土，确定了景陵的准确位置。此碑一度回埋。2004 年，文物部门再次对金陵进行考研调查，将此碑清出，立于陵址之上。

碑文考释

大房山金陵，位于房山区西部的大房山麓的九龙山下，是金代皇帝和宗室诸王陵寝所在。这座女真王朝的陵寝始营于金贞元三年（1155）三月，是北京地区最早、规模最大的皇家陵寝，兆域达 156 里，其间分布着光、熙、建、辉、安、定、永、泰、献、乔、睿、恭、思、景、兴、裕、道 17 座帝陵和惟一的后妃陵——坤后陵，此处还有埋葬完颜宗室的"诸王兆域"。

明代晚期，女真人后裔满族人的后金政权，也就是后来的清王朝在女真人的发祥地东北地区崛起，屡次打败明朝军队。明统治者惑于形家之说，认为是满人的祖陵大房山王气太盛的缘故，天启二年（1622）拆毁金陵，大房山金陵遭遇灭顶之灾。

睿宗景陵，在太祖陵以西 20 米处。除残存的石雕、砖瓦外现已无明显遗迹。

睿宗，讳宗尧，初讳宗辅，本讳讹里朵，大定上尊谥，追改宗尧。金太祖子，母曰宣献皇后仆散氏，金世宗父。

伐辽伊始便随太祖鞍马征战。天会五年（1127）八月，以右副元帅驻兵燕京，与宗翰分掌兵权。十一月，攻宋淄州、青州。六年（1128）正月，破宋马括兵 20 万于乐安。十月，与宗翰两路伐宋，十二月，平河北。

天会八年（1130）九月，以娄室平陕失力，出师平定陕西。班师，与宗翰俱朝京师，随兄宗干等立熙宗为谙班勃极烈，改左副元帅。

天会十三年（1135），薨于妫州，年 40，葬于上京胡凯山，陪葬太祖睿陵，追封潞王，谥襄穆。皇统六年（1146），进冀王。正隆二年（1157），追封太师、上柱国，改封许王。世宗即位，追上遵谥立德显仁启圣广运文武简肃皇帝，庙号睿宗。

大定二年（1162），世宗命在九龙山太祖睿陵西侧为他营陵，以太保、都元帅完颜昂为敕葬使，到上京迁睿宗梓官于大房山。九月辛酉，到达大房山陵，奉安梓官于山陵行官磐宁官中。十月戊辰，世宗亲往山陵，于磐宁官谒睿宗梓官，哭尽哀。戊子，葬睿宗于九龙山，号景陵。睿宗钦慈皇后，蒲察氏，睿宗元配。后母，太祖妹。天会十三年（1135），封潞王妃，葬于上京。世宗即位，追谥钦慈皇后。大定二年（1162）九月，与睿宗同迁大房山，葬于景陵。

○八○　御制金太祖世宗陵碑文

朕惟：自古膺图受箓，咸有大功德于天下。及其没也，弓剑之藏，后世重焉。匪特阴阳之所景觊，实亦遐迩之所绎思。故世代虽遥，崇礼不替。若声教被于当年，园寝湮于异世，非所以昭德追远也。朕抚有九有，于前代陵墓未尝不惓惓于心，申敕所在守护惟谨。惟金朝之陵在房山者，前我师克取辽东，故明惑于形家之说，疑与本朝王气相关，遂劚断其地脉。又己巳岁，我太宗文皇帝统师入关，念金朝先德，遣王贝勒大臣诣陵致祭。明复加摧毁，且建立关庙，为厌胜之术。夫不达天命之有归，而谬委于风水，移灾于林木，何其诞也！金朝垂祚百有余年，英主哲辟，实光史册。乃易代之后，兆域荒圮，祀典缺废。抚今追昔，慨焉兴叹。金太祖、世宗已经享祀帝王庙，其陵寝命地方官虔供，春秋外兹特谕礼臣专官省视，修其颓毁，俾规制如初。并令有司时祭无斁。呜呼！庙貌既崇，特景仰于往哲。封壤重焕，用昭示于来兹。爰勒贞珉，以垂不朽云尔。

顺治十八年九月初一日立

碑刻说明

清刻。在九龙山太祖陵区。此碑为清世祖章皇帝御制金太祖世宗陵碑文。拓片高212厘米、宽77厘米。碑文见存于清《日下旧闻考》，多有讹误，现据拓本补正全文。此碑文依原拓抄录，故最为准确。

碑文考释

清顺治三年（1646），清世祖派礼部官员视察金太祖睿陵、世宗兴陵，"修其颓者，俾规制如初"。这是清代第一次修复金太祖、世宗之陵。又设守陵五十户，除拨置香火地外，每户各给养赡地，责令春秋两季置办祭品，凡礼部差查陵寝、一切迎送供给等项均由陵户置办。每岁春秋仲月命礼部择定日期，由房山知县前往九龙山祭祀。清世祖于顺治十八年（1661）特御制《金太祖世宗陵碑文》记其事。

金太祖陵，名睿陵，坐落在九龙山主龙脉上。

自龙门口拾级而上，径朝睿陵之位。九龙山正中主龙脉，太祖睿陵居高临下，俯视庄严的神道，昭示着这位开国皇帝威凌世表、统御万邦的雄风。

太祖名叫阿骨打，辽天庆四年（1114）举义伐辽，五年（1115）元月立国称帝，国号大金。天辅七年（1123）七月，56岁时在征战途中崩于部堵泺西行宫，归葬于上京宫城西南的护国林之东，再葬于上京东北五十公里的胡凯山。贞元三年（1155）十一月，迁葬于九龙山。

睿陵地宫远没有人们想象的豪华，只是一个平地下凿的方形石圹，这恰恰印证了文献中睿陵在云峰寺基上、凿原位佛像为穴的记载。四具汉白玉石椁，静静地躺在地宫之中。主石椁两具，枕东踏西，右侧龙椁的葬主就是金太祖阿骨打。龙椁面雕团龙流云纹，风格饱满华贵。椁底残留墨地朱纹金线勾双龙戏珠纹，异常精美。石椁仅残留底部、顶式椁盖和前椁板。

左侧的凤椁完好。史书上明确记载，祔葬的是钦宪皇后纥石烈氏。长方形顶式椁盖上雕刻缠枝忍冬纹，四角刻卷云纹，中间双凤纹填金。石椁内放置木棺一具，木棺外壁为红漆，漆外饰银片鎏金，錾刻凤鸟纹。在棺内头骨处发现随葬有一件金丝凤冠及雕凤鸟纹玉饰件。

在龙椁和凤椁的脚下，头南脚北是两具素面石椁，体量比龙椁和凤椁要小得多。葬者右边的应是光懿皇后裴满氏，左边的是圣穆皇后唐括氏。

金世宗陵，名兴陵，在睿陵前偏西、正对景陵，原有宝城、宝顶、享殿、碑楼，清代重修的宝顶依稀可辨。这个陵位是按照世宗遗嘱选定的。金世宗生前曾嘱咐大臣："万岁之后，当置朕于太祖之侧，卿等勿忘朕言。"

世宗离世，嫡孙章宗完颜璟即位，不敢忘世宗遗嘱，将世宗葬在太祖睿陵附近。

金世宗是金王朝第五位皇帝，本名完颜雍，天辅七年在上京出生。熙宗在位，按例授光禄大夫，封葛王，为兵部尚书。海陵王时，先后任判会宁牧、判大宗正事、中京留守、燕京留守、济南尹、西京留守。贞元三年（1155），海陵王迁大房山陵的当年，完颜雍由西京留守改任东京留守。正隆六年（1161），海陵王大举攻宋，致使天下动荡。当年十月，世宗乘机在辽阳自立。世宗号中兴皇帝，在位二十九年，群臣守职，上下相安，家给人足，仓廪有余，后世有"小尧舜"之誉。大定二十九年（1189）正月，世宗崩于福安殿。当年四月，葬世宗于九龙山兴陵，明德皇后乌林答氏同葬。

〇八一　御制金太祖世宗陵碑文

朕惟圣王制祀，昭德报功。礼官陈仪，修废举坠。所以抱扬曩烈，光表前王。访弓剑于遗墟，葺园陵于丰草。垂诸简册，茂典彰焉。我国家纂受鸿图，诞膺景命，下车伊始，爰命修祀前代陵墓。朕御寓以来益深廑念，申有司岁时展敬，于凡巩护之道，无不备至。惟金朝房山二陵，当我师克取辽阳，故明惑于形家之说，谓我朝发祥渤海，气脉相关。天启元年罢金陵祭祀，二年拆毁山陵、劚断地脉，三年又建关庙于其地，为厌胜之术。从来国运之兴衰，关乎主德之善否。上天降鉴，惟德是与，有德者昌，无德者亡，于山陵风水原无关涉。有明末造，政乱国危，天命已去。其时之君臣，昏庸迷谬，罔知改图。不思修德勤民，挽回天意。乃轻信虚诞之言，移咎于异代陵寝，肆行摧毁。迨其后，流寇猖獗，人心离叛，国祚以倾，既与风水无与，而前此之厌胜摧毁，又何救于乱亡乎？古之圣王掩骼埋胔，泽及枯骨。而有明君臣，乃毁及前代帝王山陵，其舛谬实足贻讥千古矣！夫金朝垂祚百有余年，英君哲辟，实光史册。天聪三年，太宗文皇帝统师入关，知金太祖、世宗二帝陵寝在兹，追念鸿烈，特遣王贝勒大臣诣陵致祭，盖我太宗文皇帝讦谟伟略，度越前王。乘舆所至，威德布昭。表遗徽而钦往哲，诚非常之盛事也。洎世祖章皇帝定鼎中原，随享金太祖、世宗于历代帝王庙，复命地方官春秋致祭陵寝。又谕礼臣专官省视，修其颓毁，俾规制如初。朕缵承丕绪，缅溯前徽。特命所司，虔申禋祀，以昭继述阐扬之意。呜呼！□□依然，景金源于往代。榱楹宛在，溯蠡殿于当年。志此遗风，勒诸贞石云尔。

康熙二年九月初一日立

碑刻说明

清刻。在车场村东北九龙山麓的金陵。拓片高 219 厘米、宽 76 厘米。碑文仅存于清《日下旧闻考》，多有讹误，现据拓本补正全文。此碑文依原拓抄录，故最为准确。

碑文考释

圣祖康熙即位之初，"缅溯前徽。特命所司，虔申禋祀，以昭继述阐扬之意"。康熙二年（1663）九月，特御制《金太祖世宗陵碑》立于九龙山金太祖、世宗陵前。在太祖、世宗陵享殿前建碑亭，顺治、康熙二碑均立于碑亭中。

黄院儿

在拴马桩村北，村中有金山岭，岭侧有古刹金山寺，金代为皇家寺院，俗称皇院，后讹为"黄院"，村以此得名。村中尚有古刹福田寺。

本志收录黄院儿村碑刻 2 件：金代 1 件、明代 1 件。

○八二　大房山芦子水道院开兴三间法堂邑人碑

　　燕之西南垂百里曰大房山，按《图咏》云，当吕大房为郡小吏，羽化此山，因以名焉。昔如来生依鹫岳，晦瘗房山，舍利灵图苑然斯在。古木轮椿，寒泉激越。胜五岳之嘉祥，异三山之秀气。溪壑之蕴风雷，岩廊之孕圣贤。咽喉诸地，襟带群方。实吾国之大壮者也。向有招提曰芦子水。院之巽有香水一沼，冬温夏凉，每达芳景，白莲菡萏，画鹢翩翻。榛栗满谷，果花盈坞。翠凝香浮，别为一天。远抛荣辱之乡，高出名利之地，以古之郡老之所建也。先有僧数人，但以兴弘在务，恐失轨范，拟革上院易为禅观。

　　希惟我绝顶上人，乃当时之秀器。高标颖世，胜概绝伦。白月在天，朗然独出。山主祥义等以状陈丹恳，将此上院一区东邻水口、西接阳溪、南连九女之安、北据牛家之峪在内山林，居中院舍，一盖并施与上人，永为道院，任意兴讫。是师不以一方可系化事，以状授门人次长禅师上人，亦乃道器清芬，群髦非尚。获心印于龆年，脱凡笼于冠岁。猛风径草也，烈火良金也。虽世贯漂乡，心居房岳。复承师付，夙夜务兴。既结友于他方，共成缘于是地。师届之所，老幼忻随。豪侠者愿输其财，匮乏希垂其力。院之乾有地坦平固若龙蟠，遂致立功，日夕无暇，划剡琅玕，斫剞块圠。采巨栋于佗山，命良工于别郡，藻梲绘饰，不日告成法堂一座。三间四延，莫不严而整、高且丽。僧舍禅庵，星分左右，叵甚清幽。以致大功，莫不质良，盖禅师上人决剖也。非鬼神之力、圣贤之佑，其孰能备于是乎？祥义等感此胜事，命愚实录，刻珉备纪，垂于将来，俾万世不销其道而已！

　　维大金皇统元年岁次辛酉十月望日庚时建

碑刻说明

此碑存于寺院旧址，已断为两节，楷额"奉为大金国大圣大明皇帝皇后万岁时建三间法堂一座永记碑"。

碑文考释

此碑文见载于民国十七年《房山县志》卷七《艺文》，名《重建金山寺碑》，对照原拓，多有讹误：

一、旧志题为《重建金山寺碑》，现据拓本复原名。

二、旧志无落款，现据拓本添补。

三、旧志有十一句字误，现据拓本更正：（1）"昝如来生依鹫岳，晦瘗房山"，误为"昝如来生依鹫岭，晦尘房山"；（2）"每达芳景"，误为"每达方景"；（3）"白月在天"，误为"日月在天"；（4）"山主祥义等以状陈丹恳"，误为"为主祥义等于金皇统初默陈丹恳"；（5）"南连九女之安"，误为"南连九女之庵"；（6）"群髦非尚"误为"群髦相尚"；（7）"复承师付"，误为"复承师嘱"；（8）"匮乏希垂其力"，误为"匮乏希者垂其力"；（9）"遂致立功"，误为"遂致厥功"；（10）"藻梲绘饰"，误为"藻税绘饰"；（11）"祥义等感此胜事"，误为"禄义感此胜事"。

金山寺为房山著名佛教寺院，原名芦子水院，金代改名金山院，元明后改金山寺。由主山金山岭得名。

据此碑，芦子水道院金代前就有。金皇统初，山主祥义将上院一区东邻水口、西接阳溪、南连九女之安、北据牛家之峪在内山林，居中院舍，施与绝顶上人，永为道院。绝顶上人门人次长禅师上人，秉承师付，创建法堂一座三间，僧舍、禅庵，星分左右。祥义感此盛世，刻碑立事。这是房山地区金山寺为数不多的几方碑刻，故非常珍贵。

贞元三年（1155），海陵王营金陵于大房山，金山院在兆域之内，故为金皇家寺院，俗称皇院，后世误写作黄院。这便是黄院儿村名的由来。

○八三　重修福田寺碑记

　　寺为北京顺天府涿州房山县阳溪山之古刹也，然不知其创建颠末，事迹无可考焉。遗一石幢曰尊胜，上刻陀罗尼经□□□□□，其为元之创始也欤？盖元之塔寺兴于天下者，惟务夸奇角丽，靡费信施，侈盛之极，莫过于此。故其亟成速朽，不言可知。□□□□□施之行也何有？今□远禅师原系陕西延安府家州法净寺僧人，经过此地，怔然惕于衷，若将有宿感者焉，于是固其□□□□□之有而不足则乞诸檀施，日就月将，举众废而一新。□□□□□□先大雄殿，而祖师、伽蓝之宇次之，丈室、禅堂、三门、廊庑、厨库、庖偪□□住之所，宜有者莫不毕具。自宣德庚戌之仲夏五月兴建，讫于乙卯夏四月落成之。其址则东至金山寺金山岭，南至罗汉台，西至□□□□塔，北龙峰寺、天宫岭，恢□□旧观多矣。状其岁月□□求言于予。予曰："如来所说一大藏教，六度万行之中，以施为先也，当以无相为施。□输体空，施契性空，福则无量。况寺以为众□十方众僧所共依止，无彼无此，无主无客，僧理平等，凡圣同居，是则以福田名于寺者有自来矣。吾佛释迦世尊自无量劫于此□中清净解脱而超出诸有之外，而无耕耨之劳、旱涝之患、丰歉之秋。种自威音之前，成熟于然灯之会，脱之于今世，三身圆极，无漏无为，无去无来，无生无灭，得大自在也已。复愍末流不能出离五欲烦恼淤泥，为说布施，为世□之最欲，令去其贪爱执着，□□于如来田中，耘荒秽草，除粮莠根，显智慧穀，破无明糠，成实相米，具法喜食，饱禅悦味，同厌饫于大解脱场，了喜施者、受者，及所施物皆悉清净，而不知施之为福。福之为施，悉不可得矣之，何事乎希报也哉？"

　　时大明宣德十年岁乙卯闰八月中秋日

　　行在僧录司左善世会稽沙门圆瀞撰

　　住持沙门□□立石　首座常聚　藏主常玉

　　僧会司沙门悟证　惟那常惠　都寺常愍

　　木岩寺住持比山　金山寺住持崇空　阳溪寺行林

碑刻说明

明刻。在黄院儿村阳溪山福田寺遗址。据拓本录文。拓片高180厘米、宽68厘米，碑额正书"重修福田寺记"。

碑文考释

宣德庚戌，宣德五年（1430）。乙卯，宣德十年（1435）。

阳溪山为古佛教道场，遗址上有辽代残砖。金代僧人坟幢也曾提到阳溪山，可见其建寺史不晚于辽、金。据此碑，遗址曾有元代陀罗尼经幢，元代依然香火旺盛，元末明初因战乱而衰。宣德五年，陕西延安府家州法净寺僧人经过此地，发愿重修。当年五月兴建，先大雄殿，次建祖师殿、伽蓝殿，丈室、禅堂、三门、廊庑、厨库、庖偏毕具。宣德十年四月落成。

清末寺废为墟，如今遗址上只存碑座和辽、金、明残砖断瓦。

娄子水

在瓦井村北、黄院儿村东南，原名芦子水。至元十八年（1281）的《大都大延洪寺栗园碑》载"西至芦子水东坡"。这里的"芦子水"即今娄子水村。

黄院儿村金山岭有山溪，古名芦子水。此水东南而下，经娄子水村东，南流。娄子水村，便因此水而得名。村东北有山曰仙台山，台上有古庙一座，可溯于辽代。初名砖公院，明代仍叫砖公院，清乾隆年间改称庄公院，为西山名胜。

本卷收录娄子水村碑刻5件：辽代1件、明代1件、清代3件。其中《庄公院告示碑》与《契约碑》，一阳一阴，同镌一碑。

〇八四　涿州超化寺诵《法华经》沙门法慈修建实录

夫汉明而下，像教绵兴，凡都城郡邑、山野林泉，地或有可者，皆以□□□聚缁侣而为修习之所。案地志，燕南良乡县黄山之阳，有古院曰砖公，境□一川，地吞百顷。东西分野，复连于荆□□槽；南北□□，远□于灌山花壁。历载颇深，遗坰靡具，廊宇圮毁，垣墉废倾，避风雨□湿备，行住坐卧之处，则杳无观矣。逮重熙十祀，有瓦井村邑人王文正三十余众，特以兹院施于莎郡超化招提，为上院之备也。乃有纲首沙门守能等，愍此荒秽，遂于当寺僧腊间擢大有□□者主焉。众谓我师行望素高，寻以固请，不果辞让，是往住持。□后，克殚己力，善化他财，得一钱一饭之费，曾不自给，止以□□□□常□□□。特于正面建慈氏堂一坐，三间四椽，赤白结□□□□□□人七菩萨并已了毕。西位盖僧堂一坐，三间四椽。□□□□□□□二十坐。定光佛舍利塔一所，三檐八角。内收藏□□□□□□到□□果木二千余根。开科出堪佃□□□□□□□□□□言小小干□，不克尽书。噫！法之于世，有衰有盛，必因□□□□□之行世。有废有兴，必因人而主也。主是院者非我师□□□于□□。良缘告毕，思志其功。以师民乡人也，少小好□，□以见托，无克让退，因述鄙词。

大辽清宁二年

大德沙门□□前表白沙门道□，功德主诵《法华经》沙门道渊

沙门道朏、□□诵《法华经》沙门道□、□文书大德沙门道恒

前寺主沙门道出、前殿坐沙门昙寿、前尚坐沙门道□、现寺主沙门昙信

沙门昙方、诵《法华经》沙门昙宣、讲经律论沙门□□、讲经律论沙门法幽

沙门道志、诵《法华》《金刚》经沙门法述、沙门道振、尚座沙门道□、

都维僧道寂

沙门□□、沙门昙缔、沙门义全、讲经沙门法琳、沙门道宣、沙门义私、典座昙思

业百法论沙门□□、□□□□□沙门法□、沙门法波、业百法论沙门法才、沙门法浊、僧法资、僧昙侨、僧昙益、僧义□、僧□□、僧法式、僧法登、僧法准、义章、僧法进、僧法备、僧义成、僧义胜、僧义因、僧法教、僧义玄、僧义珠、僧法升、僧道隆、僧法清、僧义淳、僧法行、僧道琛、僧义详、僧义蠲、僧义思、僧义亨、僧义清、僧恒念、僧法善、僧法景、僧法云、僧义缘、僧法言、僧可则、僧义忍、义立、僧义相□弟子沙门僧义彦、僧义文、僧义正、僧义恪、僧义□、僧义广、僧义宽

瓦井村兴建砖公院邑人王文正等、邑长解璘、评证李延琛、□□ □推善邑人解匡祚、胡䓁、李延恕、李延贵、李延贞、胡推正、解从德、解善、解正、成兴、刘化、解举、纪贞、刘盛、王德辛、王文信、游文明、游文䓁、王䓁、王□、王文善、张中辛、杨金、韩正、马秀、张煦、刘推德、王极、柳郎、张延俊、张信、崔□、段文德、贺守辛、边德成

村人刘推恒、张保、胡滨、李贞、韩祚、张用文、张□

女邑人赵氏、刘氏、王氏

次乐庄村人刘守璘、刘守道、解承显、刘守易、刘昌、张承晏、武振、王叔教、王知隆、王万兴、梁希旻、郅信、郅用、吕守德、安寿、齐荣、祖继贞、刘匡□、卢文德、卢文亨、蔡文秀、刘匡晏、张旻、宋守则、石从景、刘睿

涿州齐□□、赵匡文、□□□、□□、□秀、郭□□、彭守荣、赵守均、李文庆、高文德、□善、刘□□、成德□、刘文正、刘□、胡□□、□□□、□□□、赵□、王用、郑□、□□、赵□□、周仁进、李亨、李慎行、冯田氏、□□氏、杨李氏、李杨氏

碑刻说明

辽刻。在庄公院，嵌于定光佛舍利塔上。高 101.64 厘米、宽 142.24 厘米。

碑漫漶不清。《全辽文》卷八载清宁二年（1056）刘师民《涿州超化寺诵法华经沙门法慈修建实录》，其中未载僧人和邑人、村人名字，据碑文补录，从而第一次形成完整的碑文。

碑文考释

此碑文的整理，为庄公院留下最原始的碑刻。此前，庄公院最早的碑刻为明代《重修超化寺碑记》，碑立于崇祯十六年（1643）。而此辽碑将庄公院的碑刻史料提前了587年，意义非常重大。

据此碑，辽代庄公院为佛寺，记载在地志里，始建年代失考，碑文只说"历载颇深"，由此推断不应晚于唐代。辽兴宗在位时，此院"遗垧靡具，廊宇圮毁，垣墉废倾……行住坐卧之处，则杳无观矣"。到重熙十年（1041），瓦井村邑人王文正等30多人，把砖公院施给莎郡超化寺，作为超化寺上院。涿州古称莎郡，超化寺在今河北涿州市林家屯乡西管头村，此寺尚存。当年，纲首沙门守能等悯此院荒废，便在超化寺僧众中选出法慈住持此院。

法慈行望素高。瓦井等村百姓得知此消息，前往相请，法慈辞让不得，便离开超化寺，成为砖公院住持。至院以后，他克殚己力，善化他财，得一钱一饭之费曾不自给，积为修之资。在寺正面建慈氏堂一坐，三间四椽，西位盖僧堂一座，三间四椽，又起廊庑、禅堂二十座，定光佛舍利塔一所，三檐八角。在山麓植果村二千余株。砖公院得以恢复。如今，定光佛舍利塔尚存。

碑文后留下众多僧众的名字，弥足珍贵。

碑文中还留下两个古老的村名。一个是瓦井村，见证了该村的悠久历史。碑文称，瓦井村邑人将此院施给超化寺，据此，当年砖公庄地属瓦井村，而今天的娄子水村当时还不存在，该村成村应晚得多。

另一个村名是次乐庄，今为房山区石楼镇大次洛村。这是大次洛村名最早的文献记载。据此碑，大次洛村最初的村名是"次乐庄"。2017年，大次洛村出土了汉代的石虎一件，说明该村历史可追溯到汉。

碑文中出现"邑人"，说明庄公院在辽代成立有邑会组织，邑人是邑会组织成员。在庄公院施给超化寺以及后来超化寺的修复中，邑人起到关键作用。

○八五　重修超化寺碑记

自汉明而今，佛教浸昌于中国。凡学士大夫及乡邑男妇等众，无不钦崇而尊礼之，以绘其仪容，图其居止。非故徼福而淫祀也，皆敬之，一念积之也。按志，燕南良邑南山之阳有砖公院焉，崔然高峙数里许，东西延衺百顷余，而其中长椿老柏，盖不知其几千万株焉。斯亦足以尽此山之大概矣。然而不止此也，且丰泉盈溢，逝者如斯。以故乔者、天者、高者、下者，青丛郁茂，俱含润色。樵者、牧者、经者、咒者，熙攘来往，共沫余波。盛哉斯水乎！不亦有助佛教于汪洋也哉？

然而创立不知何代，止有重熙十祀复修碑文，迄于今又三百余年矣。经堂殿宇，将就颓倾，山门护法，几无栖息。乃有僧海擎及邑善人李逢春等，捐者捐，募者募，不期月间，废堕毕举，而暗没修新矣。斯同人力之乐成，其亦神灵之默佑云。要之，佛之意净幽者居之，佛之性明高者据之。人必欲居佛于高且幽也，所以成佛之慧也。然净者之含有最深，而明者之照临更远。凡是山之左、山之右、山之前、山之后，熙熙攘攘者，有一不在含育照临之下也哉？自是以往，山水同日月而更新，佛教与山水而俱永矣。而吾人之敬是佛者，又乌可一息而少懈哉！

谨记。

关中乡进士岳映年题

大明崇祯十六年　日立

碑刻说明

明刻。在庄公院。拓片高 249.84 厘米、宽 125.91 厘米。方首抹角，题额正书题"重修碑记"。

碑文考释

民国十七年《房山县志》卷一《山脉》："仙台山，又名小白山，其脉来自西北之黄山。城西南二十余里，山阳有超化寺，其殿题额曰仙台，故名。老柏参天，危崖泻瀑。野花自放，山鸟时名。为一山之胜。"

此碑为庄公院现存最早的碑刻，崇祯十六年（1643）立。碑文记述了僧海擎、邑善人李逢春等于当年重修寺院事。碑文称："按志，燕南良邑南山之阳有砖公院焉。"由此可知，明末，庄公院仍为佛寺，沿袭辽代砖公院之称。而超化寺，乃是其涿州林家屯乡西管头村本院之名，而不是该寺之名。

○八六　创建三清殿碑记

盖闻洞天福地，壮五岳之奇观。羽驾飙车，泛三山之怪迹。终南太乙之境，每每多居。函谷令尹之关，增浮紫气。秦皇鞭石，不废人工。汉帝望仙，特崇楼阁。盖穆穆群仙之府，必霄汉乃栖。而煌煌太上之尊，非琼台不驻。惟兹砖公院者，房邑之胜地也。高可卧云，广惟容膝。山腰古木，坐来处处生凉。石径嶙峋，踏去层层皆净。冬有凌雪之竹，春多耐寒之花。门拥白云，远接沧海之日。茶香丹灶，近汲石窟之泉。固已大殊尘寰，迥别人世矣。

有炼师王讳太定者，勤行不怠，诚恪为怀。教本希夷，窥至道之奥妙。昉常抱一，透元关之精彩。居院十年，补葺外更无馀事。诵经万卷，应酬中咸有道心。谓地以最上为贵，道以无极为尊。此院前府尘寰，尚有未了彻之色相。后拥丹崖，仅可供太清之神明。爰募金钱，共图美景，斧凿并用，劈开混元之天。巧力兼施，平成妙有之地。中建三清一殿，辉煌入云。旁列方丈两居，爽朗映日。癸酉经始，甲戌告成。下官盖尝游而览，为丹梯数仞，如登子晋之台。溯窍一门，恍入长房之室。立危崖而寓目，俗骨为惊。倚洞口拟乘风，尘心顿濯。香烟缭绕，玉皇帝座匪遥。磬声悠扬，钧天广乐如听。坐洞士之榻，忽悟前身。遂向平之怀，要诸异日。念王师之功不可没，而众姓之善难以湮，爰构俚文，用垂不朽。

时皇清康熙三十三年岁次甲戌仲秋吉旦　文林郎知房山县事候推主事蜀营山罗在公撰并书

御前侍卫内务府营造司郎中正黄旗佐领管甲喇章京事佛保

赐进士第直隶钱谷守道参议、特升江南提督学院猗氏邵嗣尧　同建

碑刻说明

清刻。此碑是庄公院清代最早的碑刻，现立于庄公院中，拓片碑高189厘米、宽67厘米。碑额题"山高水长"。

碑文考释

癸酉，清康熙三十二年（1693）。甲戌，清康熙三十三年（1694）。

碑文载，道士王太定居砖公院十年，于清康熙三十二年动工创建三清殿，殿侧建配殿两间，于康熙三十三年竣工。

碑文称，王太定"居院十年，补葺外更无馀事"。自康熙三十三年前推十年为康熙二十三年（1684）。那么，王太定入砖公院时间，当在康熙二十三年前后。此前砖公院向为佛寺，自康熙二十三年道士王太定居院修道，砖公院才由佛易道，成为道观。

民国十七年《房山县志》卷四《职官》："罗在公，四川顺庆府营山县举人，康熙三十年任房山县知县，在任七年，政迹称畿辅最。免拨芦沟兵饷，除义和厂钱粮侵渔，编审人丁均平详。慎蝗蝻为害，不避勤劳。而且长于听讼，两造不得循其情，用法严明强悍，一概化其俗。访浪仙之墓，阐发幽光。续房山之志，留心文化。不畏强权，杜旗人之扰。士民悦之，如赤子之依父母焉。北关真武庙前有实政碑详其始末。"

〇八七　重修石殿碑

诰封奉政大夫顺天府房山县知县加四级候补主事前乡贡进士蜀营山罗在公撰文

国子监拔贡监生邑人李天性书丹

邑岁贡生齐维藩篆额

易曰：先天而天，弗达齐天，而奉天时。古之圣人，开物成务，冒天下之道者，莫不有天焉。以先后其间，盖志气感应之际，诚之不可掩有如此，顾不独古人为然也。即世之匹夫匹妇，各以其志补造化之不足者，亦往往如之。盖圣人如天地之大，而匹夫匹妇亦小天地也，其理宁有殊哉？吾于道人王太定修砖公院，见之此院向为僧舍，后归道家，而旧刹犹存，相传为元人所建云。余尝入其中，见金像庄严，但梁楶倾颓，几不可待。使太定少存，我人以因其颓乃毁之，易以太上天尊，亦无不可。即不然，迹托于逍遥而志存夫衣食，若今之庸吏辈，视官廨如秦越，则虽有天可感，亦乌能使之必应哉？乃太定则不然，一日乞疏于余以募，余笑曰："道人而营佛殿，可乎？"定曰："圣一也，乌乎不可？"余曰："当兹物力困穷，毋论募之不应。即应矣，山高水远，材木何以登，砖瓦何以造？"定曰："不然。今所乏者工资耳。吾观院西有石可采，而前山有土可陶，吾将以石砌其内，而以砖饰其外。外观如台，内观如洞，洞妥佛像，台建斗母，毫不用一木，而工有坚于木者。大夫姑待之。"余壮而疏焉，尚虑其事之难成也。乃未几登山以视，而石果出矣，砖果造矣。又未几，而台已成矣，亭已竣矣，像已妥矣，且禅房、厨舍、山门、配殿，俱焕然改观矣。余讶其速，而信有志竟成如此。太定曰："大夫知其一未知其二。此殿成而石已竭，砖足而土已尽，向之泉水如线，惧不足用。今则混混涌出，种种异事，皆天为之，定不敢贪天之功以为功，愿大夫记之。"余曰："此真所谓先天而天弗违，后天而奉天时者也。虽然先天固子之功，后天亦子之功也，使人人如子，天下何事不成哉！"因为之记。是役也，譬逐鹿然，太定掎之，里民刘声升角之，其功均不可没云。

大清康熙三十七年岁次戊寅十月穀旦立 石匠李福元镌字

碑刻说明

此碑现存于庄公院，拓片高 172 厘米、宽 85 厘米。

碑文考释

据此碑和康熙三十三年（1694）碑，砖公院在清初仍是佛教道场。康熙二十三年（1684）前后，道士王太定来到砖公院，当时梁楶倾颓，佛像还在。

王太定在山上取石，前山取土烧砖，先建三清殿。康熙三十七年（1698），再建石殿，禅房、厨舍、山门、配殿一应修缮。从此，佛教道场改为道观。

○八八　庄公院告示碑

钦命刑部尚书管理顺天府事务加四级纪录五次胡、特授顺天府府尹纪录五次虞恳恩等事：

据房山县庄公院道士纪一通呈报，有开荒地亩为院中香火，恐日后有无知人等争夺侵占，恳赐碑文晓谕等情。当经批饬房山县查办。去后金据该县详称，查庄公院道士纪一通，认报开荒小地二十亩，每四亩折册地一亩，共折册地五亩。其地坐落娄子水村庄公院石曹峪，东至小丁沟，南至各子山，西至道口峪，北至石家沟，四至分明，委系香火庙产，业经给照。执此照旱田十年升科之例，应于乾隆四十九年入奏征粮为始等情，详覆前来：查庄公院道士纪一通认恳，地亩既有藩司执照为据。又经该县查明，将届升科之期，除批饬照例升科纳粮外，所有恳熟地亩，自应永归庙院管业，合行示谕。

为此，示仰该处居民人等知悉：庄公院道士纪一通开荒地亩，系香火庙产，不得于该地亩四至之内稍有争夺侵占，倘有不遵，许该院道士鸣官究治，毋违。特示！

乾隆四十八年五月十二日，给业户纪一通告示。

右仰知悉，实贴房山庄公院石曹峪。

特授房山县正堂加五级纪录五次沈为晓谕事：

照得乾隆三十九年清查开垦地亩案内，庄公院道士纪一通，开垦地亩三段，计小地二十亩，共折册地五亩。其地坐落庄公院，东至小丁沟，南至鸽子山，西至道口峪，北至石家沟，四至分明。前项地亩系庄公院香火庙产，诚恐无知旗民人等有争夺庙产、侵占山界情事，亦未可定，合行出示严禁。

为此，示仰娄子水村并附近等村庄旗民人等知悉：如尔等地亩与庄公院庙产毗连，务须各守山界，勿得任意侵占。并在于该道士认恳，恐日后无知人等争夺。倘敢故违，许该道士据实禀报，以凭按法究治。该道士亦不得于四至之外妄思。各宜凛遵，毋违。特示！

右仰知悉。

乾隆四十九年三月廿三日告示　实贴庄公院给业户纪一通

碑刻说明

清刻。此碑与《契约碑》同为一碑。《庄公院告示碑》镌于碑阳，拓片碑高159厘米、宽85厘米，额高31厘米、宽33厘米。

碑文考释

碑文镌告示两则：一则为顺天府告示，一则为房山县告示。两则告示内容相同。

顺天府告示张布于乾隆四十八年（1783）五月十二日。此前，乾隆三十九年（1774）庄公院道士纪一通，认报开荒地二十亩，每四亩折册地一亩，共折册地五亩。其地坐落于娄子水村庄公院石曹峪，东至小丁沟，南至各子山，西至道口峪，北至石家沟。按照清朝的规定，开垦荒地十年内免税，满十年开始纳税，这叫"升科"。乾隆四十八年，距升科差一年，顺天府发出告示，一是提醒庄公院道士纪一通照例升科纳粮，二是告示地方居民，庄公院道士纪一通开荒地亩系香火庙产，不得争夺侵占。

房山县告示张布于乾隆四十九年（1784）三月廿三日，告示附近旗民地亩与庄公院上述庙产毗连者，不得任意侵占。亦告诫庄公院道士，不得侵界。

○八九　契约碑

立交代人王太定，因为年老，不能承管，恐坏圣地。幸访闻有一道人苏太新，道德高明，烦娄子水村中证说合，将自己祖业山院交与苏太新名下管业，持受山林，神前有依，山林可保。凡持受庄公院、石曹峪二沟。北至石家沟，东至丁沟，西至道沟立峪，南至鸽子山，四至分明。山口有香火地八亩，共为三段。山下有栓马石，有军地大小四块，施为山上香火。西至石姓墙西，有阴地三尺，东至石姓，北至山，南至河，土木相连。同中证说合，交付明白。山价银五拾肆两，家伙等物共折银肆拾陆两，同众交完，分文不欠，立字存照：

皇清康熙五拾叁年四月初六日立

交代人王太定亲笔书字

中证人李腾鹏、张进朝

说合人房文焕、王玉宾

持受山林苏太新

雍正三年建修上客堂一处，五年建修东客堂三间。山下拴马石，已资造井一座，有军地四十五亩，为山上香火之费。

乾隆六年交与法孙纪一通，持受庄公院。至四十七年重修三清殿，补修下西客堂。至五十一年建修三仙圣像，后又增地五段，钱粮上纳。

施拴马石地功德主马恒德、樊遇时，信官马有仁施舍于庄公院香火之费。

持受庄公院龙门派第九代苏太新徒张青云、赵清兴，孙纪一通徒吴杨祥，张杨瑞徒郭来泰

郑人伟书　石匠刘秉忠镌字

碑刻说明

清刻。此碑现立于庄公院中。碑阳、碑阴均有碑文，碑阴为《契约碑》，拓片碑高 159 厘米、宽 85 厘米，额高 31 厘米、宽 33 厘米。碑额题"名著千秋"。

碑文考释

从王太定康熙二十三年（1684）入主砖公院，至康熙五十三年（1714），王太定将此院改佛为道已经 30 年时间。是年，王太定因年老，不能承管道院，以价银五十四两将庄公院转卖给道士苏太新，家伙等物折银四十六两。庙产包括庄公院、石曹峪二沟。山前香火地八亩，共为三段。山下有栓马石，有

军地大小四块，施为山上香火。

雍正三年（1725），苏太新建修上客堂一处。五年（1727），建修东客堂三间。山下拴马石，造井一眼，有军地四十五亩，为山上香火之费。

乾隆六年（1741），苏太新将庄公院交给法孙纪一通，由纪一通住持。四十七年（1782），纪一通重修三清殿，补修下西客堂。五十一年（1786）建修三仙圣像，后又增地五段。马恒德、樊遇时，信官马有仁，施舍拴马石地为庄公院香火之费。

碑文载，苏太新为龙门派第九代，那么，自康熙五十三年四月始，庄公院为全真教龙门派一脉相承。

从碑文记载看，乾隆六年首次出现庄公院的名字，故庄公院应是乾隆初由砖公院改称。

瓦井村

在辛庄村南，南韩继村西。自周口店镇沿周张公路南行，经周口店村西、大韩继、新街、辛庄即到瓦井村。瓦井村为周口店最为古老的村子，以村中曾有汉代瓦井而得名，故成村不晚于汉。村中有宝严寺、通真观、白衣庵、关帝庙、内官监太监刘宾墓。

本卷收录瓦井村碑刻 7 件：辽代 1 件、元代 2 件、明代 2 件、清代 2 件。

○九○　宝严寺塔记

□□□□□□□□□□□□□□□，轻灭其主马，今□□□□□□□□□以极多慜以灵基见瞻，承而甚少□岁也。已兴一念之诚，今日乎遂报再修之愿。爰有供养主志闻妙教，名播空门，逢片善以必修完，无一物而不矜恤，睹兹堕废，念在建迁。次则众信共谋多仁持佐，移故基而勠力营新，止以同心于此精蓝，致安灵塔。自兹供养者或名香妙花，归依者或扫塔涂地。令众生息轮回于六趣，获消灭于三涂。量再建之殊因，幸书言之不尽。

统和十四年岁次丙申三月辛丑朔十八日戊午丙时建

院主持千部《法华经》僧匡美

持千部《法华经》僧匡亨

供养主僧匡岩

前宁远军节度司马冯令钦

摄归德军节度巡官刘希朗

摄安国军节度都教练使刘继瓖

摄归德军节度巡官李延恕，受五戒胡彦□

受五戒张志光，受五戒胡彦平、胡恕钦

受五戒解文进、张内钦

碑刻说明

辽刻。在瓦井村。碑刻为唐代石塔塔门一面，下部残损，塔记在塔门上部。石刻长 104 厘米、宽 68 厘米。

173

碑文考释

依残门判断，此塔和云居寺唐塔制式相同，应为唐代石塔，由此推断宝严寺自唐代便已经存在。上方山辽大安《六聘山天开寺忏悔上人坟塔记》记载涉及瓦井村佛寺，但瓦井村记载宝严寺的辽石刻尚属首次发现，且时间早于《六聘山天开寺忏悔上人坟塔记》，为辽中期，故此石刻非常珍贵。

塔记载道："移故基而勠力营新，止以同心于此精蓝，致安灵塔。"当年在重修寺院的同时又修缮了寺内唐代石塔。塔记镌于统和十四年（996），那么修寺缮塔应在此年。

○九一　故昭文馆大学士荣禄大夫司徒佛性圆觉大禅师领东山宗事松谿和公长老大和尚碑并序

大都竹林禅寺住持传法嗣祖沙门慈慧妙辩广福圆音大禅师鲁云行典撰文并书

应奉翰林文字从仕郎同知制诰兼国史院编修官李泰篆额

有大宗师出现于世，如优昙花芬馥人天，牟尼宝相，济贫苦以逆顺，合时行藏守道。观因缘而存取舍，正丛林而定规矩。大振玄风，宏扬慈化。若讷于岩薮之间，真隐于烟霞之表。神清貌古，望重学优。王臣崇奉，而佛祖加持。如龙如象者，愚于佛性圆觉大禅师香山永安和尚见之矣。

师讳显和，刘姓，世为涿郡范阳人，松溪其自号也。母余氏感吉梦，生而颖异，方九龄，乐出家，父母莫夺其志。命礼房山瓦井宝严禅寺庵主顺公为祝发师，侍执巾瓶凡九年。眼勤不怠，诵五部大经，粗训厥旨。迤逦行拓，淘汰诸方。诣滦州开觉依龙溪老叩启宗乘，爱其机锋迅捷，与受具戒。兼修素业，历十寒暑，归于都。时九峰老方主，双泉龙渊法席，以知见之香、曹洞之风引接后学，师即驻锡奉之。其金针玉线，正偏兼列，派下宗旨，参讲日进，遂即可之。

至元癸巳，囊锥颖露。众与开发而出世，住宝严禅寺，耀里社之荣，福缘渐盛。不三数载，丈室为之一新。元贞初元，受滦州乐亭之南千金崇法兰若，其绩益著。余六霜，建方丈以间计者七。大德壬寅，师道价日弘，清誉远播。九峰走疏，命主燕西之香山永安寺，四众威服。至大己酉，武宗皇帝丕膺宝历，不忘付嘱，大辟金田，幸其寺，赐金一、银六、青蚨七千五百缗、彩币四千，充山门供及云侣之施、衣钵之需。复仅万缗，致重如此。

皇庆改元，仲夏，仁宗宠赉佛门，留心释典。兴弊起新，眷香山之门刹，居燕蓟之胜游，给匠百名，赐钞万锭，至于殿堂郎庑、厨库斋寮，寺所宜有者靡不毕具。金碧璀璨，若图画然。上幸之甚悦，仍赐宝券计五千缗。师以衣盂长物即昌平之栗园，创佛殿、西堂、方丈、僧舍余二十楹。泊宛平门头村之吉祥、新张里之道院、大兴之净居、城南之遵敬、房山之宝严、永平之云峰诸大刹，旧者新之，缺者完之，危者抉之。与夫堂殿、斋厨、库厩，轮奂可观。越明年，勇退永安，佥议弗从。复为续产置业，如崇智之店、咸宁之库、苜蓿之房，功力甚夥，未易殚纪。延祐丙辰，上以师德粹行淳，加昭文馆大学士荣禄大夫司徒领东山宗佛性圆觉大禅师，授银章白麻。恩至渥而气不骄盈，岂浅浅之智所能及哉？

泰定元年秋七月十有九日示疾于不二轩右肋，而化时晴空雨堕，云敛光生，其感异又如此。茶毗之际，圆光骇目，会葬者千人，靡不耸瞻。收五色舍利罗，分葬香山、道者、千金、宝严，各建浮图，惟表盛德。寿六十有四，僧腊三十。度门弟子百十余人，嗣法长老曰全、曰璋、曰新，俱化。一方庵主曰阔、曰庆、曰海、曰渊、曰清、曰璨，皆不坠休风。呜呼！自世尊灭度后，圣圣弘化，代代袭传。如师畓岁出尘，壮而慕道，老备善缘于诸刹，享荣福者。皇朝坐处，分明荣枯自若，振纲纪，隆祖道，生死自由，圣凡叵测，预高僧之列，不其伟欤？故焚香稽首而之铭。铭曰：

达人上士，应迹有方。优昙瑞世，佛祖弘扬。和公挺出，母梦贞祥。诸方行脚，声振滦阳。年方髫齿，归礼空王。顺庵训诱，贝叶披祥。诣九峰老，薰知见香。龙渊柱锡，印可开堂。宝严一主，里闬生光。茸居崇法，劬役六霜。嘉声籍甚，学海汪洋。香山胜概，古佛道场。殊恩首遇，临幸武皇。内帑金币，所赐非常。仁庙继幸，睠顾荒凉。赐赍万锭，贲饰宝坊。宛如图画，炜炜辉煌。龙颜甚悦，特赐银章。秩登荣禄，罢墨弥彰。司徒掌教，钦退如藏。众推弗允，再踞禅床。庄严列列，金碧相望。百废具举，奕世流芳。泰定秋仲，示疾云亡。荼毗舍利，塔依碧苍，甡甡弟子，复帜而昌。实惟张本，识虑深长，丰碑颂德。永劫无忘。

元泰定二年三月吉日　本寺提点庆山、临寺海浩、庵海璨等立石　诸色府石匠蔡琮刊

碑刻说明

元刻。在瓦井宝严寺遗址。拓片碑高 136 厘米、宽 82 厘米，额高 33 厘米、宽 28 厘米，篆书"故荣禄大夫司徒佛性圆觉大禅师松谿和公塔铭"。

碑文考释

此碑为北京元代佛教史上的重要碑刻，碑文题为《故昭文馆大学士荣禄大夫司徒佛性圆觉大禅师领东山宗事松谿和公长老大和尚碑并序》，记述了元代高僧松谿和尚的生平事迹。

松谿，俗姓刘，名显和，松谿为其自号。碑文称"世为涿郡范阳人"，又称"住宝严禅寺，耀里社之荣"，"宝严一主，里闬生光"。宝严，即宝严寺，在房山瓦井村。松谿住持宝严寺既是"耀里社之荣""里闬生光"，那么，松谿的家定在宝严寺附近。如此看来，松谿应是房山周口店镇本地人，所谓"世为涿郡范阳人"必是泛而言之。

元世祖中统元年（1260），其母感梦而生松谿。松谿 9 岁出家，礼房山瓦井宝严禅寺庵主顺公为祝发师。18 岁到滦州（今河北省唐山市滦县）开觉寺依龙溪老人叩启宗乘，机锋迅捷，受具戒。历十寒暑，来到大都（今北京），住锡双泉龙渊寺，依九峰老方主。

元世祖至元三十年（1293），松谿 34 岁，正值壮年，回到阔别已久的宝严禅寺，任宝严寺住持。不到两年的时间，他重建了寺院的丈室。成宗元贞元年（1295），改任滦州乐亭县（今河北唐山市乐亭县）南千金崇法寺住持。在千金崇法寺第六年，他重建方丈七间，其绩益著，清誉远播。大德六年（1302），九峰方主上疏元廷，推荐松谿任大都香山永安寺住持。这一年，松谿 42 岁。至大十三年（1320），武宗皇帝临幸香山永安寺，赐金一锭、银六

锭、钱币七千五百缗、彩币四千，充山门之供、云侣之施、衣钵之需。此后不久，又赐钱近万缗，足见武宗对松谿的珍重和恩宠。

皇庆改元（1312），七月，仁宗皇帝给匠百名，赐钞万锭，兴弊起新，助香山永安寺大规模重修。殿堂廊庑、厨库斋寮，寺所宜有靡不毕具。工就，仁宗临幸，见永安寺金碧璀璨，若图画然，龙颜大悦，当即赐钱五千缗。

松谿以皇上所赐，加之衣盂之余，大修功德，在昌平县的栗园创佛殿、西堂、方丈、僧舍二十余楹。又将宛平门头村（今属北京海淀区四季青镇门头村）之吉祥寺、新张里（当在今北京丰台区）之道院，大兴（今北京大兴区）之净居、城南之遵敬寺、房山之宝严寺、永平（今河北秦皇岛市卢龙县）之云峰寺诸大刹，旧者新之，缺者完之，危者替之。兴建堂殿、斋厨、库厩，轮奂可观。松谿住持香山永安寺整整十年，皇庆二年（1313），53岁的他急流勇退，婉拒僧众的劝挽，辞去永安寺住持。此后，松谿仍为永安寺续产置业，营崇智店，建咸宁库，造首蓿房。功力之多，不可殚纪。延祐三年（1316），56岁的松谿以德粹行淳被元仁宗加封为昭文馆大学士荣禄大夫司徒领东山宗佛性圆觉大禅师，授银章白麻。

昭文馆大学士，在元代当是荣誉头衔，一般赠给宰相类的高官。荣禄大夫，官秩为正一品。《元史》志第四十一上《百官七》："荣禄大夫，以上俱正一品。"

司徒，与司空、太尉位列三公，荣显之至。《元史》列传第六十二《李孟》："司空、司徒、太尉，古之三公，自大德以来，封拜繁多。释、老二教，设官统治。"

银章，意思是银印，其文曰章。汉制，凡吏秩比二千石以上皆银印。隋唐以后官不佩印，只有随身鱼袋。金银鱼袋等谓之章服，亦简称银章。

松谿作为一代高僧，位列三公，序居一品，享银章之赐，可谓殊荣之至，有元一代的高僧中可及者寥寥。

仁宗还命松谿领东山宗，也就是为天下东山宗首。禅宗五祖弘忍于唐永徽五年（654）在黄梅东山创建道场，弘宣禅法，故后人称"东山宗"或"东山法门"。自达摩禅发展到"东山宗"，已进入了"禅宗境界"。后来禅宗的南北宗即由东山宗继承发展而来。从松谿领东山宗看，起码到元中期，东山宗仍作为禅宗的主要宗派存在，这为我国佛教禅宗发展史的研究提供了难得的线索。"佛性圆觉大禅师"是仁宗御赐松豁的僧号。碑文赞扬松豁"恩至渥而气不骄盈，岂浅浅之智所能及哉？"

泰定元年（1324）七月十九日，64岁的松豁示寂于香山永安寺的不二轩。僧腊三十，一生度门弟子百十余人。就在他示寂的一刻，原本晴朗的天空忽然下起雨来，瞬间又云敛光生。茶毗之际，圆光骇目。僧俗千人送葬，靡不耸瞻。松豁的遗骨化为五色舍利，分葬于香山永安山、乐亭千金寺、房山宝严寺，各建舍利宝塔。

〇九二　瓦井宝严寺重修正殿碑记

顺天府涿州儒学掌□□□□□赵文举书丹

文林郎顺天府房山知事杨□□撰文

距直隶顺天府之西南百四十里为涿州，涿州之西北五十里为房山县，房山县之西南二十里为瓦井村，村之东北隅有寺曰宝严。宝严寺之起旧矣，碑□残缺□□于□□□□□元皇庆元年，□□□□□□□司徒大和尚讳显和、号松豁者，此开山祖师也。松豁□□□□□□□□□□□□□□□□矣。□□□□间计者三，佛以尊计者三。伽蓝、祖师以间计有各一。东廊若干间，西廊若干间，方丈□□□□□□□□□□正殿尤加之意，工之缜密甚异于各所建者，以庇覆佛之金身故也。迨至我朝成化间，松豁之所建者坚固不异于昔，时其□能者□村之太监刘公宾力□之。刘□□□□□□□□碑记已悉之，兹不具。刘公与寺之禅师宗□者善，于是乎内外夹持，□□弗□建天王殿，建钟楼鼓楼□□□路直彻于山门，皆松豁昔之所未有也。然事之故者或废，物之久者或□，此□□亦□也。□□□□□□□□乡耆□□□泰、蔡进、□□、王林、刘宝、徐昊、徐学傅、王名等以旱故，诸寺行香祈雨□正殿□□□□□□□□有捐者石□颓者□有不能庇覆于佛之金身也。即召吉之弟子曰成亮者，相与□□□□林□□□□□矣，佛□无所庇覆矣，其何以不与我乡人言？亮曰："天道亢旱年，意其然。十年九旱

□□□□□□□□□□□事也。亮岂敢言？"乡耆凤等曰："此善事也，何待于年之丰？"即延村之诸乡耆议诸。乡耆即□之曰："如此□□□□上舍圣人力□之。"乃造钟于范，陶瓦于泥，伐石于山。朝之饔，夕之飧，工役千计□尝有□圆昔□者□□□□捐者今□矣□□□□□□□□焕然一新。□□无□□境亮，又恐其四面之弗固也，乃筑垣墙若□□□□其两阶之壮观也，乃植松柏若干株。又恐其僧之或□□与其不□者之□□也，乃范钟以司晨昏。□□□□□大皆所以拱扶正殿之意也。正殿事竣，乡耆首徐君凤以□之毕其功，不可以无记，乃偕族之□□□索□且事状也，诣□之肥□亭索予言以记其事。其称亮之德也甚悉，予以二君故又以亮之德善□于□□□□禅也，其何以辞？予按：天下之事之物固未有常新，而□故亦未有常初而不久者，故者则复之，可以□□扶□。久者则返之，可以不入于腐，腐而返于初、废而复于新，此固理与势之必然者而岂异于事？需故废物□□□有必然者与。今者正殿又一新矣，又一初矣，□□□□功于是乎大矣。将来或有来兴□也，其□攘于前□□则后□之□□□□也□书此以□□□□□□□□义□□于善者则皆村□之阴，兹固□□□□□。

大明正德十有六年岁在辛巳春三月廿二日立

碑刻说明

明刻。在宝严寺旧遗址。拓片高 138 厘米、宽 83 厘米，碑额高 31 厘米、宽 27 厘米，碑额篆书"修□之记"。

碑文考释

宝严寺，为古老寺院，始建年代失考。辽代叫瓦井庵，天开寺住持忏悔上人曾在该寺出家，拜寺僧黎公为师。元代天开寺住持应公俗姓赵，名普应。14 岁出家，在瓦井庵落发。至元十年（1273），任天开寺住持。可见元早期，瓦井庵亦为一方重要寺院，尽管规模不大。

考此碑，元仁宗皇庆元年（1312），高僧显和（号松谿）来到瓦井村，对瓦井庵井行了扩建，重建正殿，增建伽蓝、祖师殿及东西配殿。

松谿修缮宝严寺分别在元世祖至元三十年（1294）和元仁宗皇庆元年

（1312）。至元三十年，他回到出家的宝严寺任住持，重修丈室。皇庆改元，松谿时任香山永安寺住持，再次捐资重修宝严寺。《故昭文馆大学士荣禄大夫司徒佛性圆觉大禅师领东山宗事松谿和公长老大和尚碑并序》未载明所修殿宇，而此碑明确记载，重建正殿，增建伽蓝、祖师殿，东西配殿。

此碑称："司徒大和尚讳显和、号松谿者，此开山祖师也。"那么，该寺由瓦井庵更名为宝严寺，应该是自元世祖至元三十年松谿任该寺住持始。宝严寺由一座村庵成为名盛一方的寺院，皆因庵里走出松谿这位高僧。

明成化年间，寺院住持与内官监太监刘宾交好，刘宾施助增建天王殿、钟鼓楼，开通寺前道路，直达山门。正德十五年（1520），重修正殿，又铸大钟悬于寺内，种松柏、筑院墙，山门一新。

○九三　通真观碑

大长春宫玄学讲经提举金泉彭志祖撰并书　东平路前宣抚司□州劝农兼捡察使宁克诚篆额

至元辛未冬十月，予以事自燕抵范阳冯村全真观，因为旬日之留。一日，黄冠师文公志通者踵门求谒，稽首而言曰："每欲走书，币有请于从者，今子至矣，诚慰于心。"予顷间问所求，曰："无佗，惟丐文以纪观事耳，请具道所以然。盖此观在涿州奉先县治之西南二十里，茂林沃壤，云烟萧爽，大房西山倚如翠屏，有墅曰瓦井，观曰通真，实志通偕辛志明、侯志正之所建也。岁甲午春三月，志通至自汴，有本村会首赵永昌等具状施己地亩，以步计袤七十有八、广三十有一，请建为国梵修之所，志通辈允之。其始也，垦榛芟芜，鹿豕其俱。其终也，田之污者月以清，庭之荒者日以除。有殿以奉玄圣，有堂以奉真官。西斋东厨，下逮库厩、园圃、井渠，皆隶焉。请于宗师清和真人，得今额。此观事之大略也。迄今三十余年，营造□□就绪，敢立意其言始末，欲刊诸石，繄子是待，幸有以纪之，可乎？"予欣然曰："有是考兴造始末，当如所请。至于师□□□□源宗师命名之意，为道者故不可忽诸。窃尝谓全真之教，自开辟两仪，此理已具，凡主盟斯道者，代不乏人。我玄门师祖立言垂训，之后文、庚、庄、列四子翼而张之。汉魏唐宋以来，张道陵、寇谦之、杜光庭、陈图南辈迭而弘畅之。至金源氏，重阳王祖师度高弟曰丹阳，曰长真，曰长生，曰长春，曰玉阳，曰太古，相继而布濩之，其教遂大行于世。迨国朝道定，诏征长春回燕，其道拯救生灵，推恩尤被宜乎四方，无贵贱少长，皆知从事于道。由是言之，信乎！道之一气，通流于六虚之间，无所不在，而及于人身，一言以尽其妙者，曰真而已。在至人有其真而能全其真。常人有其真以至昧其真，嗜又蛊之，世故汩之，向所谓真者，不知为何物，尚可与言道邪？后之学者，倘能以宗师命名之意克通是理而求之，则庶乎可矣。"公南京内乡通许县人，家世以农为业，自幼入道，礼易州隆兴观于尊师为师，尊师出于沙垈王真人之门。公之为人，纯素有守，在道五十余年，惟以建庵立观为己事，其于玄门为不负矣，故并及之，俾来者有警焉。铭曰：

　　猗欤师祖，来自西秦。道传老氏，教立全真。真之在人，匪由乎外。至人所得，常人所昧。道之为用，或似不盈。无形可形，无名可名。欲假修习，实繫定力。听公所言，知公之德。公至自汴，择居奉先。曰辛曰侯，同立福田。桢干畚锸，岁日必葺。几历星霜，功缘告毕。殿宇差差，出于无为。尸而祝之，孰云不宜？西山高直，东流不息。通真名观，亦终亦极。且望焚诵，以集群仙。祝我皇家，亿万斯年。

侯志正、辛志明

大元国至元九年五月望日　宗主达妙大师文志通门人知观白道素等立石

功德主赵永吕、婿信真　居士张甫山　燕山洞玄逸士耿志明刊

碑刻说明

元刻。在通真观旧遗址。拓片高 146 厘米、宽 75 厘米，碑额高 35 厘米、宽 28 厘米，碑额篆书"通真观碑"。

碑文考释

此碑为元代通真观创建碑，记载了全真教道观通真观创建经过，对研究房山乃至北京地区的全真教史有重要的文献价值。

甲午，为元太宗窝阔台六年（1234）。

金宣宗贞祐三年（1215），蒙古兵破中都，瓦井村所在的中都奉先县沦为蒙元统治。到太宗窝阔台六年，元人统治中都地区已达19年。

据碑文记载，通真观始建于太宗窝阔台六年。当年，文志通从河南开封来到瓦井村，本村会首赵永昌等施地亩计袤七十八步、广三十一步给文志通建道观。文志通偕辛志明、侯志正兴工起建。道观落成，全真教掌教宗师清和真人尹志平亲题观额。可见，通真观应为元初全真教重要道观。

全真教在元代兴盛始自长春真人西行。

长春真人，俗姓丘，名处机，字通密，道号长春子，登州栖霞（今属山东省）人，生于金皇统八年（1148）正月初九日。10岁出家，19岁入道，20岁于昆仑山栖霞洞拜王重阳为师。大定九年（1169）王重阳羽化。大定十四年（1174），以马钰掌教，留守刘蒋村，丘处机西入磻溪（今宝鸡市镇附近）穴居修炼六年，迁隐陇州龙门山潜修七年。

大定二十五年（1185），丘处机受京兆统军夹谷公疏请还刘蒋村主持修葺重阳故居，命名为祖堂。此时，全真道已成为北方大教，上显于朝廷，下示于民间。大定二十八年（1188），金世宗问之以保身养命之术，丘处机答曰："抑情寡欲，养气熙神。"世宗大悦，令主万春节醮事。不久，丘处机乞旨还山。

金章宗明昌元年（1190）自陕西东归故里栖霞县，建太虚观居之。金宣宗贞祐二年（1214），蒙古势力进入中原，金被迫迁朝汴梁（今河南开封）。金、宋诏至，丘皆称病不前。

金宣宗兴定三年（1219），远在西域乃蛮国的元太祖成吉思汗派近臣刘仲禄、札八儿持诏奉请。丘处机观天下之势，欣然应命，乃于次年携尹志平等十八弟子自山东莱州启程西行。跋山涉水，风餐露宿，行经数十国，旅途万余里，历时三年，终于在金元光元年（1222）到达印度大雪山阳坡（今阿富汗境内）。成吉思汗举行隆重庆典，于行宫内接见了丘处机，问以治国之方、长生久视之道。丘处机答曰："敬天爱民为本，清心寡欲为要。"成吉思汗听后深有感慨，半载未游猎。至此，元代统治者停止了野蛮杀戮的行径。

元太祖十八年（1223），丘处机乞还东归，成吉思汗特下诏豁免全真道减税差役，命其掌管天下道教，又派兵士千人护进。丘处机西游，奠定了全真道在元代兴盛之基。元太祖十九年（1224），丘处机抵燕京，居长春宫。

全真道声名远播，四方尊礼者云合。元太祖二十二年（1227），丘处机羽化登仙于北京长春观。遗命弟子尹志平嗣教，是为全真道第六代掌教宗师。

尹志平掌教后，元统治者对全真教支持如故，全真道的鼎盛局面得以继续发展。太宗十年（1238）春，尹志平年届70，将教事付李志常，而归隐于大房山之清和宫。

○九四　刘宾谕祭碑

惟大明成化十八年岁次壬寅五月己巳朔初六日甲戌，皇帝遣御马监太监王祎谕祭于内官监太监刘宾曰：尔自弱龄被择禁内，历事列圣，勤慎著称。方兹委用，胡遽疾婴。讣音来闻，良切悼惜。特赐以□□□葬，或尔灵有知，庶其歆服。

碑刻说明
明刻。在瓦井村。拓片高198厘米、宽86厘米。此碑无题，碑题自拟。

碑文考释
成化十八年（1482）五月初六，明宪宗朱见深遣御马监太监王祎到瓦井村内官监太监刘宾墓地谕祭，立此碑记事。刘宾与村中宝严寺僧人交好，生前曾施助重建宝严寺，故逝后葬于寺旁。

○九五　重修白衣庵碑记

且夫乾坤定位，人物肇生。万物之中惟人为贵。禹王决水以治田，后稷教民而稼穑，聃祖传流以道德，孔师遗述于仁义。惟白衣大士，金莲妙相，亿万化身，遍救苦难，普渡群生。古圣德参天地，护人享□于万一。故我村先贤，自故明天启五年创建白衣菩萨圣殿，群垣禅室，一礼隆观。迄今二百余年，被风雨倾颓，佛像暴露，禅室破漏，住持无栖。适有善信村民武公、张公等目睹惨伤，不忍坐视，与张公、田公计议处祭复新之念。奈工程浩大，无力可成。幸庙遗有香火地四十亩，自壬午年至己丑年，将历年粮石，除输国课外，共获本利清钱三百余吊，遂兴工督造，重修大殿，金塑佛像。新延住持，焚修香火，朝夕不辍。僧感诸公立重整之功，恐善果后没，因勒石以方注芳名，万古不朽云耳。

今将地亩祥录于左：

村北杏园东北地十五亩，正东地八亩；享堂正北地九亩，东地二亩。庙后民地六亩。

善信人：张铭、武□、田□□、张□、任□□

大清道光拾年岁次庚寅季秋月望五日立 住持□果

碑刻说明

清刻。在白衣庵旧遗址。拓片高 72 厘米、宽 58 厘米，碑额高 19 厘米、宽 24 厘米，碑额正书"乐善不倦"。

碑文考释

考此碑，白衣庵创建于明天启五年（1625），至清道光年间，历三百年风雨，佛像暴露，禅室破败，住持无栖止之所。道光二年至九年（1822—1829），庙中四十亩香火地共收入三百余吊用来修庙。村民张铭、武某等襄赞重修，于道光十年（1830）秋竣工，当年九月立碑。

当年庵中香火地四十亩，其中村北杏园东北地十五亩，杏园正东地八亩，享堂正北地九亩，享堂东地二亩，庙后民地六亩。

〇九六 关圣帝君庙重修碑记

邑西南二十里许有瓦井村，东首旧有关帝庙一间，未知创何年。但年深日久，风雨摧残，殿宇倒坏，而神像之暴露殆有年矣。村民徒深慨叹，未敢发愿重修。今岁有杨驸马庄王公讳恺者，因在村中开大森店生意，不忍坐视，乐捐己资以图重新，因感本村众善人等亦愿捐资乐助。谋度既同，鸠工选料，月余告成焉。斯举也，若非王公鼓舞于前，何以倡率众善之共襄乐助耶？今兹殿宇辉煌，墙垣齐整，金身庄肃，而庙貌巍然。如是，神有□妥其灵，而村之众善，亦将永荷神庥于无既矣。工竣索记于余，余本陋无闻，然亦得勉从众善，以记吾村善事之始末云尔。是为记。

房山邑庠生段成撰文　历邑庠生田锦川书丹

领袖人王恺、李进孝、郗文德、李瑞，理事人李建功、彭贵兴

石工门永孝、画工王显宗、木工马顺、泥工张九

大清道光二十四年四月上浣榖旦　住持僧启安

碑刻说明

清刻。在关帝庙旧遗址。拓片高 90 厘米、宽 58 厘米，碑额高 18 厘米、宽 18 厘米，碑额双勾篆书"关帝庙碑"。

碑文考释

考此碑，瓦井村有关帝庙一间，创建年代不详，年深日久，风雨摧残，殿宇倒坏，神像暴露。清道光二十四年（1844）春，杨驸马庄王恺在村中开大森店，不忍坐视，乐捐己资重修。本村众善李进孝、郗文德、李瑞等亦乐助修，主事人李建功、彭贵兴，石工门永孝、画工王显宗、木工马顺、泥工张九。月余竣工。

黄山店

在周口店镇西。自周口店镇西行，过娄子水、拴马桩，再西为黄山店。村旁有山，叫黄山，村以山得名。明李久学《重修木梯之记》："西南三十里地名曰黄山，两峰并峙。由中而入，不远曰宝金山，再入曰红螺崄。"

《大金集礼》卷十二至十七记载大房山金陵四至说"南至黄山峪水心二十六里"，这是对黄山店地名最早的记载。

黄山店旧名桃叶口、桃叶渡，处西山要道。自此西北，过蔡树鞍经南、北窑至红煤厂。

村中有山溪一道，溪右山脉古名黄山，自黄山缺口处西南行，再西进入宝金山，自宝金山西北行，再北进幽岚山。宝金山有玉虚宫。幽岚山又称红螺三崄，有乳峰庵、极乐寺、松棚庵、圆通寺、朝阳洞。

本志收录黄山店村碑刻 9 件：明代 4 件、清代 5 件。

收录碑文 11 篇，1 碑 2 文者二：一，碑阳《玉虚宫碑记》，碑阴《嘉庆顺天府告示》。二，碑阳《玉虚宫买卖契约》，碑阴《光绪顺天府告示》。附录碑记 1 篇：明李久学《重修木梯之记》。

○九七　玉虚宫碑记

创建玉虚宫李君合仁者，业出商贾，籍属太原。虽羁廛肆之中，深恶锱铢之鄙，留心性命。早慕真宗，一朝脱玄，假黄冠以优游。半世初遇，于都门而寄迹。厌栖都会，游处溪壑。

上方东北约三十里曰虹螺嶮，为幽燕形胜之区，乃仙佛出入之薮。复东七八里抵宝金山，望之不甚嵯峨，而平远苍秀，有云林子笔意。环拱危岩，后临森壁，□回溪之涧，活流遥映。状云之葱蔚，群峰弄碧，远岫飞烟，奇花异树，不乏怪兽毒虫。时有□是兰若，阆苑琳宫，著名者多至七十有奇，而名未显者不胜屈指。诚天造之奇观，真人间之福地也。李乃移石筑壁，斩木结庐蒲坐。去此子前午后为期，丹鼎携来，惟推情合性是务。课余荷锸，植李封桃，随凹就凸，栽成果木千株。薙草删榛，开出薄田十亩。山蔬野粒，需作饎食。栗实松房，博将子母。丰出啬入，盈余救急孤贫。聚料鸠工，倾囊起修道院。神堂六座，园庑八楹。非抄缘募化而来，悉俭衣节食所致。费数千贯之多，历四十年之久而后落成。苟非立志有恒者，其孰能之哉？於戏近矣！不亦难乎？考其行，则是非两忘。其足迹不出山林，淡泊自甘，绝口不谈荣利，真可谓一尘莫染，诸妄咸消。盖其养之有素，而容貌不衰，至今八十有八，犹复体健颜丰也。抑其或龙沙八百地仙之流亚与！法子曲教兴索予述其功行勒石焉。是为记。

传有法孙三，曰□永春、朱永平、戴永成，法增孙□□□、□□□

嘉庆岁次丙子清和月吉日　钓香醰史夔铭撰并书

碑刻说明

清刻。在宝金山玉虚宫。拓片通高137厘米、宽69厘米。《玉虚宫碑记》在碑阳，碑额正书"万古流芳"。碑阴为《嘉庆顺天府告示》。

碑文考释

嘉庆岁次丙子，为嘉庆二十一年（1816）。

此碑为玉虚宫最重要的碑刻文献，记载了玉虚宫创建经过。

考碑文，玉虚宫为山西太原李合仁所创。李早年经商，人到中年，弃商入道。来到宝金山，斩木结庐，栽果木千株，薙草删榛，开薄田十亩。以衣食节俭所积数千贯起建道观，上下两层正配殿共六座，另建园房八间。碑记称，"历四十年之久而后落成"。若以清嘉庆二十一年为道观落成时间，那么李合仁兴工造道之始为乾隆四十一年（1776），当年此人48岁。到了道观落成的嘉庆二十一年，李合仁已经88岁高龄。

故玉虚宫创建于乾隆四十一年，历时四十年，于嘉庆二十一年落成。这是玉虚宫创建的准确年代。

○九八　嘉庆顺天府告示

顺天府为严禁事，照得房山县西四十里宝金山有道院，住持道众本山尽种果木，众道资以糊口。近年来每有无知小民吵扰作践，攀蹈根株，以致树木损伤，合行出示严禁。为此示，仰附近居民及一应人等知悉：不得附山作践滋事，致伤果木。倘有前项不法棍徒，不知敛迹，混行滋扰，该住持立即协同地保扭赴该县，按律究惩，决不贷宽。各宜凛遵毋违。特示！

本山四至：东、南、北皆至山岭分水为界，西至许姓羊圈为界。

右仰知悉示

告示　　　　　　　　　　　　　　实刻宝金山

碑刻说明

清刻。此碑为一碑两文，《嘉庆顺天府告示》在碑阴，碑额正书"嘉庆年示"。碑阳为《玉虚宫碑记》。

碑文考释

此为顺天府禁止乡民侵损玉虚宫果木的告示。由告示内容可知，在玉虚宫尚未落成之前，宝金山果木时遭山民侵损。玉虚宫竣工，顺天府出告示禁止。此告示未署年月，镌于《玉虚宫碑记》背后，那么，其年代应与《玉虚宫碑记》同时，为道观落成的嘉庆二十一年（1816）。

○九九　玉虚宫买卖契约

立卖契人道衲李明玉率徒等，今将宝金山玉虚宫坡厂两段——上一段，东至李姓、西至羊圈、南至山头、北至老爷港；下一段，东至岭头□、西至李姓、南至破庙顶、北至山头，四至分明——外有倒塌殿房共六间、铁钟一口，上下土木相连，因无力修理，情愿卖与佟禄、刘诚印、范诚启、高诚义、张诚安，率徒周信太、陈信平、盛信长、张信春名下永远为业，言明价置京平银四百两整。其银笔下交清，并不短欠。如僧道俗人等争论，俱有中保人一面承管。恐口无凭，立字为证。

光绪四年十二月二十三日　立字人李明玉、中保人于致安、代笔人海晏臣

经理总管人魏德普、书碑邑人刘佑清、工师刘东江镌

碑刻说明

清刻。在宝金山玉虚宫，一碑两文。碑阳为《玉虚宫买卖契约》，碑额正书"宝金山志"。碑阴为《光绪顺天府告示》。

碑文考释

据《玉虚宫买卖契约》，光绪四年（1878）十二月二十三日，玉虚宫道士李明玉将宝金山玉虚宫坡厂两段及其外倒塌殿宇六间、铁钟一口，也就是玉虚宫的全部房地产，卖给佟禄、刘诚印、范诚启、高诚义、张诚安，及徒

周信太、陈信平、盛信长、张信春，价银四百两。

据光绪五年（1879）《重修三清庙碑记》，买者：佟禄，乾清宫五品督领事；刘诚印，长寿宫六品蓝翎总管；高诚义，钟粹宫六品蓝翎首领；范诚启，钟粹宫六品首领；张诚安，钟粹宫六品首领。可见，光绪四年的交易，是玉虚宫道士李明玉将玉虚宫全部庙产买给皇宫内的太监，就此玉虚宫执掌在清宫太监之手。

一〇〇　光绪顺天府告示

顺天府为出示严禁事，照得房山县西四十里宝金山有道院，住持道众本山尽种果木，众道资以糊口。闻近年每有无知之徒搅扰作践，攀蹈根株，以致树木损伤。合行出示严禁，为此示仰附居民及一应人等知悉：尔等务各安分，不得附山作践滋事，致伤果木。倘敢违示蔑法，不知敛迹，再复滋扰，许该住持鸣同地保，扭赴该管县衙门，呈请按律究惩。各宜凛遵毋违。特示！

此右仰知悉

光绪五年闰三月十三日告示

告示　　　　　　　　　　实贴宝金山

碑刻说明

清刻。此告示镌于《玉虚宫买卖契约》碑阴，碑额正书"永垂不朽"。

碑文考释

此告示是禁止乡民侵损玉虚宫果树。此时，玉虚宫已易手给清宫太监，顺天府布告禁止。这则告示说明，自清中期以来，玉虚宫果树一向遭乡民侵损，尽管嘉庆二十一年（1816）布告严禁。玉虚宫易手后，依仗皇家势力，又有顺天府看顾，想会有所改观。

一〇一　重修三清庙碑记

　　房山县西宝金山之麓有三清庙，其堂庑崇闳，房廊轩敞。林壑之胜，环匝户牖。境寂忘暑，风来欲□。□语送春，松涛聒耳。每当疏林雾老屋，云归花胥谷，清磬敲□，□□□湍，岚光掩日。凡清修奇士，揽胜名流，靡不对景神悦，□□□□。诚修甚之别业，餐秀之名区也。岁月阮久，风雨渐侵。山□□人，云泉无色，爰略加葺治，俾复旧观。冀领烟霞，勿崇华靡。泉流穿屋，松影当窗。香篆云迷，经声樵和。又何必张卧游之图，夸济胜之具？方足以笑傲林泉，探奇丘壑哉。嗟乎！软红十丈，叹名迹之久湮。空翠千林，幸游踪之可寄。静观自得，挹爽非遥。游斯地者，其亦对泉石而流连，抚云萝而眷恋者乎？是为记。

光绪五年孟冬二十一日建立

碑刻说明

　　清刻。在宝金山玉虚宫。拓片高 188.95 厘米、宽 110.91 厘米。此碑无题，题为添加。碑额正书"万古流芳"，阴额正书"万善同归"。

碑文考释

　　立碑时间是清宫太监接手玉虚宫第二年，即光绪五年（1879）。玉虚宫道士李明玉将玉虚宫变卖是因为"无力修理"。碑文称，玉虚宫"岁月阮久，风雨渐侵"。于是在太监接手玉虚宫的第二年，"略加葺治，俾复旧观"。工程数月而竣，立碑记事。

　　三清，是道教最高尊神：太清道德天尊即太上老君，玉清元始天尊，上清灵宝天尊。由"三清庙"之称可知，玉虚宫作为道观，供奉着太清道德天尊即太上老君、玉清元始天尊、上清灵宝天尊。

碑阴

京都顺天府房山县西乡宝金山护法众善人等：

长春宫四品花翎总管李莲英，钟粹宫六品蓝翎首领高诚义、钟粹宫六品首领范诚启、钟粹宫六品首领张诚安，长寿宫六品蓝翎总管刘诚印、长寿宫七品首领孙理慎，乾清宫五品督领事佟禄

广忠、高明山、范平喜、刘宝德、万进才、赵永志、佟志河、李金声、张进喜、黄金庆、张吉福、熊有林、文明玉、玉润、杨勇、张德喜、梁永年、张奎光

开山张诚安、范诚启、刘诚印、高诚义、佟禄，率徒崔信仁、孙信义、徐信礼、郝信智、谢信善、杨信慧、陈信平、周信泰、盛信长、张信春

经理人魏德普　邑人刘佑清书

光绪五年岁次己卯孟夏月建立　工师刘东江镌

碑文考释

碑阴记载宝金山护法众善人，第一个就是长春宫四品花翎总管李莲英。无知乡民看到李莲英的名字误认为玉虚宫是李莲英别墅，本地文人不求甚解，以讹传讹。碑文历历，明辨其非。当年，购买玉虚宫并非李莲英，重修玉虚宫后，李莲英只是作为护法善人刻在碑阴，如此而已。七位护法善人，除李莲英外，皆为玉虚宫拥有者，身份皆为清宫太监，职衔五品至七品不等。这则碑刻披露了光绪四年（1878）购买玉虚宫者的身份，而买卖地契碑并无身份记述，故此碑为研究玉虚宫的重要碑刻文献。

一〇二　重修玉虚宫孚佑帝君碑记

古来圣贤名臣有功德者，国家隆崇报之礼，春秋致祭，载在祀典。然忠节孝义、乡贤名宦，专祠而外，遐陬僻壤，未能尽斯人而观感兴起焉。先师

孔子祀天下学宫，非其地不得立庙。若夫自京师达于薄海内外，无论学士大夫之尊，以及愚夫愚妇儿童隶卒之群下者，莫不奔走祈禳、瞻仰敬畏者，惟孚佑帝君为然。盖帝君慈悲度世，普济群生，其神灵陟降上下，万古常新，显赫鉴观，懔乎若有所靓，诚为历代仙贤莫可比隆者也。

京西房山县宝金山，旧有玉虚宫者，榱题式焕，祠宇巍峨。近畿远郡，黄童白叟，以时求庇，焚香顶祝，迭著灵应，与斯民呼吸，若有相感应者。多历年所，风霜剥蚀，渐就倾颓。凡我士民何以靓神明之如在乎？爰于今岁乙未，白云道长刘诚印、师弟高诚义立愿重修，鸠工庀材，又建大殿三楹，奉供孚佑帝君尊神，并立碑志之，不数阅月而焕然复旧观焉。嗣兹以后，惟冀神灵降鉴，御灾捍患，福庇一方。托宇下者亦皆戴德崇义，景仰仙风，以时诚敬，告保久远。则今日之举为不虚矣。是用勒文纪石，贻示来兹，俾有考焉。

光绪二十五年七月吉日立

碑刻说明
清刻。在宝金山玉虚宫。

碑文考释
此碑记载，光绪二十一年（1895），玉虚宫"风霜剥蚀，渐就倾颓"，白云道长刘诚印、师弟高诚义立誓重修，并增建大殿三间，供奉孚佑帝君。

光绪四年（1878），刘诚印与佟禄、范诚启、高诚义、孙理慎、张诚安六人买下玉虚宫，翌年进行重修，作《重修三清庙碑记》。光绪二十一年再度重修，刘诚印已为宫中道长，且号白云，六人中只题刘诚印与高诚义，佟禄、范诚启、张诚安、孙理慎四人或已经故世，抑或离宫他去。

孚佑帝君，即八仙之一的吕洞宾，与少阳帝君、正阳帝君、大道帝君、辅极帝君同列首教五祖。吕洞宾本姓李，唐朝山西省蒲州永乐县人。相传吕洞宾出生时异香满室，有白鹤飞入帐中不见。吕洞宾从小聪颖，10岁能文，15岁能武，精通百家经籍。唐文宗开成二年（837）举进士第，出任江州德化县令。宰相李德裕结党营私，吕祖不愿偕同，弃官隐居于庐山的山洞中。

因为该洞有两个出"口"，于是便改姓为"吕"，自称为洞中的宾客，改名为"洞宾"。著有《圣德篇》《指玄篇》《忠孝课》。宋徽宗封吕洞宾为"妙通真人"。元世祖封"纯阳演正警化真君"。元武宗加封其为"纯阳演化孚佑帝君"。农历四月十四日为孚佑帝君诞辰，各地的孚佑帝君庙会举办盛大的庆典为吕洞宾祝寿。

一〇三　重修梯锁之记

佛法广大，示沤和迹，降于王宫

□□□□亘古迄今曾未尝

登州蓬莱郡程氏之子卯岁

金山老祖请益念佛，公□昼夜

大宝山幽雅清奇，留心盘石静

立誓禁门三年，身披布蓑，口唉

远，至成化九年，有金台善士马

又涿那善女张氏诣□送供见

有年矣，是予开山有路。一日下山

相契，全付衣法，杖锡南游，至于伏

律至于本山，见梯摧朽，重发倾心

皇亲周良、李玉、贾亮、陈智、周广五人

八日安置是，予谓众曰：若非立

复书铭曰：

佛祖西域，法化东传。教兴之

分宗列派，迄至予边。参方礼

岩悬梯锁，上下通连。往来无

时大明正德四年岁次己巳夷则月

碑刻说明

明刻。在中崄梯锁傍。残高 112.5 厘米、宽 116.66 厘米。碑额正书"上崄开山之记"。此碑对研究红螺崄的历史非常重要，故录之。碑残而存半，故录文录其半，以保留原貌。

碑文考释

圆通寺为红螺崄道创之寺，此寺创建于明天顺四年（1460），创寺同时建梯锁，此为红螺崄开山之始。《重修梯锁之记》记载了成化九年（1473）重修梯锁之经过。此碑虽残，可与《重修木梯之记》互相印证，获知梯锁的来龙去脉。

附录碑文

民国十七年《房山县志》卷七《艺文》载明李久学《重修木梯之记》：

房山去都城百里，创自金元，始曰奉先，后改为房山，盖取其县之西有山如房之义。山脉起自中条，直坻辽海，环于房者若马鞍、连泉、茶楼、石经，不可胜记。西南三十里地名曰黄山，两峰并峙。由中而入，不远曰宝金山，再入曰红螺崄。其下根基盘结凝固，峻嶒突兀，耸然独出，诸峰罗列左右者如戟。天顺四年，有禅僧讳静春号大元者，游历此处，爱其山水秀丽、林麓深远，遂为终身寄迹之计。始建招提一所，扁其石曰圆通。因投礼天开谈公无说，披剃而居之，殿宇、斋厨渐次就序。由兹而上曰中崄，路当隆脊，两旁涧深不可测，乃凿木为梯，贯索于石而登焉。其上有坦地一区方丈许，乃结小庵数椽。轩豁高敞，喧嚣莫腾。所可闻者，自铃铎梵音之外惟有风声鹤唳、猿吟樵唱而已。山之巅曰上崄，峭直壁立，视他处尤险百倍。登眺于此，四望无际，诚所谓一方之巨镇。嘉靖十二年，司设监太监王公政挂旛于其上，归而叹曰："山雄路陡，非梯攀鲜克能跻。矧前人之所作者，迄今七十余年，往来践蹑，风雨飘飖，日见其有损。"而已遂捐资命工，求合抱之柏，为梯而载之阶，征余言以纪其事，余曰："乘舆济人，子产尚以惠人称之，王公此梯之设亦不啻惠人也。公其仁矣夫，公其仁矣夫！"

一○四　重修极乐寺记

临济同林圆通寺住持□门□□书丹

红螺崐山距房山西三十里许，人皆曰多高峰、多奇石。路盘回如线，不能容马，游者缘梯引索而升，足未涉而气已夺，真世之险绝处也。僧人静善号无极，即其处以居之，为法堂者三，以祀佛也；为斋厨者二，以自栖也。嘉靖初，岁久日敝，其徒性融号混空、性表号天仪，其孙心境，锐然以兴坏为己任，矻矻不舍昼夜，月积岁累而用以足。于是去其敝坏而营其故基，为佛殿者三，奉佛居中，两列罗汉，金碧辉映，焕然聿新。凡四方宾客之游者，而又作室以栖之，视昔日之所创增数倍也。然此者皆出于表上人之所经画，亦多赖于四方好善者之所乐助也。工始于嘉靖十三年之春，落成于十五年之秋。上人一日来谒予曰："吾百力新此，不自意成就，吾欲文于石以垂不朽，何如？"予曰："诺！"遂援笔而叹曰："世之官府凡有所兴作，虽其甚不获已者，亦必几费经营而后可以期得志。今斯寺之侈用财与力悉资于人，乃作，不数年工以告具，是何其易腐、为新如是之敏也？而人应之者又咸以为当然，予不知其曷克尔尔也。虽然，岂独其说之足以鼓群听、惑众志哉？吾观上人气闲而定，行洁而通，言朴而确，以厥故，人皆谅之。凡欲有为，靡不如志。夫以数十年圮坏之迹，而得一人焉以兴，佛有妥灵，宾有宁宇，虽未索其所为克当于理否，而其志之专、力之勤，有恒可嘉也。则安得而勿记乎？若夫红螺崐形胜奇诡千出之状，尚有俟夫明智者以记之矣。又奚候于予文也？"

□州□七卫燕谷店信官□□长男宋□

□□□□台村□信官田仲宾

安肃县□□贺村致仕官□□义□□□郭忠儒　□□□

时大明嘉靖拾七年岁次戊戌孟春月吉日　安肃后学贺道济记

碑刻说明

明刻。极乐寺在红螺三崄梯锁之东。进云会门，达下崄乳峰庵。自乳峰庵而上，再东北曲折而行，即到梯锁下。自梯锁而东，一寺坐北朝南，这就是极乐寺。极乐寺正殿三间，东西配殿各两间。出极乐寺东行而北，一碑于路左而卧，《重修极乐寺记》镌于此碑之上。

碑文考释

极乐寺是红螺三崄建设的第二座寺院，也是至今有迹可寻的较为完整的寺院。《重修极乐寺记》是极乐寺创建后首次重修碑时所作，据此可推断其创建的大致年代，因此为极乐寺重要碑刻。考此碑，极乐寺创建者为僧人静善，号无极。该寺最初规模为法堂三间，斋厨二间。到明嘉靖初，"岁久日敝，其徒性融号混空、性表号天仪，其孙心境，锐然以兴坏为己任"，重修佛殿一座。嘉靖十三年（1534）春动工，十五年（1536）秋落成，殿中奉释迦牟尼佛，两旁列罗汉。经此重修，极乐寺规模有所扩大。

从静善传至三代看，静善创寺于弘治年间较为合理。若是正德年间创建，十几年时间殿宇应不至有大的损坏。自嘉靖元年（1522）上推至弘治元年（1488），三十几年时间，殿宇损坏，需要重修，似应合理。基本可以断定，极乐寺由静善创建于明弘治年间，最早不会早于明成化年间。

一〇五　重修红螺三崄中崄极乐寺碑记

夫人寓形寰区，所为记载垂不朽者必曰记。顾州有以忠贞记者，有以勋庸记者。旗常彝鼎，非不赫然耀耳目。然昭昭之表见，终不若冥冥之功德足以培善果、种福缘。□□□□□□□□□□□□□□□□□□□□□□□□□□□□□□□□□然峨然相错如绣，盖京西一胜望也。中崄山有极乐名寺者。登崄而谒，则俯视四极，苍然一色，诸峰杂陈，琐细莫辨，危哉高乎！脱非设诚振志谒尔虔恭，则此山可望而不可登，此寺可仰而不近耳。第寺惟建立年久，倾圮敝坏，释伽子辈每每慕化重修，无与见相作福。时万历癸巳岁，内监总理张公祯因公差近此，素慕复萌，由而上之，参礼极备。见其毁谢坍塌，瞿然良久而改容，回即白于钦差总督东厂官校办事兼掌内官监印务司礼监掌印太监张公诚，同捐捧金，抢材纠工，殚厥擘画，不逾年而落成。但见圣容饬整，昭其象也。殿阁壮丽，盛其宫也。门垣恢扩，大其规也。钟鼓声喧，经教大播。日霭香烟于八极，朝颂皇恩于万年。庙貌鼎新，华峰增重。苦海大渡以慈航，善行阴施于无极。此嵝此寺，亘万古不磨，而公之功德，自默受无穷之报。然则公固梦幻世尘、超然障外者，以故设施如此，况其忠贞勋庸，别有所镂记，以垂不朽哉！兹举亦有乐善捐出己资共成厥美者，咸书旁石。是寺也，住持僧广通，由任丘县真惠寺出家。此僧慕有成劳，义得并书，且以劝后之续住持者。是曰记。

赐进士第中宪大夫太仆寺少卿徽歙程奎撰

万历二十二年岁次甲午五月望日立

碑刻说明

明刻。在中嵝极乐寺前，东侧，拓片高 144 厘米、宽 86 厘米。为极乐寺现存的第二块碑刻。碑文记载了极乐寺的第二次重修。

碑文考释

万历癸巳岁，为万历二十一年（1593）。

碑文记载，万历二十一年，内监总理张祯因公差到房山，来到极乐寺参礼，见殿宇坍塌破败，瞿然伤神。回宫后，把极乐寺状况告诉了钦差总督东厂官校办事兼掌内官监印务司礼监掌印太监张诚，与张诚同捐俸金重修，年内告竣。

第二次重修的万历二十一年，距第一次重修的嘉靖十三年（1534），整整相隔 59 年。此时的住持僧为广通，早年在任丘县真惠寺出家。

一〇六　重修极乐寺题名碑

钦差提督工程内官监太监刘济、陈朝用、王钰

景府承奉正吴朝

钦差总理工程内官监太监张祯

乾清宫近侍内承运库掌印御马监太监孙顺

钦差提督工程内官监等衙门太监等官张进、王昇、刘义、王勋、何昇、刘腾、张沂、田昇、张伟、李禄、张清、张忠、董豹、解宁、傅钦、韩照、予和、赵贵、张懋忠、霍朝、乔进、马良、宁岜、刘成、张贵、田忠、纪钦、段秉忠、耿进、王绍、李□、韩礼、梁儒、卢□、王祐、欧忠、陈栋、何江、王国□、张礼、张□、何和、郭令、马成、蔡□、孟□、杨宗儒、王忠、梁受、董□、闫堂、申□、王禄、胡□、王□、王□、项□、叶□、张其、吴志、□□、蔡□、郭□、张□、赵□、王得用、张□、姚□、张□、崔让、郑□、田□、刘□□、张□、马□、林桐

碑刻说明

明刻。在中峪极乐寺前西侧。拓片高 196.5 厘米、宽 103.75 厘米。

碑文考释

此碑记录了万历二十一年（1593）参与修寺捐助的太监名。

一〇七　乳峰庵碑记

大明崇祯甲申乙酉季春　书立

重修红螺三峪翠竹岩乳峰庵，四置分明：西至御花河沟，南至大牛湖，东至十八盘下河沟为界，北至岭尖分水岭为界。

大都古哲先贤，隐形晦于避凡笼向，笑傲林泉，居岩谷而怡情物外，全于兴修。卜巢□礼神在，且万古犹如在矣。若房邑西四十里许红螺三崄，曲径禄回，层峰叠出，恋压怪石，宛然华□，□奇□激，湍禄逢岩，武陵人之胜概。非夙缘厚幸，安能履此境也？内官监房公永寿，□都国运颠连，难振中流之砥柱，一旦抛却浮荣，潜心淡泊，林居于崄之翠竹岩诸峰。乳峰庵住持唐常永。玉皇殿三间，灵官殿一间，北客堂二间，南客堂二间。

重修住持道纳刘圆融、王圆启、陈明霈、李圆肇

大清宣统三年岁在辛亥五月初三日

碑刻说明

清刻。此碑为摩崖碑刻，高 180 厘米、宽 80 厘米。位于乳峰庵左下方的岩壁上，为乳峰庵重修碑记。

碑文考释

碑文记载了乳峰庵的两次重修，一次是明崇祯十七年（1644），一次是清宣统三年（1911）。乳峰庵有玉皇殿三间，灵官殿一间，北客堂二间，南客堂二间。

进云会门，初崄在望，壁耸翠峰之左者，即为乳峰庵。此庵建于明代，为初崄第一寺，亦为三崄第一寺。进此庵而上即入初崄。

黄元寺

在黄山店村西三里处。村头有华严寺，村以寺得名。原来应为华严寺村，久而久之，讹为黄元寺村。本卷收录华严寺碑刻1件，明代刻。

一〇八　重修华严禅寺记

制授承皆讲经兼赐宝藏圆显密大师播阳道深述

僧录司左觉义兼钦依万寿戒坛坛主宗师辽阳德默书篆

都城之西百十余里涿州房山县，离县三十余里之西南周口里黄山店，其店之三里许，来水凤凰山之后，峰峦高耸，形势盘旋，俨若青螺叠髻。而犹沟涧环流、幽清夹岹之地，有古刹华严禅寺，相传乃唐宋历元遗迹者也。洪惟我国朝一统天下，思翊治化，以西来之教自流布于中原，则其道之体用，放之则弥六合。而诸品类均资，卷之则退藏于密，而诸群生普度，其上足以仰赞皇图巩固，其下足以保安社稷和平，而所以在处之梵宇皆任复新焉。

正统间，寻蒙圣朝司礼监中贵官移公善成、钱公觉胜、李公明锡、裴催、马可伦、王忠、秦贵等偕诸同志辈，以忠敬之心，各施金帛为功德主。命褒封弘慈普应禅师天界善世远庵观翁之法孙德深，以其戒行淳笃，则重开山于所谓华严。基址倾覆，乡老谷家仍捨其旧地以修盖前殿，塑释迦佛、阿难、迦叶。次修后殿，塑三世佛。一切色像即色即空，种种庄严，丹碧交辉。而又所盖东廊斋堂、西廊禅堂及伽蓝堂、祖师堂，及兴山门，围砌石墙，院落齐备，钟鼓诸事，完成以作。祝延圣寿万岁，福佑黎庶，一方宁静之道场也。良乡善士祝石海欣施贞石，与首座悟明之京，请记刻碑，以示千载之不泯欤？且夫此华严古刹之重兴，皆赖本县僧会司官广净并谭仁、赵□等，方伯大夫、本店耆宿、富贵长者、远近善信檀越助力助缘，朱贵、朱福□、张玉山成就。而皆于崇教化民，止于至善之功也。克当刊众芳名于石，立碑以旌旷劫焉。见住持讳德深，号古涧，系金台南海子巨族，秉性诚实，幼出家，礼敕建万寿戒坛第一代开山兼僧录掌教左讲经坛主孚公知幻大师。

大明成化四年一月十五日 本山第一代重开山住持德深立石

碑刻说明

明刻。在黄元寺村华严寺旧址，尚保存完好。拓片高 186.3 厘米、宽 90.42 厘米。黄元寺村华严寺位于凤凰山后，为明代房山重修的第二座华严宗禅寺。

碑文考释

考此碑，华严寺为古刹。明正统年间，司礼监太监移善成、钱觉胜、李明锡、裴催、马可伦、秦贵等各施钱物重修，乡民捨出华严寺旧基，请来弘慈普应禅师法孙德深重开山。重修后，华严寺前有山门、钟鼓楼，四周有围墙。正殿两重，前殿塑释迦佛祖、阿难、迦叶。后殿塑三世佛。又盖东廊斋堂、西廊禅堂、伽蓝堂、祖师堂。

住持德深，号古涧，系金台南海子巨族，秉性诚实，幼出家，礼敕建万寿戒坛第一代开山兼僧录掌教左讲经坛主孚公知幻大师。

弘慈普应禅师，明代高僧。名天，号洁祖，法名一清。庐陵（今江西吉安）人，俗姓欧阳氏。礼正宗忠受业，得度于右街云海，侍香于大天界会中，即左街讲经，制授弘慈普应之号。明宣宗朱瞻基御书《新春等诗翰卷》，宣德四年正月八日，御武英殿，赐号弘慈普应禅师。宣德五年（1430），其弟子百川上人重修铜山玉泉寺。敕赐"玉泉禅寺"金书额匾。创立弘庆惮院，正统八年（1443）英宗敕赐匾额。后住持杭州城西北 50 公里处的径山寺。

木岩寺

位于周口店遗址西，贾岛峪南。原为周口店村的一个自然村，20世纪70年代搬迁到周口店村。山中有木岩寺，由了空和尚创建于梁天监二年（503）。寺碑记载，辽天庆元年（1111）定慧重修，明朝洪武元年（1368）洪林和尚重修。正德十五年（1520）再次兴工重修，嘉靖十年（1531）八月落成。这是迄今有记载的最后一次重修。晚唐诗人贾岛曾临木岩寺，并留下脍炙人口的诗章。民国十七年《房山县志》见载，题为《过木岩寺日暮》，《全唐诗》题为《过岫山寺》。

本卷收录木岩寺碑刻1件，明代刻。另附明涿州郝勋《重修木岩寺碑》1篇。

一〇九　木岩寺贤公大师塔记

恭闻贤公大师，号都文，乃燕京宛平人也。景泰六年投礼房山木岩堂上严公老祖为师，受禅教。自师入寺，朝夕心勤，开砍田土，栽植树木，却立常住供众三十余年。后本庵阅《华严经》三载时，有山鹊听经，二鹊聆法，感异香满室。一日偶得尘劳湛息，回向有□，日课《金刚经》，夜入禅那，必念《法华经》，内提婆达多品文殊度龙女献珠成佛，其余功行，讵可言哉！世寿八十有五，偶因疾谓徒曰："吾今年迈，辞世时至。汝等保守心田，匡扶常住，勿念朽毁。"言讫，沐浴拈香，衣跏趺坐，端化西归。思师训诲之恩，故立此石，用为表记云耳。

大明正德十四年九月重阳　本寺徒孙真喜立石，匠人季永刻

碑刻说明

此塔记原在周口店木岩寺村木岩寺遗址。1983 年，亦武大学毕业，从教第二年，为考证贾岛遗迹，于 4 月 10 日，周日，骑自行车只身前往木岩寺。在一处猪圈发现此碑，抄录下碑文。2015 年，周口店村民在周口店村发现此碑，并上报文物部门。故知此碑被人移到周口店村。碑文已严重残缺，幸有当年抄文可录。

碑文考释

此塔记原本嵌在墓塔上，塔毁记存。塔记记载了木岩寺贤公大师生平：大师号都文，燕京宛平（今北京丰台区）人。景泰六年（1455）投礼房山木岩堂上严公老祖为师，受禅教。朝夕心勤，开垦田土，栽植树木。课《金刚经》，念《法华》。沐浴拈香，衣跏趺坐，端化西归。世寿八十有五。为其立

碑者为其徒孙真喜。此僧于立碑翌年重修木岩寺，至嘉靖十年（1531）八月竣工。涿州郝勋撰《重修木岩寺碑》，称其为"喜上人"。

附录碑文

民国十七年《房山县志》卷七《艺文》载明涿州郝勋《重修木岩寺碑》：

国家都燕，囊括宇内，背负医无闾，左沧海，右太行，则其形胜之大者也。房山诸山尤为轩辕邑于涿鹿之阿遗迹，鹫岭莲宇，隐隐多藏其间。予性乐住山水，大凡吾涿贤士大夫言及西山奇胜，必曰木岩。木岩之大，与夫上人之贤、师弟之盛，愧羁尘俗，未得一瞻。忆往岁会试京师，喜上人访焉，与语，则曰"木岩住持也"。问其师弟之盛，曰："同居七世矣。"嗟乎！兹非士大夫家之所难乎？因约为青山主人。今年夏，喜上人令其法弟真祥访予于涿州，曰："师兄重修岩扃，以俟文笔，特来空谷，敬温前盟。"予曰："是予于游而求未得者也。"询其风物之详、重修之由，则以帝城弁其北，浑水襟其南，烟峰枕于东，云谷屏于西，为寺之大观。佳树山田，紫芝瑶草。取煤于穴，汲水于泉，为僧之供给。春风草绿，夏岭云白，叶脱知秋，雪垂知冬，为山之四时。晨昏钟磬，仰祝邦家。月窦看经，石床定息，为僧朝夕功课。法祖了空开山于天监二年，定慧修葺于天庆元年，此得之龟龙剥落中者。圣朝洪武初，祖刘禅师洪林者兴衰崇旧，遗制复显。灯传喜兄，惟恐弗嗣，暨真祥、真纪、真安、真宁，馨竭心力，矢欲重修。始于通池，次两廊，次给孤独宇，次达摩等宇，次中殿，次后殿，禅堂、库厨、蔬圃、井碾，总计若干楹。地胜地也，重修之，佳境秀出，奇石毕露，而游观之美专于木岩矣。起于正德十五年，落成于嘉靖十年八月。自祖师来，同居七世，至我师兄，宗风大阐，而重修实积十余年之勤，不刻贞石，将来法嗣，孰知苦心？予尝欲由木岩登西北绝顶，于以见天高地迥，吊古寻幽耳。今于祥之言也，重有感焉。喜上人，浮屠也。今夫士夫子孙同居处，席已成之业，忘余庆之积；或因妇人之言，或毫发货利，分彼此内外物，而忘天性之真，兄弟仇敌，能守其先人之成业者或寡矣，往往乡里以为谈柄。喜上人学浮屠，合异姓为眷属，乃能同居之久，庭无间言，清规井井有条理。且以其精力重修兰若，金碧辉煌，照耀林麓，以迟前人光。即其一节取之，是士大夫家之所难者，谓之墨名而儒行者非欤？人心私隘，弗知取善。若喜上人，殊未可以浮屠鄙之者。继今法嗣，当无忘兹辑茸之劳与创修之艰，使儒名墨行者有所愧怍也。故以此刻之贞石，俾尔法嗣世守之。祥乃谢而去。

长沟峪

在周口店西，金代名长沟庄。大房山主峰，位于长沟峪村北岭，峰顶有灵峰寺。金明昌五年（1194）苏敬安《大金大房山灵峰寺之记》："旧有庄产别业，凡数四区：寺南之西乃长沟庄，右与禅庵水邻。"长沟峪自明清始以采煤繁荣。光绪二十三年（1897）兴修平汉铁路，建琉璃河至周口店支线。民年八年（1919），高线公司创筑周（周口店）长（长沟峪）高线。交通的便利，为长沟峪带来滚滚财源，进而促进了商业经济发展。清末民初，长沟峪商业勃兴，成为房山县十大商镇之一。新中国成立后，国企长沟峪煤矿开办，村子为采空区，村民迁出，村因此而废。村中有观音龙王堂、娘娘庙、李氏家族墓。

本卷收录长沟峪村碑刻 6 件：金代 1 件、清代 3 件、民国 2 件。

录志碑文 7 篇，其中有 1 碑 2 文，碑阳为《清奉政大夫李君松年墓表》，碑阴为《李公松年世谱》。

一一〇 大金大房山灵峰寺之记

　　房山绝顶，上连玉清。旁摘雄耸，平揖河汉。俯视诸郡，水陆原隰，历历如箕布。南下三里，泉石最幽奇处辟有梵宫，揖于始起之记，肇自隋唐。森列庙容，扣之进然，雕镂玉石，皆唐时样范。庄古志铭载，唐光启二年重建之。至辽中业，有章上人者，英风茂行，声震朝省，奏请名额，取灵山鹫峰之义，敕赐今名，时重熙十五年也。在后华严大师喆公，洋洋乎声光转甚，官锡紫袍，以旌妙行。迄皇朝正隆，开奠房山为陵寝，寺属至内福地，林峦翁郁，申于畿甸。迨明昌改元，复建崇圣宫及白云亭于峰顶。左睨潮海，玉山在目。下瞰桑水，浩浩汤汤，如钗股之细。月殿里庵，昏磬晨钟，响答山谷。斋钵炉香，奢俭得中。与道相会，实栖禅之胜绝兮处，成就维在于兹。

　　旧有庄产别业，凡数四区：寺南之西乃长沟庄，右与禅庵水邻。东临鹿门峪，栗林园圃外，系藉廊宇尚存。正南固册里，实庄土之墟落。良乡县北乐里下寺，中庭襫殿重轩外，诸余畎亩虽没藉于官，然烟际松萝，涧草岩华，崖谷林影，著□□昔，流光千古，不可略而不言。迩来华严法师信公，名德俱实，人所钦重，提振之久，奄归寂灭。门人论法师崇贤，适风峭峭，能踵师武。以其本寺蹬道曲折，栈蹑飞梁，跻昇于万仞，立碑所难，加以涧谷幽暗，深不见底，古记以此沦没无传。今方伐石它山，拜扬厥美，于昭无上，托敬安述事书石。然敬安无识，手战眼昏，今为已老，岂能发扬胜缘万之一，祖录大都？若夫西山雨过，沧海月上。一念不生，全身尽放。脱却芒鞋，摺折柱杖。杜释迦苦口，□维摩方丈。□干□松风，立一家榜样。祝南山万寿，正阳春艳昌。明道有日，斯言无妄。是为之记。

　　大金明昌五年重阳日　寺主沙门崇贤等立　它山苏敬安书　门人赵彦谦刻

碑刻说明

金刻。在灵峰寺遗址。灵峰寺在大房山阳、长沟峪之北，俗名上寺。碑汉白玉质，首身一体，碑高133厘米、宽60厘米、厚12厘米。碑文隶书。碑身共18行，满行37字。圆首，碑额隶书"房山灵峰寺记"。

碑文考释

据此碑，灵峰寺创建自隋代，唐光启二年（886）重建。辽重熙十五年（1046）住持有章上人奏请兴宗皇帝为佛寺赐名、书寺额。兴宗取灵山鹫峰之义，恩赐寺名"灵峰寺"。此后，灵峰寺有华严大师喆公，官赐紫袍，以旌妙行。辽金鼎革，海陵王营大房山陵，寺在兆域之内。章宗明昌元年（1190），在山顶建崇圣宫、白云亭。

金代，灵峰寺极盛，寺院产业有四区：寺南之西为长沟庄；东临鹿门峪，栗林园圃及廊宇尚存；正南固册里，亦为寺之庄土；还有一处，是良乡县北乐里下寺，可惜没籍于官。

当年，灵峰寺上山之路在车场村西，"磴道曲折，栈蹑飞梁，跻升于万仞"。本人曾于20世纪90年代寻辽金旧迹登上，行至上半程，发现高山栈道痕迹，形势绝险，与碑中所记吻合。

崇圣宫、白云亭落成后，信公门人、寺主崇贤，伐石它山，请苏敬安作记书碑，由苏敬安门人赵彦谦镌刻，于明昌五年（1194）立碑于寺内。

碑中提到辽代有章上人，是该寺第一个有记载的僧人。另有辽代华严大师喆公，金明昌华严法师信公，信公门人崇贤。这是房山地区迄今年代最早的华严宗记述。此碑佐证了华严宗传入房山不晚于辽，继之以金。

明初到明中叶，曾重修上方山附近的太湖南华严、凤凰山北华严及凤凰山后的下华严，说明元代上述华严寺已经存在，明初荒圮，故重修之。

这就勾勒出一条华严宗在房山历辽金元明各朝发展的历史轨迹。

———— 重修观音龙王堂碑记

盖闻圣迹重兴，壮此地之风彩。观音殿就光，增龙宇之巍峨。荣惟再整于高垣，乃使一新其规模，此菩萨灵感之盛也。向来大士自皇宫缘相庄王之裔，入香山修成正果，降服火龙，于潮音治善才而畈依道意，真千百化现慈航。其两峰峻裕，誉红同绕。风雷电伯，祥云法雨。善浸流溪，万姓瑞亨。祈望长渠，达报无由。今我房邑迤西，有村曰长沟峪。原系山险路狭，煤客通道，往来经营。力建大士堂、龙王祠，悬立墙垣之上，历年久矣，遭风雨侵坏。幸得村人泣然而叹："我守居此，自观大士龙祠颓坏，门垣分崩，岂敢缩首而不建也？"隅承善信康天眷等昼夜煌煌，饮心聚众会议，捐资重修殿宇，刻日兴工，数月告成。俨然一新，慈昧因果，勒石为碑，录之旌□，善缘籍氏，永延千古。以表圣慈，普救垂恩，俚言注芳，百世豁然，通勒碑记者哉。

时大清康熙四十五年四月拾陆日立　镌书三转庄王麟　画匠米进文　刻匠作周之瑞、方虎

碑刻说明

清刻。此碑原立于长沟峪进村之翁桥下。拓片高126厘米、宽61厘米，碑额正书"千古流芳"。

碑文考释

翁桥即过街门楼，下为门洞，上为门楼一间。观音龙王堂便以上层之门楼充之。在上层门楼中奉观音、龙王神像，便是观音龙王堂了。考此碑，此堂或创建于明代。当年长沟峪为煤客通道，山险路狭，商旅往来经营，故建大士堂、龙王祠以祈祥。历年久远，风雨侵坏。门垣分崩，祠宇倾圮。康熙四十五年（1706），康天眷等聚众商议，捐资重修，数月告成。

一一二　重修娘娘行宫碑记

夫善事之兴也，莫为之前虽美不彰，莫为之后虽盛弗传。今人为惜人惟其善而继其美，仍欲后人永其传而追其盛也。

燕京西距房邑二十余里长沟峪村，旧有泰山娘娘行宫一刹，余尝讲学于其里。当春融溽暑，每游览于斯焉，见夫峰峦列障，林壑争奇，胜境也。风俗朴诚，老幼顶礼，善乡也。而惟庙貌欹斜，其几于倾颓也，盖亦久矣。里中有萧公名炜者，积数世之阴功，为二梵之福荫，本于仁慈，力欲修造。统诸眷属，共发菩提，于庚戌之春捐资财以成圣事。因遗迹而拓规模，重建行宫殿一座、六神殿三楹、戏台一座，并焕然一新。落成之日，属余作序以记之。因思夫天仙圣母，坤象也，气静则能成万物，与天合德而同老，固难以言形，尤非可以赞尽者，夫何记？亦惟详其地，纪其时，载其人。而兰若清幽，山水美秀，以此为参禅之境也可，即以此为游观之区也亦无不可。但使与河山而并古，无风雨之摧残，斯即修之者之志也夫！是为记。

本村信士萧炜重修

钦加知州衔现任房山知县宫（官印）国煦篆额

良乡县举人游凤岐撰

本邑文生萧维林、张宝书书

大清咸丰元年岁次辛亥季春榖旦　立

碑刻说明

清刻。此碑原立于长沟峪村娘娘庙旧址。拓片碑高79厘米、宽50厘米，额高16厘米、宽18厘米。额双勾正书"万古流芳"。

碑文考释

庚戌，为清道光三十年（1850）。

娘娘行宫，即泰山娘娘行宫，始兴于明代，故长沟峪泰山娘娘行宫创建不会早于明。《重修娘娘行宫碑记》成于清咸丰元年（1851），记载了清道光三十年重修经过：当年娘娘行宫庙貌欹斜，几于倾颓，里人萧炜统眷属捐资重建行宫殿一座、六神殿三楹、戏台一座。可见泰山娘娘行宫规模并不大。

一一三　重修娘娘庙碑记

尝闻阴阳不测谓之神，变化无穷谓之圣，是神圣托灵于古庙也由来久矣。兹者邑西长沟峪村旧有娘娘庙一座，历年久远，风雨摧残，柁檩糟朽，头停渗漏。里中萧公槐厅与李公名海者，目睹情伤，不忍坐视，因倡率捐资，兴工嗣建，复有四乡贵官长者喜助资财，共成善事。于光绪元年鸠工告竣，则天仙圣母之宫又焕然一新矣。

修补大殿行宫一切石板木料，悉由六品顶戴武生萧金堂、监生萧治堂、武生萧继堂施助

住持僧法瑞

本邑增广生潘厚山撰文

本邑文生员冯天麟书丹

同治五年监造人刘文明、李川、卢明、王岐龙、彭德林、杨德玉

光绪元年经理人萧金堂、萧维智、李海、萧维如、王万金

光绪戊子年六月穀旦立　　住持僧心开　　刻字石窝村李永福

碑刻说明

清刻。此碑原立于长沟峪村娘娘庙旧址。拓片碑身高 132 厘米、宽 61 厘米。额正书"万古流芳"。

碑文考释

光绪戊子年，光绪十四年（1888）。

娘娘庙自道光三十年（1850）重建后，风雨摧残，柁檩糟朽，头停渗漏。同治五年（1866），由刘文明、李川、卢明、王岐龙、彭德林、杨德玉监造

重修。光绪元年（1875），里人萧槐厅、李海倡率捐资，四乡喜助资财，兴工重修，数月告竣。

萧槐厅，名金堂，字槐厅。长沟峪本村人，六品顶戴武生。光绪元年重修，石板、木料为他与监生萧治堂、武生萧继堂三兄弟施助。萧氏，为长沟峪望族，仕宦之家。

一一四 李山墓碑记

人生由命之言，世之不遇时者辄援以自解，以为天所命者非人之所能为也。不知天能困人以命，不能困人以心。若父生平遭际已处困极，然立身修德皆成于刻苦自励之心，诚不忍一任湮没而弗传于后世也。吾父性仁厚真挚，凡孝于亲、友于弟、忠于人诸大节皆流露于自然，行之终身无少间。而应事接物亦皆推诚相与，天性然也。幼时家道式微，先世所遗坟墓庐舍外，无长物焉。寒则无衣，饥则无食，艰难万状，匪可言喻。而承欢膝下，固无时不惬亲意也。无恒产而有恒心，岂易言者？适当夜雨盆倾，山水骤至，危怯之间乃先负我叔父趋避之，虽淋雨所不惜也，卒能化险为夷，相与团聚。此吾父童年心迹，不已冠绝一时哉？及能自食其力，糊口有资，悉以甘旨奉亲，余者及弟，已则疏粝自甘焉。即而复为人谋，营度窑务，尽心竭力，始终不渝。尝谓食人之食则忠人之事，纵有殊功，不望报也。居心若此，意冥默中所由种德于人欤？他如立家室、训子弟，若丧若祭，为嫁为娶，洵百感以丛身，无纤毫之遗憾。此又历历懿行，悉数难终者也。嗟夫！吾有两叔父，一则夭，而一则独，若无吾父，李氏之门庭寂然矣。其能致有今日乎？今则家日兴、人日旺，可知后辈之福皆先人所赐也。所谓尽心立命，积阴德以遗子孙者，又乌可一日忘哉？今兹营地虽为吾兄分受，实经吾栽种松柏、培补坟墟，后世若戕伐而败坏之，则不孝之罪应有专归矣。余不敏，言亦无文，惟即吾父之始末而述之若是。男鹤龄谨志。

大清光绪三十一年四月初七日 立

碑刻说明

清刻。此碑原立于长沟峪村李氏家族墓。拓片碑高96厘米、宽64厘米，额高17厘米、宽15厘米。碑额双勾题"本支百世"。

碑文考释

此碑为李鹤龄为其父李山所立墓碑，碑文记载了墓主的德行事迹。李山为长沟峪普通村民，出身贫寒，先世所遗坟墓庐舍外，无长物。碑文载其"复为人谋，营度窑务"，即为平生所务。兄弟三人，一夭一独。赖李山经营，家日兴，人日旺。李山少时，夜雨盆倾，山水骤至，危怯之间，李山背起弟弟逃离，化险为夷，举家团聚。这一记载，反映了晚清时期长沟峪山区山洪之害的真实场景。

一一五　清奉政大夫李君松年墓表

给事中翰林院检讨国史馆纂修姻愚弟固安高润生撰

花翎敕品衔礼部主事丙午科优贡姻愚弟永清苑钟山书

首史公传货殖，班孟坚非之，为其崇执利而羞贱贫也。余谓不然，辄近士大夫重官轻商，昏莫苞苴，夤缘缔结，堂皇其显而提□其□。一旦得□，又复攘利争权，□□□彼轧，眈眈逐逐，群焉假刀俎于军国，以鱼肉夫人民。衣冠跻跄，比比皆是。求一因土宜殖物产，伐檀河干自食厥力者，已眇不可得。沈乎崇礼让□□惠，利不遗亲，财能和众，始焉富众大吉，终焉富以其邻合。孝友、睦姻、任恤六行纯，忼慨好此义，闻仁声啧啧人口，如李君松年其人者，盖未易数数睹也。

君号鹤龄，太学生。世居房山之长沟峪，习矿事，以煤业起家，乐振乏救贫，乡人称为善士。由直省赈捐案保奖五品职衔，松年其字也。君生平天性竺厚，事父母□□□□终其身如一。□父殁，躬□土为坟，手勒碑铭，情至之辞，宿学叹为弗及。母年八十余，君年近六旬，犹依依为孺子慕。见母偶不怡，必长跽请□□相悦□□□□母病则□□□□奔走□□寝食俱废。母殁，哀毁未及，终丧遂卒。

又兄一人性素憨，君法温公之事伯康，问视周详，爱护万至。兄或不谅，以非礼加，亦顺受不敢较，且自责曰："吾爱敬未至也。"其孝友类如此。

妹有适赵氏者，家中落，翁姑死无以为葬，君身任其事，并代为理丧仪，俾无失礼。适杨氏者有三女四子，贫不能自给，君亦任供，薪米无少缺。又侄女适赵氏者，三十而寡，子三女一，饮食用度亦皆仰给于君。又子妇侯氏者，皖人也，父某为军校，驻近畿有年矣。嗣以调戍远边，眷属无所依，君急迎于家，分甘旨共轻肥。未几，某战亡，抚慰尤至。逾半年事定遗孀，君乃厚赆送回籍，其睦姻类如此。

君山居，山户多贫窭困苦，少壮者任开掘、担负、常运各役，依矿穴为生，不下数千百人。君皆优其直，藉以瞻其家，其□□□□。病□之无以自存者，复时出衣服、谷粟、药饵以周之，岁终且择极贫者分给肉麦、蔬菜及钱，以示除旧布新、乡邻同乐之意。友助扶□无微不至，其任恤类如此。

综以上述，君获称善士无愧。然其事固非身□贱而□仁义者可以虚词漫应者也。呜呼！史所称君子富好行其德，人富而仁□□□其谓□与？

君以清咸丰九年己未岁生，民五年丙辰岁卒，春秋五十有八。子十人，仅大其二。女五人，长者即余四子妇，故余闻君家事特详。今君殇，逾数岁矣，其乡之人仍称颂不衰，谓螽羽诜诜足征厚德之报。余则谓君之德诚厚，而君之识亦有足多者。

先是家业世业煤，君尤善其事。中年以后，家道益隆，亲戚交游日益广。其时海内安晏，人务虚荣，民生实业罔知措意义。轮轨未通，煤业一途，国家忽之，士大夫鄙之，即大农、钜工、豪贾，亦藐焉不屑为之。故业富如君者往往随习俗、逐纷华，甚或倾其积产援例纳赀，变商为官，回翔都市郡邑，冠盖舆马，四出张皇。附荐绅以耀乡里，而宗族戚党则思一霑余润而不可得。君于此乃淡泊默然，吾行吾素。且谨吾身、节吾用，留其羡以行吾义，而广吾为仁。其语所业史怡然自得，曰："吾业为人生日用所必需，取多用宏，较铁冶鱼盐为尤为管桓，如作□海官山之策，或复集于此，乘此时机未启，人弃我取，穴金窟宝，何乐不为？慕虚名忘实益，恐非计之得者也。"然是时论者犹不尽然之。比年以来，海陆大开，利用日溥。于是挟资营业者皆趋之若鹜，而贵官大吏亦不懵纡尊就卑，集雄财厚力以与商民角，向之忽之、鄙之、藐之者，遂一变而为珍之、重之、争之、竞之者。执大者复远蹑高撑，扩之充之，并骎骎乎将左右而垄断之也。人至是始知此业之盛且大，因服君之识量为宏且远。惟官与商逼，自君殁后，业此者皆皇皇无措，或思舍旧谋新，为拔茶植桑之计，而又缓不济急也。幸君之三子桐能世其业，且饶有机权智略，乃约群业此者而结为会，据矿章以请于主管各官署，设规条资保障，由是此业得不坠。呜呼！史所称，货无常主，能者辐辏，不肖者瓦解，其谓是与？余每慨世之求富者多而守富者少，今乃晓然，于善为求者莫君若，善为守者莫嗣君若矣。君卒后三年，卜葬于邻山之白土坡新阡。又一年，当兆成，嗣君以墓表请，因书君善行为世之求富守富者劝。而系之以名曰：

天道无亲，长与善人。积善以富，保富以仁。亲仁善邻，子孙振振。呜呼！彼有国有家者，胡为乎患寡患贫、患不安不均？

中华民国九年十月 同邑石工刘忠镌

碑刻说明

民国刻。此碑原立于长沟峪村李氏家族墓。拓片高 166 米、宽 82 厘米。

碑文考释

此为李山之子李鹤龄墓碑碑文，记载其生平事迹。

李鹤龄，字松年，太学生。李山之子。世居房山之长沟峪，习矿事，以煤业起家，乐振乏救贫，因直隶省赈捐案被保奖五品职衔。按清代官制，正五品授奉政大夫。李氏由李山传到李鹤龄，家势陡升。由于经营煤业，一个贫寒之家靠捐官一朝成为五品大员。

李氏在长沟峪为业煤世家，靠李山营度窑务，举家温饱。李鹤龄子承父业，尤善煤业，人到中年，家道益隆。当年，由于封建意识，煤业为世人所鄙。一些靠煤业发家的人往往倾其所积援例纳赀，改弦更张，变商为官。李鹤龄不慕虚名忘实益，固守旧业，看准时机，人弃我取，穴金窟宝，乘势发家。后来海陆大开，世人见煤业有机可图，挟资营业者趋之若鹜。李鹤龄在煤业上已占尽先机，业者才叹服李鹤龄的远见卓识。

"惟官与商逼，……业此者皆皇皇无措，或思舍旧谋新"，则反映了进入民国后业煤者的困境。

一一六 李公松年世谱

公讳鹤龄，字松年。高祖讳瑛，姚氏王。曾祖讳才，姚氏栾。祖讳玉林，姚氏李。考讳山，字仰之，姚氏周。配高氏、赵氏皆同邑士族，侧室张氏。子十人：曰柃、曰棠、曰桐、曰梅、曰荣、曰植、曰楸、曰权，夭者二曰森、曰桢。女五人，长适固安高氏，余未字。孙九：曰珍、曰瑞、曰琪、曰珫、曰莹、曰璓、曰琨、曰琛、曰瑜。女孙五人皆幼。自高祖至考皆葬房山长沟峪之南山旧阡，迁新阡自公始。

姻愚侄高树桓附记并书

碑刻说明

民国刻。《李公松年世谱》为《清奉政大夫李君松年墓表》碑阴，据拓片录文。拓片高 166 米、宽 80 厘米。

碑文考释

此碑文记长沟峪李氏谱系，为长沟峪李氏家族研究提供了重要依据。

新街村

在大韩继村南，南韩继村北。元以前叫延洪庄，因早年天开寺僧在此经营栗园、创建延洪寺而得名。至元十八年（1281）《大都大延洪寺栗园碑》载："于至元十七年八月内，有延洪庄住人常进、崔进前来作证。"

元定都大都后，安置西域回族于此，延洪庄成为回民村，改名新街村。村中尚有关帝庙、清真寺。

本卷收录新街村碑刻 3 件：元代 1 件、清代 1 件、民国 1 件。其中元代碑刻为 1 碑 2 文。

一一七　大都大延洪寺栗园碑

长生天气力里、大福荫护助里皇帝圣旨，军官每，军人每，城子里达鲁花赤官人每，来往底使臣每根底，宣谕底圣旨：

成吉思皇帝、皇帝圣旨里：和尚、也里可温每，先生每，答失蛮每，不拣甚麼差发不交着，告天祝寿行者麼道那般有，如今呵依着在先圣旨体例里，不拣甚麼差发休交着者，告天祝寿行者麼道，大都里有底延洪寺里住持底如宗主执把着行底圣旨与了也。这底每寺院房舍里，他每的使臣休安下者，铺马祇应休拿要者，商税地税休着者。应属延洪寺底水土、栗园、果园、水碾、园林，不拣甚麼他每底，休夺要者。却这的每有圣旨麼道，无体例的勾当休做者，做呵他每不怕那甚麼。圣旨俺底。宝。

蛇儿年八月初八日，上都有的时分写来

提点相定监寺戒深、副寺戒海同立石

皇帝圣旨里：国师下延洪寺住持宗主相如等，照得元起盖本寺僧副元大德丕公于奉先延洪庄栽种□栗园一所，赈济本寺，作常住产业。皇朝收付天下之后，将本寺僧众散失，不能为主。

至庚辰年间，有坟山崔荣祖、谢永安、王巧公、高子显、张得林、崔荣禄等，将前项栗园一面献与大哥相公，在后有大哥相公转献与元真人为主。本寺知会，却缘已经兵革，未蒙圣旨，不曾争理。于至元十七年八月内，有延洪庄住人常进、崔进前来作证，说称本寺栗园，止是元真人徒弟修真观提点王静全势占作主，以此相如等告□，板的达八合失、亦里迷失相公奏，奉到圣旨：委脱里问当者。钦此。

于今年二月廿四日，有元占栗园人提点王静全等，面对脱里相公、李道录、周道判等，依所告元呈图本：东至海神堂，南至浪疙疸、瓦井石河，西至芦子水东坡，北至榆岭山垴，四至已里，尽行自愿吐退与本寺依旧为主。以此蒙脱里相公于三月八日，将王静全吐退栗园文字回奏。奉圣旨：分付本寺依旧为主。钦此。

合行立石者

至元十八年四月初七日

碑刻说明

元刻。2007 年，北京市房山区文物管理所在该区新街村南水北调施工现场发掘了一通题名《大都大延洪寺栗园碑》的元代碑刻。碑额长 64 厘米、宽 54 厘米，镌有"大都大延洪寺栗园碑"九个阴文篆字，以额代题。碑身长 108 厘米、宽 70 厘米，正文共 636 字。《大都大延洪寺栗园碑》正文由两道碑文合刻上石，刻在碑身上端的是一道蛇儿年即至元十八年（1281）八月颁发的保护延洪寺的圣旨。碑身下端碑文系同年四月延洪寺住持相如等人撰成，内容反映了延洪寺栗园产业从被侵占到被追回的过程。

碑文考释

魏必复《护持天开中院寺碑》："次建栗园寺，次建皇台东西两寺，次建涿州设济寺……又建中院寺于南沙河。"据魏必复《重修天开寺碑记》，天开寺"有栗园若干顷，为强悍怙劳者所夺，前此主寺者弗治也。师诉之官，蒙给会焉。"天开寺住持应公，维护天开寺庙产，打赢官司，夺回栗园，在栗园建设佛寺。

天开寺栗园在哪里？应公在栗园是建寺还是修寺？是叫栗园寺，还是另有其名？魏必复《重修天开寺碑记》没有记载。因此天开寺、栗园寺何在及栗园之寺详情一度成谜。

直到 2007 年南水北调工程施工，在周口店镇新街村出土了《大都大延洪寺栗园碑》，这一"悬案"才有了眉目。碑文下部记载了延洪寺栗园元初被人强占，元朝接受投诉将栗园判归延洪寺，这和天开寺栗园案的情节颇为相似。

事情发生在金元之际。早在金代，延洪寺丕公置下栗园产业。占领金中都后，蒙古兵进犯到县境，寺内僧众四散。元太祖成吉思汗十五年（1220），坟山村崔荣祖、谢永安、王巧公、高子显、张得林、崔荣禄等为迎合蒙古人，私下把栗园献给蒙古人"大哥相公"，后来"大哥相公"转献给道士元真人。适逢改朝换代，延洪寺僧人只好忍气吞声。

60年后，忽必烈至元十七年（1280）八月，当寺住持相如递状投告，延洪庄村民常进、崔进作证，称延洪寺栗园被元真人徒弟修真观提点王静全强占。此事惊动了世祖忽必烈，当即降旨，命脱里找原、被告断理。

至元十八年二月二十四日，脱里偕同李道录、周道判将强占栗园的王静全提拿到案。王静全慑于朝廷的威势，又自知理亏，低头认过，情愿将栗园退还原主。脱里回奏忽必烈，忽必烈降旨将栗园归还延洪寺。

碑文只字未提天开寺，看似与天开寺无关。岂料碑侧镌偈语四句："天开碑记天开寺，延洪谁道不延洪。须传圣朝无屈循，千年常住各归宗。"

如何解释这四句偈语？如果不知道房山的佛教史，不知道天开寺的往事，未读过元魏必复的《重修天开寺碑记》和《护持天开中院寺碑》，读到"天开碑记天开寺"一句会一头雾水，不知所云，以致有关学者误认这是"一首晓示因果报应的诗"。当从魏必复二碑记中了解了天开寺栗园案，得知栗园为天开寺庙产，而栗园之寺属天开寺，收回栗园后经应公重建，那么这句偈语就不辩自明。它的用意分明是告诉世人：栗园中的这座寺院在魏必复的《重修天开寺碑记》《护持天开中院寺碑》中载明，为天开寺属寺。

"延洪谁道不延洪"，则点明天开寺的这座栗园之寺本名延洪寺。

"须传圣朝无屈循，千年常住各归宗。"这两句是歌功颂德，赞誉忽必烈英明，明辨是非枉直，断栗园重归寺主。

一一八　宣赐栗园圣旨之碑

长生天气力里，大福阴护助里皇帝圣旨：管军的官人每根底，军人每根底，管城子的达鲁花赤、官人每根底，来往的使臣每，宣谕的圣旨：

成吉思皇帝底、皇帝的圣旨里：和尚每，也里可温、先生每，答失蛮每，不拣那甚麽差发休着者，告天为祝寿行者，麽道那搬道有来。如今依着在先圣旨体例里，不拣甚麽差发休著者，告天为祝寿者麽道。

大都里有的属那麽的延洪寺里住的资宗主、海提点，将者行的圣旨与这的每底寺院里房舍里，使臣休下者，铺马祗应休要者，粮税休与者。应属延洪寺的奉先县延洪庄栗园地土、水园碾房，不拣甚麽休夺要者。这的却曾有圣旨有麽道，没体例的勾当休行者，无体例勾当行呵，他每不怕那甚麽。圣旨俺的。宝。

□儿年□月十七日　大都里的时分写来

长生天的气力里，大福阴护助里皇帝圣旨

军官每根底，军人每根底，州城达鲁花赤、官人每根的，来往的使臣每根底省谕的圣旨：

成吉思皇帝圣旨里、皇帝圣旨里：和尚、也里可温、先生，拣莫甚麽差发休出者，告天祝寿者道来。如今呵，依先的圣旨体例里拣莫甚麽差发科差休要者。告天为祝寿者道来。

大都里有的那摩大的属他的延洪寺里住的海宗主、深提点为头，寺里住的和尚每根底，执把者行的圣旨与来这的每寺院里、房子里，使臣休安下者，铺马祗休要者，粮税休与者。延洪寺的属他的房山县延洪庄园四至里入来的田地、园林、水碾遮麽甚麽属他每的底，先生每，塔刺赤、刘推府等休争者，道来这的每根，却曾圣旨有麽道也每根，不属的田地占者没体例勾当做呵，他每不怕那甚麽。圣旨俺每的。

兔儿年七月初三日上都有底时分写来

筠斋老人刘道源书丹篆额

宗主戒海、提点戒深同立石　管勾吕政、张彬同刊

碑刻说明

元刻。为《大都大延洪寺栗园碑》碑阴。

碑文考释

上下两道圣旨。第一道是下给"资宗主、海提点"，海提点为戒海。第二道圣旨，下给"海宗主、深提点"海宗主为戒海，此时他已由提点升为该寺住持，深提点即戒深。

兔儿年为辛卯年，即至元二十八年（1291），此为第二道圣旨时间。第一道圣旨称"奉先县"应该在正元十八年至至元二十七年之间（1281—1290），因至元二十七年以奉先县为房山县。

元世祖忽必烈在至元十八年至至元二十八年（1281—1291）的十年间连赐四道圣旨护持延洪寺，这在大都寺院中是少见的。

一一九　新街村关帝庙构造马殿碑记

盖闻白马青鸳，捐资者不乏仁人。象塔龙宫，好施者尤多义士。即豪侠遨游，贵得赀斧。农工兴作，还须助力。此人好善之常，而有功于斯世斯民者，报之当何如也？况关圣帝君掌儒释道教之权，握天地人才之柄，自我国初以来，尊之尤盛，功绩弥深。克圣克神，一村所庇荫良多。允文允武，累代之祉祐不绝。祀之于朝，保皇极而永固。祀之于乡，佑居民以安康。于是祀之而敬之也，不能无事奉之诚也。

若本村旧有关帝庙一座，起自何年，不及记忆，约之百有余载。而新街之获福也，诚赖乎此矣。而为僧与首事者不□□触于心而劝善捐资，僧人远募，于大殿之前创修马殿三间，慰神也，均以慰人也。功成报竣，高采饰讫，急欲勒碑刻铭。奈事势参差，延迟二载。是时，余因训蒙糊口于此地，余正懵懂间，意念其功之何速也。倏然而僧人齐而竟属余为记。余方错愕良久，以为余实孤陋寡闻，不知记之所出，固辞。而僧坚能，无处躲避，□实不脱，微窃贤士之数言，毕陈一乡之胜事，聊以塞责云尔。更□恣意妄行，率性染笔硃涂，曾何计人之讥诮也哉。

大清道光十八年

碑刻说明

清刻。此碑原立于新街村关帝庙旧址。拓片高 89 米、宽 57 厘米。

碑文考释

此碑记录了在关帝庙前增建三间马殿的经过。此马殿道光十七年（1837）起建，道光十八年（1838）竣工，前后两个年头。关帝庙创建时间，庙碑称："起自何年，不及记忆，约之百有余载。"自道光十八上溯百余年为清康乾时期。那么，这座关帝庙创建时间不出清代，应为清中早期。

一二〇 清真寺碑记

尝闻兴修寺院，明末盛行。回族传来，唐朝伊始。因有族而立教，因有教而化人。从古政教不分，原于罗马，东西各国，异地皆然。民国开基，信教自由，载诸法典，足见教之于人关系匪浅。故人民土住于斯，教址亦立于斯，近水楼台，适宜罔极。则房属之清真设立新街盖有由矣。

考此寺历史，教中多不详明，而大殿辉煌，挺然高筑，水屋隙地，仅属茅檐，屈指记年四十六载。始自何代，荒渺难稽。倡于何人，莫衷一是。而院中南北缺讲堂焉。当兹教育普及之年，为繁荣起见，热心公务者鸠工集料，竭力兴修于民国十二年。而北房两间与北楼建筑，较诸往昔，当可观瞻，粗有规模，犹称末备。感南方之僻陋，自觉阙如。延至今春，经寺中首事大会公决，醵资按亩，敢即落成。于是南房两间并南楼起造，轮奂一新，颇成完整，寺之状况骤然改观。斯时也，群橼藻琢，外表雄奇。南北两楼，遥遥对立。登诸远眺，一目千里。讲堂肃清，如入无人之境。花篱满院，鸦雀无闻。水井甘泉，盥洗非常凉爽。松荫秋叶，花影当窗，而此寺也非复昔比。盖因工程告竣，本教人员欲勒碑而铭诸石，永垂不朽，属文于吾。余荒疏久矣，不敢率尔操觚，然念寺中诸同志热心毅力，义不容辞，况余亦在发起之中，故勉为毫末而志诸石焉。

前任教长张少廷、现任教长赵文廷

办事人员李明轩、荬同岜、胡瑞峰、刘维三、马有章、李子杰、马心斋、胡耀堂、马有山、刘颂堂、刘纯、沙秉钧、刘甲三、沙玉堃、刘镒发起

师范传习所毕业生、伊斯兰教学校校长荬玉崐撰文并书

大中华民国二十年阳月毂旦　石工贾玉祥

碑刻说明

民国刻。此碑原立于新街村清真寺。拓片碑高 90 厘米、宽 57 厘米，额高 22 厘米、宽 16 厘米。额书阿拉伯文。

碑文考释

清真寺创立年代不详。考碑文，水屋重修时间距民国二十年（1931）已经 46 年了。这一年是清光绪十一年（1885），起建清真寺大殿，在空地建了一座茅草屋作为水屋。依照清真寺规制，院中尚缺南北讲堂。推断清真寺的创建不应早于清代，很可能为清中晚期。民国十二年（1923），增建北房两间和北楼。民国二十年，与北房和北楼相对，增建南房两间和南楼，完成清真寺全部建筑。

山口村

位于周口店村北。金代建大房山陵，奉先县为守陵之县，即为入陵门户。出奉先县西行，过磐宁宫而西，出山之口即为山口，这便是山口村名的由来。出了山口就进入了大房峪，沿大房峪而北便抵达九龙山下的金陵。山口村的历史和金陵的兴建、金陵故道有密切的文化联系。村界内有王家坟，即明奉政大夫陕西按察司佥事、监察御使王道墓。本卷收录山口村碑刻1件，明刻。

一二一　明故奉政大夫陕西按察司金事前监察御使
王公墓碑记

赐进士出身中宪大夫山东按察司提学副使翰林院修撰经筵官涿鹿杨沦撰

赐进士出身文林郎刑科都给事中山西门人王梦弼书

乡进士出身文林郎知房山县事山西门人王崇学篆

呜呼！此冬葵王公墓也！公领正德己卯乡荐，与马静岩、张疏林、王南渠、李北川暨予为同年友。明年五人者咸落第，公独连捷。丁内艰归，癸未起复，登筵士，为大行人奉使诸藩，士□以子贡问士章程许之。寻擢御史，巡视东城，锄强治争，大树风采。贵城勋显□首避事，咸戒其家人曰："王御史□力□千，慎勿轻惹祸端也。"己丑奉敕按察山海等关，禁止令行，威昭恩著，总副参游以下，畏之不敢废君之法，爱之不忍拂君之心。边境肃然，军士得以温饱，终岁无复剥取其有者。及回管湖广、山西等道，会有奏诸宦者李姓等违法，君按其状，乃以及其赃私直面斥之。宦者塞口，缙绅诸显要为其请托者填君之门，君一无所听，竟以其辜伏之。由是贵近之人无不切齿。辛卯按三晋，入其境，植良恤弱，平暴黜合，洞烛山微，人望之如神明然。老吏猾胥耸肩缩颈，无敢舞文为法售其奸者。由是弊端塞绝，官民为之改习。豪右大家恃其有人之在钧衡者，种田不肯输租于官，里人傍户为其倾产包纳数十年。官府畏其能祸福于人，虽知之，无敢为之治者。君至，乃捕其家人之当者，大正于法令，有司悉追复之，无少假借。远近闻之，皆以为君危焉。壬辰遂擢陕西金宪观事，仅三月，以□丧，公位哀毁，多劳构疾，经岁弗愈，卒于家。时乙未六月三十日也。呜呼！公生于弘治庚戌六月九日，距今凡四十有六。其先为浙之海□人，永乐初调戍涿，因家焉。父庆封，监察御史，母纪氏，赠太孺人。大父瑄、曾大父胜，咸有积德，故余祉及公。公生而倜傥，多材力。少负气节，不作儿女状，经济之器也。享年未久，扼于大究。惜哉！配李氏，赠孺人。继配顾氏，封孺人。子四皆顾出，长一诚、次一麟补涿庠弟子员，次一鹏、一鹗。女二亦顾出。孙二皆一麟出。乙巳春，一麟以乃公登黄甲、官方面而茔墓荒凉，甚戚焉，乃辇石于墓傍，欲树表作案，值岁歉弗果。时房山尹王公，门下士也，瞻□仰止，致祭于公之墓，且曰："有石无文，此殆缺典也乎？"遂捐俸以助之，令麟来乞言以纪诸石。呜呼！予少多病，常羡公□□□□下及远□□，又同时食廪，无日不握手游泮宫，讵意乃先为泉下人□□伏悲，感重嘉令尹之义，谨表如此。公讳道，字弘济，冬葵其别号云。

大明嘉庆二十四年岁次乙巳夏四月穀旦立石　金台镌字匠计昶为镌

碑刻说明

明刻。此碑原立于山口村王家坟。拓片碑高 165 厘米、宽 80 厘米，额高 31 厘米、宽 28 厘米。额篆书"按察大夫王公墓表记"。碑文镌于碑阴，碑阳题"明故奉政大夫陕西按察司佥事前监察御使王公墓碑"。

碑文考释

明弘治庚戌，弘治三年（1490）。正德己卯，正德十四年（1519）。癸未，嘉靖二年（1523）。己丑，嘉靖八年（1529）。

墓主王道，字弘济，号冬葵。祖籍浙江。明永乐年间，先祖调戍涿州，徙居涿州。曾祖王胜，祖父王瑄，父王庆封。明弘治三年六月九日生，正德十四年乡试中举。嘉靖二年，登进士第，为大行人，奉使诸藩。不久擢升御史，巡视东城，锄强治争，大树风采。嘉靖八年，奉敕按察山海等关，禁止令行，边境肃然。任湖广、山西等道监察御史，宦官李某不法，王道直面斥之，宦者塞口，达官显贵为之说情者不绝于门，王道一一拒之，终使李某伏法。嘉靖十年（1531），按察山西，植良恤弱，平暴黜合。老吏猾胥，耸肩缩颈，弊端塞绝，官民为之改习。一些豪右大家，依仗朝中有人，几十年来不上交租税，同里百姓倾荡家产为其包纳，官府畏其势，无如之何。王道察知，将其当家之人捉拿收监，依法治罪，依数追回应交赋税，交还贫苦百姓。嘉靖十一年（1532），升任陕西按察司佥事。嘉靖十四年（1535）六月三十日，以疾卒于家。

西庄村

在山口村西北、良各庄西、车场村南。西庄村凤凰山，为金陵兆域，分布有石门峪十帝陵、峨嵋峪思陵。

本卷收录西庄村墓志1件，明刻。

一二二　文林郎江西道监察御史方公墓志铭

赐进士及第通议大夫礼部左侍郎兼翰林院侍读学士掌院事教习庶吉士玉牒副总裁东宫讲读官前国子监祭酒温陵治年弟杨道宾顿首拜撰

赐进士第大中大夫奉敕协理粮储分守冀宁道山西等处承宣布政使司左参政眷生王承德篆盖

赐进士第文林郎行人司左司副前大理寺评事眷生李本固书丹

余与方士美同举进士，同游兰溪赵老师门，又共同邸中习，君行事最祥。丁酉之役代匦浙衡，君实监临其事，斩如奕如，藉君赐以竣斯役。比公起家，持节入闽，闽适多故，吴建荧聚于建南，张嶷开募于吕宋，红番要市于彭屿，恫疑恐愒，滨海若沸。公至曰："吴建非人，旁门左道惑众耳，命武缚其渠魁，而赦其诱从者，八闽晏然。"寻上疏言即机，易山茫无可即，利未得而祸已盈，不诛张嶷无以谢死者，论报磔嶷于市。又言："彭屿在海口，为闽广浙直咽喉，不宜爱锱铢而开关揖寇。"语甚激切，上意感悟，遂绝番市。三者德莫厚焉，功莫伟焉。余闽人也，又看拜君赐以有宁宇。事竣，公以病乞休。未几，而长子文升以讣告主矣，泣血三涌，出一状以授曰："将谋所以藏也。"余泣然悲悼之不能辞。按状：

公讳元彦，字士美。世为徽歙人。其先始兴文献公讳纮，以汉河南太守辟地江左，其后由淳安徙歙之临河，复由联墅再徙岩镇。方姓□著云当在正嘉间，有方钺者以奇节闻人主，至降玺书以旌者，荣至□也。旌公生文林郎良儒。文林公有丈夫子二：长即公也，公舞象即通周易，工文辞，以伯氏元焕魁东□遂占藉清源，为博士弟子，高等督学使者今大司马寒□见而器许之。壬午举于乡，丙戌成进士，授金华令，命主政岩邑。公极意抚摩，岁旱虔祷，民于是赋喜雨。梁山利涉，浚湖利学，民于是赋乐泮、济川。瑞麦在野，封露在庭，民于是歌讴斯咏秀岐。尝稽汉《循吏传》，诸郡所上符瑞岁不绝，或多悠谬，孰与公被之民而声诸诗，可按视哉？居五年，以治最征擢侍御史。时上亲庶政，此肩在事者兢砺意气，岸然自异，公即以试列居台端，来习婺事者凛凛望丰采矣。在邸一董内帑，再视都城。核鱼蠹，絷豕躏，请鞫治，大当置之法，权戚为敛手云。呼氏倡乱西银，烽火昼燃。上赫然震怒，罚债事者而别用经略，纯本公谋也。久之出按甘肃，汰眦惩贪，一如在内地时。火水二酋以兵要款，公抗疏曰："城下之盟春秋耻之，宁秣马以待。"虏闻之宵遁。公历阅边地，慨然必修战守，核虎胄以用弥变，萌条奏八议五事，详在疏中。至请蠲逋贼，平反冤狱，其细者耳。会开采议兴，中治佩金虎符，谈白望之令，左建外易，燎火于原。公始按江南，继按两浙，首撄其锋，疏极言不可状，冀上投玦，缅缅数千言。疏虽中格，而中涓为之气夺。与余共事浙闽时，放榜颇称得人，则皆公□所推毂士也。余既去浙，闻公赈起越饥甚具而有□□。上嘉之，命刷卷南畿，以文林公忧去服阙，补江西道御史。是时，公已积考九上，历资十四载，宜晋卿贰，而当事者以闽海重公。嗟乎！闽海真以公重耳。公至请补甸帅、修□官、移郡倅□□□平□领封以驭琉球，诸不具述。前三策其最著也。

上以英断御下，诸所上疏或中沮或摧拆，公试台即□路马策□国本以直声著，前后八膺简命，草疏三百余奏，知无不言，上亦时见施行。盖精诚所格，不以口舌矣。

文升君又为余言，公仁孝推成，振贫交恤，闾族未尝责券。以读礼之暇修宗祊，序系牒，联属其涣然。有以急病请者，悉谢绝之曰："吾不敢以私事干有司。"其巡行省直，不为廓革束薪，决疑剖剧画如也。以余所见，闽政良然。嗟乎！古称真御史非空也。即使天假之年，所建立宁止此乎哉？

公生于嘉靖乙巳正月十九日，殁于万历丙午七月初七日，得寿六十有二。娶程氏、李氏，李氏有子四：长即文升，州庠生随仕入太学生，娶太学生吴如德女，继娶州庠生刘致位女；文谟，太学生，娶中书舍人吴养□女；文烈，娶大明府经历赵震女；文康，聘行人司司副李本固女。程氏有女二人：一适县诸生程逢明，一适太学生樊明良。文升之女二：一许太学生王克勤子惟平，即太□王成德孙；一许孝廉程具堂子朱翼。

文升等将以八月二十九日奉公葬于房山之阳，礼也。史臣曰：以余观于士美，恂恂类笃行君子，乃立朝敢言，又何□然！□□□文人不武诸所条上边事，即营平何让焉！历涉仕途，不殊初服，至以清白颜其堂，遗诸子孙。嗟乎！无欲则刚，志清则明，又士美所繇竖立者哉！是宜铭，铭曰：

静以智惠以庶，瑞露□□□秀蕲。奏晋吴越公所监，披以和风肃以安。手持白简壮兵钤，式文式武推公兼。总马骄骄各以恬，清冰在壶月在帘。谁其承者孙与男，千秋万祀尔具瞻。

碑刻说明

明刻。此墓志出土于周口店西庄村。墓志为正方形，长、宽均为62厘米。

墓志考释

嘉靖乙巳，嘉靖二十四年（1545）。壬午，万历十年（1582）。丙戌，万历十四年（1586）。万历丙午，万历三十四年（1606）。

据墓志，墓主方姓，名元彦，字士美。安徽歙县人，官至文林郎江西道监察御史，先祖方绂为汉朝时的河南太守。嘉靖二十四年正月十九日，方元彦出生在徽墨之乡安徽歙县的岩寺镇。万历十年乡试中举，万历十四年进士及第，授金华知县，浚湖利学，有政声。五年后，以政绩擢升监察御史，先后任甘肃、江南、两浙、江西道监察御史。万历三十四年七月初七日病逝，葬于房山。

古人有归葬之习，皇帝赐葬除外，故疑方元彦家居房山周口店一带。待明者证之。

图书在版编目（CIP）数据

房山碑刻通志. 卷四，城关街道、周口店镇 / 杨亦
武著. -- 北京：社会科学文献出版社，2018.6
　　ISBN 978-7-5201-2995-4

　　Ⅰ.①房…　Ⅱ.①杨…　Ⅲ.①碑刻－汇编－房山区
Ⅳ.① K877.42

　　中国版本图书馆 CIP 数据核字（2018）第 141698 号

房山碑刻通志·卷四·城关街道、周口店镇

著　　者 / 杨亦武

出 版 人 / 谢寿光
项目统筹 / 宋月华　李建廷
责任编辑 / 赵晶华

出　　版 / 社会科学文献出版社·人文分社（010）59367215
　　　　　　地址：北京市北三环中路甲 29 号院华龙大厦　邮编：100029
　　　　　　网址：www.ssap.com.cn
发　　行 / 市场营销中心（010）59367081　59367018
印　　装 / 北京盛通印刷股份有限公司

规　　格 / 开　本：787mm×1092mm　1/8
　　　　　　印　张：31　字　数：247 千字
版　　次 / 2018 年 6 月第 1 版　2018 年 6 月第 1 次印刷
书　　号 / ISBN 978-7-5201-2995-4
定　　价 / 498.00 元